Ruth Michel Richter | Konrad Richter
Wandern wie gemalt

Wandern wie gemalt

Ruth Michel Richter (Text)
Konrad Richter (Fotos)

Wandern wie gemalt

Auf den Spuren bekannter Gemälde im Berner Oberland

Der Verlag dankt für die finanzielle Unterstützung:

 Burgergemeinde Bern

In Erinnerung an Kurt Michel

© 2010 Rotpunktverlag, Zürich
www.rotpunktverlag.ch

Umschlagbild: Konrad Richter (links) und Ferdinand Hodler, *Der Thunersee mit Niesen*, 1910, Kunstsammlung Thomas Schmidheiny. (rechts)
Gestaltung: Patrizia Grab
Routenskizzen: Rolle Kartografie, Holzkirchen, www.rolle-kartografie.de
Bildbearbeitung: Photolitho AG, Gossau, www.photolitho.ch
Druck und Bindung: CPI – Clausen & Bosse, Leck, www.cpi.de
ISBN 978-3-85869-431-7

1. Auflage 2010

Inhalt

	Geleitwort	8
	Vorwort der Autorin	10
	Vorwort des Fotografen	13

1 Lauenen–Geltenschuss–Geltenhütte–Lauenen

Ein Ort als optische Fiktion — 17

Caspar Wolf, ***Der Geltenschuss im Lauenental,*** 1777

Caspar Wolf (1735–1783) — *33*

Tourinfos 1 — 34

2 Därligen–Krattigen–Aeschi

Zwischen zwei Welten das Glück — 37

Auguste Baud-Bovy, ***Béatitude (Le lac de Thoune depuis Krattigen),*** 1896

Auguste Baud-Bovy (1848–1899) — *53*

Tourinfos 2 — 54

3 Neuhaus bei Unterseen–Gunten

Das Sichtbare nicht wiedergeben, sondern sichtbar machen — 57

Paul Klee, ***Der Niesen,*** 1915 | Cuno Amiet, ***Niesen mit Spiegelung im See,*** 1926
Jean-Frédéric Schnyder, ***Niesen IV,*** 1990

Paul Klee (1879–1940) — *82*
Cuno Amiet (1868–1961) — *84*
Jean-Frédéric Schnyder (*1945) — *85*

Tourinfos 3 — 86

4 Niederhorn–Beatenberg–Waldegg (Mure)

Berner Oberland – ausgespart — 89

Samuel Buri, ***Berner Oberland,*** 1982

Samuel Buri (*1935) — *101*

Tourinfos 4 — 102

5 (Isenfluh–)Sulwald–Sousläger–Allmendhubel–Mürren

Vom Glück, den richtigen Standort zu finden — 105

Ferdinand Hodler, ***Die Jungfrau von der Isenfluh aus,*** 1902, und ***Das Jungfraumassiv von Mürren aus,*** 1911

Ferdinand Hodler (1853–1918) — *122*

Tourinfos 5 — 124

6 A	Mürren–Staubbachhubel–Mürren
6 B	Stechelberg–Trachsellauenen–Alp Läger–Stechelberg

Zischende Gischt, stiebender Strahl 127

Franz Niklaus König, **Der Staubbach im Lauterbrunnental,** 1804
Otto Frölicher, **Schmadribach,** 1881

Franz Niklaus König (1765–1832) — *152*
Otto Frölicher (1840–1890) — *153*
Tourinfos 6 — **154**

7	Wengen–Kleine Scheidegg

Eine verführerische, neuartige Poesie 157

Maximilien de Meuron, **Le grand Eiger vu de la Wengern Alp,** 1822/23

Maximilien de Meuron (1785–1868) — *170*
Tourinfos 7 — **171**

8	(Meiringen) Zwirgi–Rosenlaui–Grosse Scheidegg

Landschaft monumental 175

Alexandre Calame, **Das Wetterhorn,** 1840
François Diday, **Glacier du Rosenlaui,** 1841, und **Le Wetterhorn,** 1847

Alexandre Calame (1810–1864) — *195*
François Diday (1802–1877) — *196*
Tourinfos 8 — **197**

9	Innertkirchen–Aareschlucht–Meiringen

Vor Höllenpforten 201

Plinio Colombi, **Meiringen-Reichenbach-Aareschlucht,** 1914

Plinio Colombi (1873–1951) — *215*
Tourinfos 9 — **216**

10	Grimselhospiz–Guttannen

Die Veduten-Landschäftchen-Fabrikanten 219

Gabriel Lory fils, **Blick auf das Grimselhospiz,** 1822

Gabriel Lory, genannt Lory fils (1784–1846) — *237*
Tourinfos 10 — **238**

11	Hasliberg/Planplatten–Meiringen

Ein Bild erregt Anstoß 241

Barthélemy Menn, **Le Wetterhorn, vue prise depuis le Hasliberg,** Studie, 1845

Barthélemy Menn (1815–1893) — *258*
Tourinfos 11 — **260**

12 Brünigpass–Schwanden–Brienz

Flammend rot und tiefes Grau: Farbenspiele über dem See 263

Johann Peter Flück, ***Brienzersee,*** 1952
Martin Peter Flück, ***Brienzersee Landschaft 2000,*** 2000

Johann Peter Flück (1902–1954) _____ *284*
*Martin Peter Flück (*1935)* _____ *285*
Tourinfos 12 _____ **286**

13 Rundwanderung Giessbachfälle

»Wo die Natur so groß und so gewaltig an das Innere spricht« 289

Heinrich Rieter, ***Cascade du Giessbach près du Lac de Brientz,*** 1800
Samuel Birmann, ***Giessbach,*** 1820

Heinrich Rieter (1751–1818) _____ *310*
Samuel Birmann (1793–1847) _____ *311*
Tourinfos 13 _____ **312**

14 Oberried–Brienz

Vom Sublimen und vom Schönen 315

Johann Ludwig Aberli, ***Brienz und der Brienzersee,*** 1769,
und ***Brienzersee,*** ca. 1770

Johann Ludwig Aberli (1723–1786) _____ *333*
Tourinfos 14 _____ **334**

Anhang

Abbildungsverzeichnis und Bildnachweis _____ 337
Die Museen _____ 342
Kleines Kunstglossar _____ 344
Quellen und verwendete Literatur _____ 345
Personenregister _____ 353
Danke! _____ 356

Geleitwort

Stephan Kunz

Mitte des 18. Jahrhunderts war die Zeit reif für die Entdeckung und Erschließung der Alpen: Die Erfahrung des Erhabenen, aber auch das Bild der unberührten Natur und die Vorstellung eines einfachen Lebens der Bergbevölkerung prägten die Kunst und die Literatur, während die Wissenschaft das Gebirge entmystifizierte und seinen Aufbau zu erklären versuchte. Parallel dazu wurden Verkehrswege ausgebaut, die dem Handel dienten sowie dem einsetzenden Strom von Touristen, die aus ganz Europa in die Schweiz kamen – auf der Suche nach dem verloren geglaubten Paradies. Im Berner Oberland lag es in greifbarer Nähe und liegt es noch heute.

Geradezu epochal sind die Bergtouren, die der Maler Caspar Wolf zusammen mit Naturforschern in dieser Gegend unternahm. Der daraus resultierende illustrierte Reisebericht *Merkwürdige Prospekte aus den Schweizer Gebürgen und derselben Beschreibung* (1777) kann als Vorläufer auch dieses Wanderführers gelten. Die nahezu zweihundert Ölbilder von Caspar Wolf wurden in einer Galerie zusammengefasst und in Bern und Paris gezeigt, um das Buch zu vermarkten und für eine Reise in die Schweiz zu werben. Gleichzeitig boten sie ausreichend Vorlagen, um gestochen und als kolorierte Ansichten verkauft zu werden. Auch wenn das Veduten-Geschäft nicht immer florierte, haben in der Folge doch so manche Meister und Kleinmeister ihr Glück damit versucht. Die reiche Produktion der Zeit kann in vielen kunst- und kulturgeschichtlich ausgerichteten Museen bewundert werden.

Mit Caspar Wolf, der heute zu den Großen der europäischen Malerei der Vorromantik zählt, setzte auch die Tradition der Bergmalerei in der Schweiz ein, die sich weit ins 19. Jahrhundert zog und alle Facetten von Licht- und Wetterstimmungen auslotete. Diese bestimmten den atmosphärischen Gehalt der Bilder, während das Thema selbst, die Schweiz und ihre Berge, den erstarkenden Nationalgedanken zu untermauern half: Unter dem Staubbachfall und im Rosenlauital war man sich einig wie nirgendwo sonst. Davon zeugen die Bilder von Johann Ludwig Aberli über Alexandre Calame bis Otto Frölicher.

Die besten Künstler haben dabei immer erkannt, dass in der Kunst andere Gesetzmäßigkeiten herrschen als in der Natur und dass ein Bild mehr leistet als eine reine Beschreibung des Sichtbaren. In der Moderne gewinnt der Eigenwert von Form und Farbe zunehmend an Bedeutung und steigert den Symbolgehalt und den Ausdruckswert der Berge. Wichtiger als das Dargestellte ist die Darstellung, die mit der spezifischen Sichtweise immer auch ein Stück Weltsicht vermittelt. Von hier aus, mit dieser Einsicht, eröffnet sich ein ganz anderes Kapitel der Bergmalerei, die den Blick auf die Alpen immer mitreflektiert.

Längst wissen wir, dass es das natürliche, unverstellte Sehen nicht gibt. Die vielen Bilder, die in den letzten zweihundertfünfzig Jahren von den Alpen gemalt und von der Werbung gebraucht wurden, tragen wir in uns, wenn wir losziehen, um die Berge zu erkunden – vor Ort im Berner Oberland oder im Museum. Die Erfahrung selbst aller Klischees trübt unsere Freude nicht, sondern macht das Sehen und das Erleben nur noch reicher.

Stephan Kunz ist Kurator und stellvertretender Direktor am Aargauer Kunsthaus, Aarau.

Vorwort der Autorin

»Voglio vedere le mie montagne« lautete das Motto der Ausstellung »Die Schwerkraft der Berge 1774–1997« im Aargauer Kunsthaus in Aarau im Sommer 1997. Vielleicht war es diese beeindruckende Gesamtschau von Bergbildern aus drei Jahrhunderten, die einen entscheidenden Anstoß gab für den nun vorliegenden Kunstwanderführer. Spuren hinterlassen hat auch die Begegnung mit dem Fotografen Hans Galli, der uns zu Beginn der Neunzigerjahre in Maloja den Segantini-Lehrpfad erläuterte und unseren Blick für die Kombination Gemälde, fotografische Nachinterpretation und Wanderung geschärft hat.

Wahrscheinlich aber wurzelt die Idee noch viel tiefer, in der Zeit, als ich meinem Vater über die Schultern blickte, wenn er neu erworbene Brienzer Grafikblätter in seine stetig wachsende Sammlung einordnete, mit meinen Eltern Gemäldeausstellungen besuchte oder in die Berge ging. Denn schon damals wanderte ich mit ebenso großer Begeisterung durch Kunstmuseen wie durch die Bergwelt – und tue dies bis heute mit ungebrochener Leidenschaft.

Als ich nach dem Tode meines Vaters seine umfangreiche Stichesammlung erbte, entstand die Idee: Wie wäre es, diesen Abbildungen nachzuspüren, vor Ort zu prüfen, wie die Landschaft sich heute präsentiert? Nach und nach nahm das Thema Konturen an. Warum nicht zurückgreifen auf das große Inventar von Schweizer Bergbildern? Wie wäre es, bekannte Gemälde in die gegenwärtige Landschaft zu stellen und mit der heutige Realität zu konfrontieren?

Das Gerüst eines Wanderführers begann sich abzuzeichnen: Das Bild aus dem Museum hinaustragen in die Berge, zu Fuß die Landschaft erforschen, den Malstandort finden, Gedanken einweben zur Entstehungsgeschichte des Bildes, alles garniert mit Informationen zum Künstler und mit ein paar Prisen Kunstgeschichte.

Mit dieser Grundidee gingen wir zum Rotpunktverlag, den wir aufgrund seiner kulturell orientierten Themenwanderbücher (»Literarische Wanderungen«, »Architekturwanderungen«) als den idealen Partner für dieses Projekt betrachteten. Die Idee fand Anklang und bald diskutierten wir Konzept und Auswahl. Viele wichtigen Namen der Schweizer Landschaftsmalerei sollten ebenso berücksichtigt werden wie die verschiedenen Regionen des Berner Oberlandes und die Zeitspanne vom späten 18. Jahrhundert bis heute. Wir wälzten Kunstbücher, besuchten Museen, klickten uns durch die Datenbank von SIKART, dem Schweizerischen Institut für Kunstwissenschaft. Zu berücksichtigen waren bekannte Tourismusziele wie Staubbachfall, Giessbachfall, Rosenlauigletscher, Wetterhorn, Eigermönchundjungfrau, Niesen. Und Namen wie Caspar Wolf, Alexandre Calame, François Diday, Ferdinand Hodler, Cuno Amiet oder Paul Klee durften nicht fehlen. Daneben aber entdeckten wir manche Künstler, die ein bisschen in Vergessenheit geraten sind: einen Gabriel Lory, Franz Ludwig Aberli, Franz Niklaus König, Otto Frölicher, Barthélemy Menn, Maximilien de Meuron, Auguste Baud-Bovy.

Bei allen Künstlern stellte sich die Frage: Welches Bild wählen wir aus der Fülle der Darstellungen? Manchmal war es das Motiv, das ausschlaggebend war: Diday und Calame im Rosenlaui, Ferdinand Hodler mit zwei Bildern des Jungfraumassivs. Und manchmal waren wir von einem Bild ganz einfach fasziniert und sagten uns: Das muss es sein. Der Geltenschuss von Caspar Wolf mit seinem leuchtenden Türkis, die so ruhig leuchtende Thunerseelandschaft von Auguste Baud-Bovy, die Klarheit des Wetterhornblicks im Bild von Barthélemy Menn.

Dass das 19. Jahrhundert in diesem Kunstwanderführer dominant ist, liegt in der Natur der Sache. Das 19. Jahrhundert war die große Zeit der Schweizer Landschaftsmalerei. Die abstrakten Kunststile des 20. Jahrhunderts machten das Aufspüren von Berggemälden, die sich topografisch einordnen lassen, schwieriger. Der Niesen mit seiner klaren Dreiecksform erwies sich als Glücksfall, denn dieser Berg blieb durch alle Kunstströmungen erkennbar. So boten sich die Niesenbilder von Ferdinand Hodler, Paul Klee, Cuno Amiet und Jean-Frédéric Schnyder als ideale Brücken zur Gegenwart an. Die letzten Jahrzehnte sind vertreten durch zwei Künstler, die im Berner Oberland leben oder einen festen Bezug dazu haben, nämlich Johann Peter Flück aus Schwanden bei Brienz und Samuel Buri, der sowohl in Basel wie in Habkern zu Hause ist.

In jedem Kapitel wird eine Wanderung, die ins Bild, durchs Bild oder zum Malstandort führt, vorgeschlagen. Die Beschreibung der Wanderung und des Bildes wird immer ergänzt durch kultur- und kunsthistorische Informationen. Zu jedem Kapitel gehören zudem eine Kurzbiografie des jeweiligen Künstlers, ein Hinweis, in welchem Museum das Bild hängt, ein paar Buchtipps für Interessierte, die sich mit dem Thema intensiver befassen wollen, und natürlich die Basiswanderinformation inklusive Kartenausschnitt.

Wandern wie gemalt ist eine Einladung, sich auf die Wanderschaft zu machen: in die Sammlungen der Schweizer Museen, wo viele wunderbare Landschaftsbilder zu sehen sind, und in die Berge, die den Künstlern Modell gestanden haben.

Ruth Michel Richter

Vorwort des Fotografen

Bilder begleiten uns das ganze Leben. Wir besuchen Museen und Ausstellungen, blättern durch Kunstbücher und Fotobände, sind begeistert oder enttäuscht vom Gesehenen. Bilder lösen in uns, unabhängig von ihrem künstlerischen Wert oder ihrem Bekanntheitsgrad, positive oder negative Gefühle aus und im schlimmsten Fall lassen sie uns kalt. Die Gemälde, die wir für diesen Kunstwanderführer ausgewählt haben, sprachen mich alle auf unterschiedliche Weise an.

Und nun sollte ich hinausgehen und sie »nachfotografieren«. Die Landschaftsbilder also wieder dahin tragen, wo sie ihren Ursprung haben.

Wir stellten uns unter anderem die Fragen: Finden wir überhaupt den Malstandort? Kann und will ich Bilder einfach nachbilden? Wie sieht es heute dort aus? Wo bleibt eigentlich meine eigene Sichtweise auf die Dinge? Haben die Maler ihrer eigenen Fantasie vielleicht so viel Raum gegeben, dass ich den Gemälden gar nicht mit der Kamera nachspüren kann? Doch immer wieder waren wir erstaunt, wie nah Landschaft und deren Abbild einander waren.

Die selbst gewählte Aufgabe war vielschichtiger. Einerseits sollten die Fotos den Verlauf der Wanderung dokumentieren, zeigen, was man auf der Wanderung noch erleben und finden kann. Andererseits wollte ich zeigen, wie die im Gemälde dargestellte Landschaft – mit ihren Veränderungen oder mit ihrer Konstanz – heute aussieht.

Im Laufe der Arbeit an diesem Buch wurde ich mehrmals gefragt, was ich denn davon hätte, Gemälde nachzufotografieren. »Ach, sehr viel«, war jedes Mal meine Antwort, und ich sprach von dem Erlebnis, auf den Spuren von Malern zu sein, mich in die Zeit und die Lebensvorstellungen ihrer Epoche zu versetzen, in der die Werke entstanden, und mit den Augen der Maler zu sehen.

Eines Tages bemerkte ich jedoch, dass ich immer mit meinen eigenen Augen sah, vor meinem eigenen Hintergrund interpretierte. Die Aussage »mit den Augen eines anderen zu sehen« ist eine Anmaßung. Dennoch: Der Versuch, mit den Augen eines Malers zu sehen, stellte sich als eine große Bereicherung heraus.

Die Suche nach den Standorten, von denen aus die Künstler ihre Skizzen und teilweise auch ihre Ausarbeitungen anfertigten, war in mehrfacher Hinsicht spannend. Zum einen war es die Herausforderung, möglichst nah an die Bildvorlage heranzuwandern, immer wieder die Kopie der Vorlage mit der Realität zu vergleichen. Wenn wir glaubten, den Standpunkt mit der größtmöglichen Übereinstimmung gefunden zu haben, waren wir glücklich. Manchmal merkten wir, dass sich Jahreszeiten und Licht nicht mit dem Original abstimmen ließen und wir nochmals bei anderen Lichtverhältnissen hingehen oder aufgeben mussten.

Hatten wir das Glück, den Standpunkt gefunden und das richtige Licht getroffen zu haben, begann eigentlich der spannendste Teil meiner Arbeit, denn ich überlegte mir, angesichts der Weite des Blickes, der sich den Augen bot: Warum malte er gerade von hier aus, warum wählte er genau diesen Bildausschnitt und nicht einen anderen? Am eklatantesten stellte sich mir diese Frage bei dem Bild *Das Jungfraumassiv von Mürren aus* von Ferdinand Hodler. Das gesamte Massiv von Eiger, Mönch und Jungfrau, mit dem Schwarzmönch dominant im Vordergrund, präsentiert sich als beeindruckendes Panorama. Das Lauterbrunnental tief unten lässt die Felsmassen noch mächtiger erscheinen. Warum wählte Hodler immer wieder in unterschiedlichsten Variationen diesen Ausschnitt,

Beeindruckendes Panorama – außergewöhnlicher Ausschnitt: Schwarzmönch und Jungfraumassiv von Mürren aus fotografiert, darin hervorgehoben der Bildausschnitt, den Ferdinand Hodler gewählt hatte.

dieses Detail? Wir wissen, dass Hodler häufig hierher kam, skizzierte, im Atelier nacharbeitete, zurückkam und Variationen versuchte. Er wollte die für ihn perfekte Umsetzung seiner Bildidee von Flächenaufteilungen, Linienführungen und Farbgebungen, die er vor der Realisierung im Kopf hatte, dann in der Natur suchte und im Bild umsetzte. Vor Ort und mit viel Zeit für meine Ausschnittwahl konnte ich diese Motivsuche nachvollziehen und nachempfinden.

Die intensive Beschäftigung mit dem Leben und Werk eines Künstlers, mit anderen Bildern von ihm, mit der Zeit, in der ein Bild gemalt wurde, half, Bilder neu zu betrachten, die Idee hinter dem Gemälde, die Sehweise zu verstehen. Nach mehreren nachgestellten Bildern merke ich, dass ich selbst nicht nur sehr viel über die Künstler und ihre Sehweise gelernt, sondern auch eine andere, für mich neue Art der Sehschule durchlaufen hatte.

Wie nachhaltig diese Erfahrung sein konnte, zeige ich am Beispiel des Bildes *Béatidude. Der Thunersee von Krattigen aus* von Auguste Baud-Bovy. Nach der ersten Wanderung fuhr ich noch dreimal an den Malstandort oberhalb von Krattigen und wartete mehrere Stunden auf das Licht, das ich wollte, das ich brauchte, das dem Bild von Baud-Bovy dieses fast irreale Leuchten gab. Ein Aufwand, der im Verhältnis zum möglichen Erfolg zuerst unverhältnismäßig schien. Aber je mehr Zeit ich genau hier verbrachte, je länger ich die sich verändernden Lichtverhältnisse beobachtete, desto mehr genoss ich einfach die Schönheit dieses Bildes, so wie es sich in der Realität vor mir ausbreitete und so wie es auch Auguste Baud-Bovy auf dem Gemälde verewigt hat.

Durch die Arbeit an diesem Buch empfand ich eine neue Hochachtung vor der Leistung der Künstler. Die intensive, langsame Auseinandersetzung mit der Landschaftsmalerei, die man beim Wandern zum Bild oder durchs Bild oder vom Bild weg erfährt, erlebte ich als eine große persönliche Bereicherung.

Wir hoffen, anderen Wander- und Kunstinteressierten Lust zu machen, sich ebenfalls Zeit – viel Zeit – zu nehmen, Bilder und Landschaften neu zu sehen und die Schönheit von beidem zu genießen.

Konrad Richter

Caspar Wolf

1 | Lauenen–Geltenschuss–Geltenhütte–Lauenen

Ein Ort als optische Fiktion

Caspar Wolf, *Der Geltenschuss im Lauenental*, 1777

»Von hier kam ich in das wahre Saanenland, ein weites, dreyeckiges Thal, reich an Volk und Ertrag, zwischen Bergen, deren grüne Gipfel in ihren sanftem Rücken, wie dieser in die Ebene, unmerklich sich verlieret. Überall sind Wiesen, keine ist ohne Haus oder Scheuer, oft vom Kirschbaume beschattet, von Wäldchen bisweilen unterbrochen.«

Karl Viktor von Bonstetten, Berner Politiker, Gelehrter und Reiseschriftsteller, war 1779 vom Freiburgischen her und durch das waadt-

Typisches Simmentaler Haus bei Lauenen.

Wassergrat im Abendlicht.

ländische Pays d'Enhaut ins Saanenland gereist. Hier sollte er als Landvogt die Interessen Berns vertreten. Dass er diesen Zugang ins Tal wählte, war kein Zufall: Das deutschsprachige Saanenland und das französischsprachige Pays d'Enhaut bildeten sowohl landschaftlich wie politisch eine Einheit. Die »direkte« Route von Bern über Thun ins abgelegene Tal war zudem weit beschwerlicher, denn ab Thun ging es nur per Schiff weiter nach Spiez und von dort aus 45 Kilometer auf schlechter Straße ins hintere Saanetal.

Von Bonstetten war einer der Ersten, der diese Gegend in seinen *Briefen über ein schweizerisches Hirtenland* (1782) beschrieb. Das Interesse an diesem Teil des Berner Oberlands war jedoch begrenzt; nur ab und zu verirrten sich Alpenmaler, Reiseschriftsteller und Bildungstouristen ins Simmental und Saanenland. Die Mehrheit folgte der Hauptroute Thun–Interlaken–Lauterbrunnental–Grosse Scheidegg–Rosenlaui–Meiringen und retour via Brienz oder weiter via Grimsel. Das östliche Oberland musste man gesehen haben, und diese Landschaften, in netten Bildchen dargestellt, sollten später Salons und Erzählungen schmücken. Ausdrücklich hielt Johann Rudolf Wyss noch 1816 in seinem zweibändigen Führer *Reise in das Berner Oberland* fest, er befasse sich nur mit dem eigentlichen Berner Oberland, das die oben genannten Bereiche umfasst. Die anderen Regionen interessierten ihn und das Publikum kaum.

Die Alpen als »Unrathshaufen« – und Paradies

Einer jedoch, der die üblichen Pfade verließ und mit seinen Malkartons auch in Gegenden vorstieß, die, im heutigen Jargon, nicht »in« waren, war Caspar Wolf. Seine Interessen waren nicht nur künstlerisch, sondern auch wissenschaftlich. Er suchte in der Natur nicht einfach nach dem »Schönen«, sondern auch nach dem Charakteristischen der Topografie, dem Typischen der Felsgestaltung, mochte es auch seinen Zeitgenossen hässlich erscheinen. Dieser Ansatz machte Caspar Wolf zu einer Ausnahmeerscheinung. Von wissenschaftlich interessierten Zeitgenossen wurde er geschätzt und bewundert, der breite Erfolg jedoch blieb aus. Er war der Pionier der Hochgebirgsmalerei – und Pioniere haben meistens einen schweren Stand. Erst im 20. Jahrhundert wurde er als einer der wichtigsten Vertreter der Periode zwischen Aufklärung und Romantik gewürdigt.

Im Auftrag des Berner Verlegers Abraham Wagner arbeitete Wolf zwischen 1774 und 1778 an den *Merkwürdigen Prospekten aus den Schweizer Gebürgen und derselben Beschreibung*. Oft war er in Begleitung von

Blick zurück über das Lauenental Richtung Schönried und Gastlosen; rechts oben das Lauenenhorn.

Wagner und dem Theologen und Alpenforscher Jakob Samuel Wyttenbach unterwegs. Diese wünschten keine idealisierten Kunstlandschaften, sondern möglichst genaue, wissenschaftliche Darstellungen. Diese sollte ihnen Wolf liefern: »Herr Wagner von Bern, ein Mann, der die Wissenschaften und Künste schätzt und liebt [...], glaubte der Welt ein angenehmes Geschenk zu geben, wenn er dieselbe durch getreue Kopien von Seestücken, die in den höchsten Bergen liegen, von merkwürdigen Gletschern und Eisgebürgen, von Wasserfällen und Bergrücken bekannt machte. Hierzu war ein geschickter Mahler erfordert. Wagner macht mit etlichen einen Versuch; allein keiner tat ihm Genügen. Diese ruhmvolle Unternehmung glücklich auszuführen war unserem Wolf aufbehalten. [...] Wagner sah ein Gemälde von ihm: Hier habe ich meinen Mann gefunden.« (Füssli 1755)

Inspiration bezog Wolf nicht nur aus den gelehrten Gesprächen seiner Begleiter, sondern auch durch einen weiteren, sehr angesehenen Mentor. Es war der Universalgelehrte Albrecht von Haller, der mit seinem Epos *Die Alpen* diese bis dahin als »unerfreuliche Schranke zwischen Frankreich und Italien« und als »Unrathshaufen der ganzen Erde« (so etwa der englische Autor John Evelyn in seinem Tagebuch 1646) betrachtete Landschaft in ein anderes Licht rückte. In von Hallers Darstellung waren die Alpen erhaben, großartig, bewohnt von »edlen Wilden« und bildeten den größten Gegensatz zu den Städten mit dem dort gepflegten »künstlichen Lebensstil«. Sein Epos bildete einen Wendepunkt in der Wahrnehmung der Alpen; die Erforschung ihrer Entstehung, ihres Aufbaus und ihrer Gestalt rückte allmählich ins öffentliche Bewusstsein.

Und Caspar Wolf war der Mann, der diese Wende mit Stift, Pinsel und Leinwand einzufangen vermochte. Er hatte den Mut, abseits der üblichen Stile zu malen, sich querzustellen zum Publikumsgeschmack. Keine sentimentalen Baumgruppen, keine poetisch verklärten Ufer, keine Schäferidyllen, sondern der Versuch, die Landschaft so darzustellen, wie sie war, und nicht, wie sie sein sollte. Ohne Anlehnung an direkte Vorbilder in der Kunstgeschichte fand er eine eigene, eindrucksvolle Sprache für die bizarren Formen der Gletscher und Felsen.

Seine Aquarelle und einzelne seiner Ölbilder wirken außergewöhnlich modern. Dazu gehört *Der Geltenschuss im Lauenental mit Schnee-*

»Unrathshaufen der ganzen Erde« – die karge Felslandschaft am Hahnenschritthorn.

brücke von 1778. Mehrmals hatte Caspar Wolf den weiten Weg ins Saanenland unternommen, war tagelang unterwegs gewesen, hatte das Lauinental mit Geltenschuss und Geltenhorn von Weitem, das Geltenschüssli und den Geltenschuss von nah gezeichnet und gemalt. Zuerst auf Karton, dann zu Hause mit Öl auf Leinwand, um mit diesem Bild wieder loszuziehen, es mit der Natur zu konfrontieren, Verbesserungen anzubringen.

Wir folgen seiner Spur im Spätsommer. Kein Fußmarsch ist mehr erforderlich. In anderthalb Stunden legt man mit der Bahn bequem den Weg von Thun bis Gstaad zurück, dann sind es nur noch wenige Minuten mit dem Postauto bis ins Dörfchen Lauenen, Ausgangspunkt dieser Wanderung auf den Spuren von Caspar Wolf.

Wolf aber würde das Tal nicht mehr erkennen! Gstaad, in Wolfs Bild *Blick von Schönried gegen Gstaad, das Lauinental und Geltenhorn* eine kleine Streusiedlung am »Gestade« der Saane, ist heute eine Luxusdestination mit teuren Hotels, teuren Geschäften und mehr oder weniger diskret hinter Mauern und Gärten verborgenen Villen. Schaut

Im Zentrum von Lauenen, einem Bilderbuchdorf abseits der großen Touristenströme.

man sich ein bisschen zu interessiert um, steht sofort ein Bodyguard da und bedeutet einem höflich aber bestimmt, weiterzugehen.

Lauenen hingegen ist ein Bauerndorf geblieben, mit schön verzierten Holzhäusern, der Kirche mitten im Dorf, einer Post und einem Laden. Etwa ein Sechstel der Bevölkerung arbeitet in der Land- oder Forstwirtschaft, und auf achthundert Einwohner kommen drei Hotels. Damals bot einzig der Pfarrer Unterkunft. Ob Caspar Wolf wohl hier Aufnahme gefunden hat? Denn für die Wanderung von Gstaad, wo es eine einfache Herberge gab, bis hinauf zur Inneren Gelten und zurück, mit den notwendigen Malpausen, hätte ein Tag nicht gereicht.

»Ein Wanderer sieht im Himmel Ströme fließen«

Unsere Wanderung beginnt in Lauenen. Der Weg führt von den letzten Häusern des Dorfes über den Louibach und entlang der linken Talflanke in der Höhe zur Seemulde. Damit umgeht man das Riedgebiet Im Rohr, zu Wolfs Zeiten ein unpassierbarer Sumpf. Rechts steigen sanft die Hänge auf zur Walliser Wispile – die Kantonsgrenze liegt nur wenige Kilometer entfernt, und über den Sanetschpass herrschte früher reger Handelsaustausch mit dem Wallis.

Der Blick übers Tal Richtung Süden lohnt sich: Spitzhorn, Arpelistock, Geltenhorn, Wildhorn und Hahnenschritthorn umrahmen den Talkessel, der am frühen Morgen noch im Schatten liegt. Dies ist ein Ausblick, der sich in den zweihundertdreißig Jahren seit Caspar Wolf wenig verändert hat. Karl Viktor von Bonstetten in seiner Beschreibung: »Tief im Hintergrunde dieses lachenden Schauplatzes prangt mit unschmelzbarem Schnee des Geltengletschers meist unsichtbares Haupt. [...] Alle Berge verschwinden vor seiner majestätischen Last; ihr Glanz wirft ein ungewohntes Zauberlicht auf das ganze umliegende Hirtenland. Allein bey jedem Schritt schien der Geltengletscher höher himmelan zu steigen.« (in: Rubinstein 1989)

Sorgfältig gepflegte Riedwiesen »Im Rohr« auf dem Weg zum Lauenensee.

Der von einem breiten Schilf- und Moorgürtel umgebene Lauenensee.

Vorläufig entzieht er sich dem Blick, denn die Wand des Feissenbergs schiebt sich auf Seeniveau vor die Aussicht. Auch von den beiden Seen selbst sieht man nicht viel: Breite Verlandungszonen, dicht bewachsene Ufer und Moorbänder lassen nur Blickfenster offen. Die Lauenenseen und die sie umgebende Moorlandschaft sind seit 1969 Teil des Naturschutzgebietes Gelten-Iffigen, zu dem auch der Geltenschuss, das Ziel dieser Wanderung, gehört. Durch dichten Auenwald erreicht man ganz gemächlich den Einstieg zum Aufstieg. Denn nach der Brücke geht es am rechten Ufer des Geltenbaches steil hinauf. Der Weg ist teilweise rutschig, unten gurgelt der Bach, lauter Miniaturwasserfälle. Die letzte Kuppe ist erreicht, ein Weg führt geradeaus weiter, einer biegt rechts ab zu einem neueren Steg über den Geltenbach. Vor uns öffnet sich der Alpboden Unterer Feissenberg und, endlich, der Blick auf den Geltenschuss.

Rechts: Caspar Wolf, *Der Geltenschuss im Lauenental mit Schneebrücke,* 1778, Museum Oskar Reinhart am Stadtgarten, Winterthur.

»Hier zeigt ein steiler Berg die mauergleichen Spitzen,
Ein Waldstrom eilt hindurch und stürzet Fall auf Fall.
Der dick beschäumte Fluss dringt durch der Felsen Ritzen,
Und schießt mit gäher Kraft weit über ihren Wall
[…]
Ein Wandrer sieht erstaunt im Himmel Ströme fließen,
Die aus den Wolken fliehn und sich in Wolken gießen.«

(Albrecht von Haller)

Blick von der Geltenhütte auf Geltengletscher und Geltenhorn.

Diese Verse aus Albrecht von Hallers großem Gedicht *Die Alpen* von 1729 passen. Vielleicht haben sie Caspar Wolf auch zu seiner Darstellung des Geltenschusses inspiriert. Zwei Bilder führen wir mit im Gepäck: Einmal die Kopie der Ölskizze auf Karton von 1777, die fast nur aus erdigen Farbtönen komponiert ist, die Pinselführung flüchtig, das Sujet auf das Minimum reduziert, und die damit sehr modern wirkt. Unser zweites Bild ist die Kopie des großen Gemäldes *Der Geltenschuss im Lauenental mit Schneebrücke* von 1778, mit den wunderbaren Türkistönen des Eises, hell glänzender Gischt, vielen Erdtönen von hellem Orange bis fast Schwarzbraun, dem sparsam aufgetragenen Grün.

Wolfs Idealstandort

Nun heißt es die Malstandorte Wolfs suchen. Bei der kleinen Skizze werden wir bald fündig. Das passt, nur dass der Bach im Moment weniger Wasser führt. Wolf muss im Frühjahr gemalt haben. Mehr Mühe bereitet das zweite Bild. Immer wieder bleiben wir stehen, steigen zum

Bachufer hinunter, aber so richtig glücklich sind wir mit keiner der Ansichten. Es ist nicht nur die Schneebrücke, die fehlt. Ob er wohl von der anderen Seite des Baches auf den Wasserfall geblickt hat? Die Winkel und die Höhenverhältnisse stimmen nicht überein mit dem, was wir sehen. Und hier offenbart sich, dass Wolf eben nicht einfach darstellte, was da war. Er interpretierte es, um wichtige Details über Tektonik und Geologie herauszuarbeiten: die Erosion durch Wasser, die gewaltigen Kräfte der Naturelemente. Landschaftliche Eindrücke werden überhöht, Wirklichkeitstreue und Fantasie ergänzen sich zu einem überzeugenden Gesamtbild.

Noch ein Aspekt der wolfschen Malerei manifestiert sich bei diesem Bild. »[...] die Darstellung konstruiert einen idealen Standort, an dem der Betrachter sich zu befinden hat, wenn er sich unmittelbar an der Totalität der vor ihm ausgebreiteten Landschaft erfreuen möchte. Dieser Ort ist eine optische Fiktion, die einen irgendwo schwebenden Betrachter voraussetzt.« (Reichler 2005)

Eine längere Pause mit Blick auf den Wasserfall gibt auch Gelegenheit, sich mit einem ganz anderen Kampf als dem der Elemente zu befassen, dem Kampf nämlich um den Erhalt eben dieses Naturspektakels. Als in den 1950er-Jahren auf der Walliserseite des Spitzhorns das große Sanetschkraftwerk erbaut wurde, gab es schon ziemlich weit ausgereifte Pläne, den Geltenbach ebenfalls für die Stromgewinnung zu nutzen. Das wäre das Aus gewesen für den Geltenschuss. Doch die Bevölkerung von Lauenen wehrte sich erfolgreich, trotz der Verlockung, die Wasserzinsen für eine arme Berggemeinde darstellten. Als die Gemeindeversammlung am 4. Dezember 1956 beschloss, auf das Konzessionsgesuch nicht einzugehen, wurde nicht nur ein Wasserfall gerettet, sondern auch der Anfang gemacht für ein Naturschutzgebiet, das in den Sechzigerjahren zum Naturschutzgebiet Gelten-Iffigen ausgeweitet wurde.

Folgende Doppelseite: Caspar Wolf, *Der Geltenschuss im Lauenental,* ca. 1777, Aargauer Kunsthaus, Aarau.

Spiel von Licht und Schatten: Morgenstimmung vor den Schattflüe.

Entlang des Wasserfalls geht es im Zickzack weiter durch einen steilen Geröllhang. Mit Vorteil wählt man den Vormittag, wenn die Schattflüe tatsächlich noch im Schatten liegen. Bei der Traversierung des letzten Felsbandes, bevor die Fallkante des Geltenschusses erreicht wird, ist der Weg auch Bach. Die Quelle ist bald entdeckt. Zwischen moosigen Knubbeln dringt Wasser aus dem Fels: das Geltenschüssli. Auch dieses hat Caspar Wolf mehrmals dargestellt, als veritablen Wassersprutz. Im Hochsommer jedoch tröpfelt es nur. Noch eine letzte Kraxelei über nasse Steinplatten, ein Blick von der Brücke in die Tiefe auf den dröhnenden Geltenschuss, dann sind die Inneren Gelten erreicht. Die SAC-Hüttte Geltenhorn liegt ideal auf einem Geländesporn über dem Geltental im Norden und dem Rottal am Fuß des Geltengletschers im Süden. Die Tische draußen laden ein zu einer längeren Pause. Solche Annehmlichkeiten kannten die Alpenmaler nicht. Sie mussten entweder gleichentags aus der Höhe wieder ins Tal absteigen oder mit einfachster Unterkunft in Alphütten oder Höhlen vorliebnehmen.

Der Blick Richtung Norden schweift über das Lauenental mit seinen hoch gelegenen kahlen Alpen bis zu den verschwimmenden Konturen des Saanenlandes. Karl Viktor von Bonstetten, Herr von Berns Gnaden über dieses Berggebiet, fand auch gut, was er sah: »Ich liebe jene Hütten über den Wolken, jene Weiden, die wie aufgehängt scheinen in der halbätherischen Luft; und ich liebe diese fetten Wiesen des Tals, diese Dörfer aus Holz, bei denen am Ufer klarer Bäche auf der großen Tapezery vom lebhaften Grün und von wollustatmenden Blumen die schönsten Schweizer Mädchen wohnen.«

Immer wieder muss sich der Geltenbach seinen Weg durch Felsen bahnen.

Das Geltenschüssli.

Hier beginnt der Geltenschuss – unspektakulär!

Weiterlesen

Hans-Ulrich Mielsch, *Die Alpengalerie. Ein Roman um Caspar Wolf, den Pionier der Alpenmalerei,* Zürich/Hamburg 2005.

Willi Raeber, *Caspar Wolf 1735–1783. Sein Leben und sein Werk,* Aarau 1979.

Claude Reichler, *Entdeckung einer Landschaft,* Zürich 2005.

Beat Wismer (Hrsg.), *In Nebel aufgelöste Wasser des Stroms. Hommage à Caspar Wolf,* Aarau 1991.

Caspar Wolf, *Ein Panorama der Schweizer Alpen,* Aarau 2001.

Weitersehen

Caspar-Wolf-Kabinett im Gewölbekeller des Kloster Muri, 5630 Muri. Geöffnet Di–So 14–17 Uhr vom 1. Mai bis zum 31. Oktober.

Caspar Wolf (1735–1783)

Caspar Wolf wurde am 3. Mai 1735 als viertes Kind eines Schreiners im aargauischen Muri geboren. Er wuchs in ärmlichen Verhältnissen auf. 1749 begann er eine Lehre beim bischöflichen Hofmaler in Konstanz. Nach Wanderschaft und Gesellenjahren in verschiedenen Regionen Deutschlands kehrte er 1760 nach Muri zurück und arbeitete als Ofen- und Tapetenmaler im Auftrag des Klosters.
Zu Beginn der 1770er-Jahre reiste Wolf nach Basel und weiter nach Paris, wo er viele Anregungen durch den Landschaftsmaler Philip James de Loutherbourg erhielt. 1774 holte ihn der Verleger Abraham Wagner nach Bern. Von da an unternahm er regelmässig Studienreisen mit Wagner und dem Naturforscher Jakob Samuel Wyttenbach in die Alpen. Wolf arbeitete an einer Folge von 200 Tafeln für den Verleger. 1777 erschienen die *Merkwürdigen Prospekte aus den Schweizer Gebürgen und derselben Beschreibung* mit einem Vorwort von Albrecht von Haller. 1779 reiste Wolf abermals nach Paris, wo seine Bilder gezeigt wurden. Die Ausstellung wurde jedoch ein Misserfolg. Nach dem Tod Wagners 1782 stagnierte die Weiterarbeit an den *Merkwürdigen Prospekten*. Wolf reiste von Paris zurück Richtung Heimat, erreichte aber die Schweiz nicht mehr. Am 6. Oktober 1783 starb er verarmt in Heidelberg.
Fast alle Bilder von Caspar Wolf waren um 1800 nach Holland verkauft worden, sie gerieten in Vergessenheit und wurden und galten als verloren. Erst 1940 fand man sie wieder in Holland und 1947 wurden sie in die Schweiz zurückgebracht. Heute gilt Caspar Wolf als wichtiger Vertreter der Schweizer Kunst zwischen Aufklärung und Romantik. Das Aargauer Kunsthaus besitzt die umfangreichste Gruppe von Bildern und Studien von Caspar Wolf und stellt diese in unterschiedlichen Kontexten ständig aus.

Tourinfos 1

Einstufung: 🥾🥾
Gehzeit: 5 h 30
Höhendifferenz: ↗ 760 m, ↘ 760 m
Beste Jahreszeit: Juni bis Oktober.
Karten: Swisstopo 1:25 000, Blatt 1266 Lenk, Wanderkarte Saanenland 1:40 000.
Anreise: Bahn Thun–Spiez–Zweisimmen–Gstaad, Postauto Gstaad–Lauenen.

Sehenswertes
A Reformierte Kirche St. Petrus, 1518–1524 erbaut, mit Renaissance Kanzel von 1633.
B Jägerhaus in Lauenen, Gebäude von 1796 mit außergewöhnlichen Fassadenmalereien.

Wanderroute
Vom Dorfzentrum Lauenen (1241 m) das Sträßchen nach rechts Richtung Lauibach nehmen, bei Rohrbrügg den Bach überqueren, gleich nach der Brücke das Sträßchen verlassen und rechts in den Wanderweg einschwenken, der durch den Wald hinauf zur Höhi (1428 m) führt. Über offenes Weideland bis zur Mulde des Lauenensees (1381 m), diesen rechts umgehen. Bei der Bushaltestelle dem Wegweiser Richtung Feissenberg/Geltenschuss folgen, zuerst auf ebenem Weg durch lockeren Erlenwald, dann ziemlich steil durch die Schlucht des Geltenbaches hinauf. Gleich am oberen Ende der Schlucht (1604 m) den Bach überqueren. Nun öffnet sich der Blick auf den Geltenschuss. Nach rund 600 Metern beginnt der letzte und steilste Abschnitt des Aufstiegs zur Geltenhütte, zuerst im Zickzack durch eine Geröllhalde, dann durch die Schattflüe, wo man bei hohem Wasserstand vom Geltenschüssli geduscht

Die Geltenhütte SAC, 2002 Meter über Meer.

wird, zur Geltenhütte SAC (2002 m). Rückweg gleich oder via Usseri Gelte und Chüetungel. Hier gibt es exponierte Passagen und der Abstieg entlang des Tungelbachs ist sehr steil.

Variante
Die Tour lässt sich abkürzen: Bus von Lauenen zum Lauenensee (1 h 15 weniger Gehzeit).

Rasten und Ruhen
Hotel Wildhorn, 3782 Lauenen, Tel. 033 765 30 12, www.wildhorn.ch.

Restaurant Lauenensee, Büel, 3782 Lauenen. Tel. 033 765 30 62.

Geltenhütte SAC, Inneri Gelten, 3782 Lauenen, Tel. 033 765 32 20, www.geltenhuette.ch.

Informationen
Tourismusbüro GST (Gstaad Saanenland Toruismus) Lauenen Dorf, 3782 Lauenen bei Gstaad, Tel. 033 765 91 81, www.lauenen.ch.

Gstaad Saanenland Tourismus, Promenade, 3780 Gstaad, Tel. 033 748 81 81, www.gstaad.ch.

Auguste Baud-Bovy

2 | Därligen–Krattigen–Aeschi

Zwischen zwei Welten das Glück

Auguste Baud-Bovy, *Béatitude (Le lac de Thoune depuis Krattigen)*, 1896

Oft ist der Thunersee in den vergangenen dreihundert Jahren gemalt worden, sei es mit Blick von Norden nach Süden, von Westen nach Osten, vom Seeufer übers Wasser in die Berge oder von der Höhe in die Tiefe. Fast immer gehören der Niesen, der Harder oder hohe Gipfel und Gletscher dazu. Das Bild jedoch, zu dem diese Wanderung führt, zeigt einen ganz anderen Ausschnitt: Der Blick schweift über den glasigen See Richtung Thun, winzig am Horizont, führt aus dem Oberland hinaus, bis zur gerade noch unter unendlichem Himmel erkennbaren Jurakette; von links und rechts senken sich Hügelrücken so sanft moduliert zum Ufer, dass sie weder als alpin noch als »typisch« Oberland gelten können. *Béatitude (Le lac de Thoune depuis Krattigen)*, deutsch *Glückseligkeit (Der Thunersee von Krattigen aus)*, ist der Titel dieses Gemäldes, das der Genfer Künstler Auguste Baud-Bovy im Herbst 1896 gemalt hat – ein Blick über den Thunersee.

An diesen Standort tasten wir uns heran, auf dem Panoramaweg am südlichen Thunerseeufer, mit Ausgangspunkt Därligen und Endpunkt Aeschi, das Dorf, in das sich der gebürtige Genfer nach Jahren in Paris zurückgezogen hatte, um sich der Landschaftsmalerei zu widmen. Ein interessantes Detail zu diesem Bild: Gemalt hat Baud-Bovy es nicht in Aeschi, sondern am Genfersee, wo er ein Chalet besaß.

Folgende Doppelseite: Auguste Baud-Bovy, *Béatitude (Le lac de Thoune depuis Krattigen),* 1896, Kunstmuseum Winterthur.

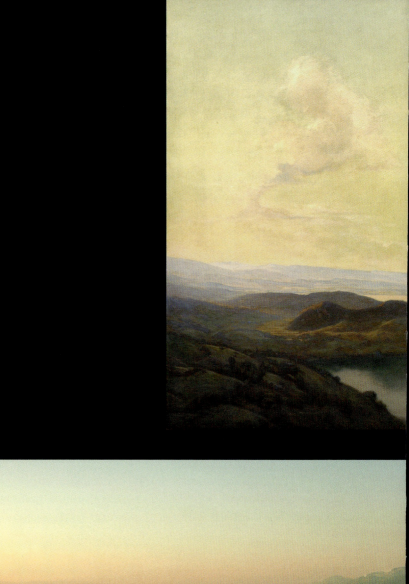

Schönes Oberländerhaus am Wanderweg in Därligen.

Wenig Raum bleibt zwischen Bahnlinie, alter Landstraße, Schnellstraße, Berg und See für das kleine Därligen. In der südöstlichsten Bucht des Thunersees, eingeengt zwischen Egghubel und dem steilen Leewald, liegt der Ort nicht nur im Schatten des Därliggrates, sondern auch bekannterer Nachbarn wie Interlaken oder Spiez. Kommt man mit der Bahn an, steht man zuerst ratlos am Bahnhof, denn es scheint nur entweder der Straße nach in Richtung Interlaken oder Leissigen weiterzugehen. Dank der Umfahrung, die hoch über dem Dorf den ganzen Durchgangsverkehr schluckt, herrscht wenig Betrieb. Nach kurzer Strecke erreicht man das Dorf, mit schönen, alten Häusern, »geruhsam und anmutig«, heißt es in Reiseprospekten.

Ein bisschen verschlafen wirkt es, ein Hotel, einige Restaurants, ein Strandbad sind die Attraktionen für Einheimische und Gäste. Da war früher mehr los: Ab 1873 legten die Dampfschiffe von Thun her nicht mehr in Neuhaus, sondern in Därligen an, und die Passagiere stiegen in die neu eröffnete »Bödelibahn« um, die sie ins rund fünf Kilometer entfernte Interlaken fuhr. Fährschiffe brachten Güterwagen von Scherzligen nach Därligen, wo sie von der Bödelibahn übernommen wurden – das kleine Dorf war ein belebter Umschlagplatz geworden. Mit dem Vollausbau der Bahnstrecke Thun–Spiez–Interlaken zwanzig Jahre später wurde es jedoch wieder still im Dorf.

In Därligen beginnt die Wanderung, die über den Panoramaweg Därligen–Krattigen zum Standort für Baud-Bovys Gemälde führt, einem ungewöhnlichen Thunerseepanorama, das fast nur aus Himmel und Licht besteht.

Die Landschaft ist typisch für das linke Thunerseeufer: Ein ständiger Wechsel von Wiesen, Weiden und Waldstücken auf allmählich abfallenden Bergrücken, dazwischen Bachtobel und Furchen, von Lawinen gezogen. Gegenüber die dunklen Hänge zwischen Ufer und Beatenberg, die Sendeantenne auf dem Niederhorn.

Am Stoffelberg, nach der ersten Steigung, mündet der Wanderweg in eine Autostraße, und nach wenigen Schritten stehen wir vor dem Hotel Meielisalp. Interessant der Wegweiser an der Wegkreuzung: »Geografischer Mittelpunkt« steht auf einem der Schilder (gemeint ist derjenige der Gemeinde Leissingen), »Hodler-Gedenkstätte« auf einem anderen.

Dieser kleine Seitensprung muss sein. Über einen steilen Wiesenweg erreicht man die Gedenk-

Wolkenstimmungen wie diese sind am Thunersee häufig zu beobachten.

Eine mächtige Linde kennzeichnet die Hodler-Gedenkstätte im Finel.

Auch heute noch überzeugend: der Blick von der Gedenkstätte über den Thunersee.

stätte in wenigen Minuten. »Ferdinand Hodler, 1853–1918. Der Maler verbrachte seine Sommeraufenthalte zwischen 1878 und 1916 oft in Leissigen und arbeitete an seinen Landschaftsbildern«, steht als Information auf der einfachen Gedenkplatte. »1904 malte er von dieser Stelle«, so weiter im Text, »sein erstes Bild der Reihe ›Landschaften am Thunersee‹. Dieses Bild trägt den Titel *Thunersee, vom Finel seeabwärts gesehen* und zeigt eine weite Seelandschaft mit Wolken und Spiegelung.« Der Berner Kunsthistoriker Max Huggler meinte: »[...] hier war es, wo er mit Tiefsicht in das Seebecken oder den Talraum einen neuen Typus des Alpenbildes geschaffen hat.« (Perren 1999)

Hodler und der fünf Jahre ältere Baud-Bovy hatten sich gekannt. Beide waren Schüler von Barthélemy Menn gewesen, beide hatten in Genf gelebt, an denselben Ausstellungen teilgenommen. Und beide verbrachten viele Sommer nur wenige Kilometer voneinander entfernt: Hodler in Därligen und Leissigen, Baud-Bovy in Aeschi. Überliefert ist, dass Hodler im Sommer 1887 Baud-Bovy in Aeschi besuchte; gewiss trafen sie sich bei Ausstellungen, kannten das Werk des anderen, und Baud-Bovy kauf-

Blick über den Thunersee auf Beatenberg und Niederhorn. Im Vordergrund Leissigen.

te im Jahre 1893 an einer Ausstellung ein Selbstporträt von Hodler. Vielleicht sind sie auch bei der Beerdigung ihres Lehrers Barthélemy Menn nochmals zusammengetroffen. Beide waren bei der ersten Schweizerischen Landesausstellung 1896 in Genf vertreten, aber mit Bildern, die unterschiedlicher nicht hätten sein können: kraftstrotzende Schwinger, Landsknechte und symbolistische Figurengruppen in kräftigem Grün von Hodler, feine, helle Landschaften, mit zarten Blau- und Violetttönen, weichen Formen und viel Licht von Baud-Bovy – eine Farbpalette, zu der Hodler in seinen letzten Jahren auch fand.

Brücke über den Spissibach.

Vertiefungen im Gelände, sogenannte Dolinen, weisen auf eine geologische Besonderheit hin. Hier sackte der Boden ab in Hohlräume.

Béatitude im weichen Abendlicht

Nach einem letzten »Hodler-Blick« über den Thunersee kehren wir zurück zum Bild von Baud-Bovy. Noch trennen uns etliche Kilometer von Krattigen und dem angenommenen Malstandort. Ein gutes Stück wandert man auf einem Fahrsträßchen, dann überquert man den Eybach auf solider Brücke und erreicht den Spissibach, der ein tiefes Tobel in den Wald gefressen hat. Ein Schild macht darauf aufmerksam, dass der Weg für Hunde nicht geeignet ist. Auch für Leute mit Höhenangst stellen die steilen Gittertreppen zum Bach hinunter möglicherweise eine Herausforderung dar. Der Anstieg auf der gegenüberliegenden Seite ist einiges sanfter. Lange Strecken wandert man im Wald. Erst auf der Alp Uf em Viertel gelangt man wieder in offenes Gelände. Ein Kontrollblick überzeugt uns: Zwar bietet sich der Thunersee fast in seiner ganzen Ausdehnung dar, aber Baud-Bovy hat nicht von hier gemalt.

Trichterförmige Vertiefungen in den Wiesen, wie man sie aus Karstgebieten kennt, fallen auf. Auch hier war die Erosion am Werk. In tieferen Schichten lagert Gips, der im Laufe von Jahrmillionen ausgewaschen wurde; in die so entstandenen Hohlräume sackte die Oberfläche ab. Ab dem 18. Jahrhundert bis heute wird Gips an der Krattighalde abgebaut. Direkt unterhalb Hellboden befinden sich ein riesiger Steinbruch und die Gipsfabrik. Während rund hundert Jahren wurde auch ein Heilbad bei Krattigen geführt, das sein Wasser aus einer Gipsquelle bezog. Heute ist davon nichts mehr zu sehen.

Der nächste Vergleichspunkt ist das Wegkreuz auf der Alp Blase, ein echter Schilderbaum sorgt mehr für Verwirrung als Klärung. Ogi-Weg, *Schweizer Familie*-Feuerstelle, über Eyried oder über Stocke nach Krattigen? Oder vielleicht passt der Blick schon von hier? Wir entscheiden uns für die

Der Wegweiser macht darauf aufmerksam: Der Zugang zur Spissibachbrücke führt über eine steile Metalltreppe, die Hundeführer besser meiden.

Die Gipsgrube an der Krattighalde.

Variante Stocke, folgen dem Ogi-Weg, wandern durch Waldstücke und prüfen immer wieder den Ausblick. Eine letzte, steil abfallende Wiese, begrenzt durch eine Baumreihe, eine Aussichtsbank, darunter die ersten Häuser des Dorfes. Es ist später Nachmittag geworden – schon fast die Zeit, zu der das Bild mit Sonnenuntergangsstimmung gemalt worden ist. Und nun stimmen Aussicht und Ansicht überein. Weich fallen die Linien und im Gegenlicht bei Abenddunst lassen sich selbst heute Orte, Straßen, Bahnen ausblenden, ergibt sich ein Bild von unendlicher Ruhe und Weite. Eine Welt, wie sie sich viele (vielleicht) wünschen: eine Welt des Friedens mit sich selbst. Glück.

»Der Blick auf den See geht in die Weite, es ist zwar nicht das Meer, aber ein Raum, der, selbst mit der Begrenzung durch die Berge, in ein

Dramatische Bewölkung über Thunersee und Niesen.

Anderswo einlädt«, schreibt Valentina Anker, Biografin von Baud-Bovy, über dieses Bild und stellt es in den Kontext des individuellen Malstils einerseits und der künstlerischen Entwicklung um die Jahrhundertwende andererseits. »Hier begreifen wir«, führt sie aus, »wie sehr Baud-Bovy fasziniert war von diesen Aussichten aus der Höhe in die Tiefe, dass er sich wie in einem Roman auf den ersten Blick in sie verliebte! Bei jeder Abreise aus Aeschi, bei jeder Rückkehr aus Genf oder Paris steht diese Sicht symbolisch für den Übergang zwischen zwei Welten, zwei verschiedenen Tempi der Musik: der städtischen Gesellschaft, Ökonomie und Landschaft, und der alpinen Welt. [...] Von diesem Ort aus gesehen wird sichtbar, wie sich der See und seine Umgebung ausdehnen, beinahe miteinander verschmelzen in einem unendlichen und nie er-

Oben: Angekommen – Aussichtspunkt Büel oberhalb von Krattigen.
Unten: Stimmungsbilder am Thunersee.

füllten symbolischen Verlangen; diese Urlandschaft verewigt Baud-Bovy in seinem großen Gemälde *Béatitude*.« (Anker 1991)

Kuhherden statt Dampfmaschinen

Die Spannung zwischen Stadt und Land, industrieller Welt und Bauernleben hatte sich in der zweiten Hälfte des 19. Jahrhunderts verstärkt, und die Kunst machte es sich zu einer ihrer Aufgaben, die Menschen mit dieser Spannung auszusöhnen. Sie sollte das Furcht einflößend Neue ausblenden und die Alpen als Hort des Guten darstellen. Ein Blick auf die Lage der Welt Ende des 19. Jahrhunderts zeigt die Hintergründe dieser Heile-Welt-Sehnsucht. Dampfschiff, Eisenbahn, Telefon lassen Distanzen schrumpfen und erhöhen das Tempo des Alltags in nie gekanntem Ausmaß; die Landschaft wird immer stärker dem raschen Ausbau von Industrieanlagen und Siedlungen unterworfen. Viele Menschen fühlen sich durch diese rasanten Veränderungen zutiefst verunsichert. Sie suchen nach dem Wahren und Reinen in der Natur, setzen die Unberührtheit der Gebirgswelt als Gegenpol zu den sich ausbreitenden Städten: Älpler statt Arbeiter, Kuhherden statt Dampfmaschinen, Alpenglühen statt rauchende Fabrikschlote. Während Landbewohner auf der Suche nach Arbeit in die Städte auswandern, verbringen Maler Monate in den Bergen, um ihre von vielen geteilte Sehnsucht nach heiler Welt festzuhalten.

Auguste Baud-Bovy, der aus begüterter Genfer Familie stammte, war nach seiner Ausbildung und eigener Lehrtätigkeit in Genf 1882 nach Paris gezogen, wo er vor allem mit Porträtmalerei den Lebensunterhalt für sich und seine Familie verdiente. In der Großstadt schien er aber nicht zu finden, was er für seine weitere Entwicklung brauchte. In dieser Phase erinnerte er sich an einen Aufenthalt im Wallis, bei dem er sich sofort in die Welt der Berge und in ihre Bewohner verliebt hatte. Ein Freund empfahl ihm das kleine, unbekannte Dorf Aeschi. 1885 reiste er zum ersten Mal nach Aeschi und verbrachte die meiste Zeit auf der Bundalp, wo er die Arbeit der Sennen in Bleistiftskizzen und Kohlezeichnungen festhielt. Daraus entstanden Bilder, die an Giovanni Segantinis Landschaften erinnern, moderner anmuten als Albert An-

Thunerseepanorama vom Niesen aus: Im Westen Thun, im Norden Niederhorn, im Osten Harder und das Bödeli mit Interlaken, im Vordergrund der sanfte Hügelrücken von Aeschi, dem bevorzugten Wohnort von Auguste Baud-Bovy.

kers Gemälde und nicht so holzschnittartig sind wie manche Figurendarstellungen von Ferdinand Hodler. Die Bauern, Hirten, Holzfäller, die Baud-Bovy abbildete, wirken in ihrer Ungezwungenheit fast lässig.

1888 verlegte er den Wohnsitz endgültig ins kleine Oberländer Dorf, in dem er sich heimisch fühlte und die Leute kannte. Von diesem Zeitpunkt an malte Baud-Bovy vor allem Landschaften, Porträts rückten in den Hintergrund. 1891 arbeitete er während Wochen auf dem Männlichen, wo er mit der Unterstützung von zwei Malerkollegen und vielen Gehilfen die Entwürfe für das große Oberlandpanorama für die Weltausstellung in Chicago von 1893 erarbeitete, mit der Staffelei, draußen, bei jedem Wetter. In den folgenden Jahren entstanden einige Bilder des

Niesen, Felsstudien und großzügige Landschaften, in denen das Licht eine wichtige Rolle spielt. Die Farbpalette wurde immer heller, die Konturen weicher, schwebend zwischen realistischer Darstellung und sentimentaler Empfindung, und schließlich lösten sich, in seinen letzten Gemälden, Berge und Felsen zwischen Wasser und Himmel praktisch auf. »Die Darstellung der Gebirgswelt […] dient dem Studium des Lichts, der Auflösung des abgebildeten Gegenstands durch die Verwendung eines Farbenspektrums, das mehr verschweigt als es sagt, Masse und Materie nur andeutet, eigentlich Ausdruck des Geistigen ist.« (Anker 1999)

Baud-Bovy suchte und malte in seinen letzten Lebensjahren die einsamen, menschenleeren Berge. Die windgepeitschten Tannen der

Begegnung der friedlichen Art am Wanderweg.

Romantiker waren passé, und für arrangierte Menschengruppen oder wilde Zacken und Gipfel interessierte er sich nicht. *Béatitude*, mit dem friedlichen Blick in die Ferne, bei dem alle Details verschwimmen, ist ein eindrückliches Beispiel von Baud-Bovys Kunst der Abstraktion einer realistischen Landschaft. Und damit steht der Künstler an der Schwelle zur Moderne; immer noch der Tradition einer realistisch abbildenden Landschaftsmalerei verpflichtet, aber bereit, Formen aufzulösen, andere Akzente zu setzen.

Die Sonne verschwindet allmählich. Bevor es dunkel ist, wollen wir noch das letzte Stück Weg gehen, hinunter ins Dorf und über die Stuelegg hinauf nach Aeschi. Das Haus, in dem Auguste Baud-Bovy gelebt hat, steht nicht mehr, aber auf dem Friedhof bei der Kirche, die er oft gemalt hat, findet sich immer noch sein Grab.

Weiterlesen

Valentina Anker, *Auguste Baud-Bovy*, Bern 1991.

Valentina Anker, *Auguste Baud-Bovy, das Dorf Aeschi und das Berner Oberland*, Aeschi 1999.

Hans Perren, *Ferdinand Hodler und das Berner Oberland*, Thun 1999.

Auguste Baud-Bovy (1848–1899)

Am 13. Februar 1848 in Genf als Auguste Baud geboren; 1862 bis 1868 Schüler von Barthélemy Menn, arbeitete mit ihm und weiteren Künstlern im Auftrag der Familie Bovy an der Dekoration von Schloss Greyerz. 1868 heiratete Baud Zoé Bovy, seither nannte er sich Baud-Bovy. Zwischen 1870 und 1882 Geburt der beiden Söhne Daniel und Valentin. Er unterrichtete in Genf. Reisen nach Spanien, ins Wallis, nach Paris.

1873 verhalf er dem von ihm verehrten französischen Maler Gustave Courbet, der wegen seiner Beteiligung an der Pariser Commune verfolgt wurde, zur Flucht in die Schweiz. 1882 Umzug nach Paris, Teilnahme an wichtigen Ausstellungen. 1888 Umzug nach Aeschi. Baud-Bovy beschäftigte sich intensiver mit der Malerei von Jean-Baptiste Camille Corot und wendete sich ab von Courbet.

1891 in Paris Arbeit am Alpenpanorama, das auf eine Leinwand von 112 Meter Breite und 17 Meter Höhe gemalt wurde. 1893 erhielt er eine Auszeichnung der französischen Ehrenlegion. Im Laufe dieser Jahre entstand ein großer Zyklus von Bergbildern. 1894 Aufenthalt in Villars, erste Genferseebilder. 1896 stellte er an der Schweizerischen Landesausstellung in Genf aus. 1898 erster, 1899 zweiter Kuraufenthalt in Davos. Hier starb er am 3. Juni. Beerdigt wurde er in Aeschi, zwölf Sennen trugen seinen Sarg.

Tourinfos 2

Einstufung: 🖉
Gehzeit: 2 h 30
Höhendifferenz: ↗ 670 m, ↘ 364 m
Beste Jahreszeit: Juni bis Oktober.
Karten: Swisstopo 1:25 000, Blatt 1228 Lauterbrunnen und Blatt 1227 Niesen, Zusammensetzung 2519T, Region Thunersee.
Anreise: Von Thun oder Interlaken mit Bahn oder Schiff nach Därligen.
Rückreise: Von Aeschi Bus nach Spiez, mit der Bahn nach Thun oder Interlaken.

Sehenswertes
A   Hodler-Gedenkstätte, Finel ob Leissigen.

Wanderroute

Vom Bahnhof Därligen (559 m) kurzes Stück entlang der Autostraße seeabwärts, dann links hinauf durch das Dorf, dem Wegweiser Meielisalp folgen. Aufstieg vorbei an schönen alten Häusern am Dorfrand. Über den Egghubel wechselt Teer- mit Naturbelag, Wald mit offenen Wiesen. Nach ca. 50 Min. ist das Ausflugsziel Meielisalp (801 m) erreicht. Hier schöner Blick auf den See. Abstecher zum Finel hinunter: Hodler-Gedenkstein und Linde. Auf Waldstraße bis zum Spissibach. Eine steile Metalltreppe führt zur Brücke im Tobel: Für Hunde nicht geeignet. Nach der Überquerung des Baches auf Waldwanderwegen auf etwa der gleichen Höhe bis Rugger/Schupfholz. Dort erreicht man eine Fahrstraße, in diese nach links einbiegen und in der nächsten S-Kurve den Wanderweg Richtung Uf em Viertel nehmen, der fast immer durch Waldstücke führt. Hier ist mit 1067 Metern der höchste Punkt erreicht. Schöner Grillplatz im Wald. Nun zum Teil auf Fahrstraßen mit Naturbelag in nordöstli-

Einladung zum Schauen. Blick von der Äbnitweid auf den Thunersee.

cher Richtung wandern, Wegweisern Richtung Hellbode, Blase, Uf Stocke und Büel folgen. Der Aussichtspunkt Büel oberhalb von Krattigen ist der Standort, von dem aus Baud-Bovy gemalt hat. In Krattigen Abstieg ins Dorf, entlang der Straße bis zur Kirche weitergehen, dann Wanderweg Richtung Aeschi via Stuelegg wählen. Das letzte Stück der Wanderung führt entlang der Straße.

Variante
Die Wanderung bei der Schiffstation Neuhaus am Thunersee beginnen, durch die Auenwald-Uferzone und das Naturschutzgebiet an der Aaremündung nach Därligen wandern, dann auf der empfohlenen Route weiter. Von Krattigen direkt via alten Oberlandweg nach Faulensee. Gesamtwanderzeit: 4 h.

Rasten und Ruhen
Restaurants und Gasthäuser in Därligen.

Hotel Meielisalp, Stoffelberg, 3706 Leissigen, Tel. 033 847 13 41, www.meielisalp.ch.

B&B Finel, 3706 Leissigen, Tel. 033 847 11 12, www.finel.ch.

Restaurants und Hotels in Krattigen und Aeschi.

Informationen
Thunersee Tourismus, Bahnhof, 3600 Thun, Tel. 0842 842 111, www.thunersee.ch.

Krattigen Tourismus, Dorfplatz 2, 3704 Krattigen. Tel. 033 654 13 30, www.krattigen.ch.

Aeschi Tourismus, Dorfstrasse 9, 3703 Aeschi, Tel. 033 654 14 24, www.aeschi-tourismus.ch.

Paul Klee
Cuno Amiet
Jean-Frédéric Schnyder

3 | Neuhaus bei Unterseen–Gunten

Das Sichtbare nicht wiedergeben, sondern sichtbar machen

Paul Klee, *Der Niesen,* **1915**
Cuno Amiet, *Niesen mit Spiegelung im See,* **1926**
Jean-Frédéric Schnyder, *Niesen IV,* **1990**

Drückt man einem Kind Papier und Stift in die Hand und sagt, es solle einen Berg zeichnen, so entsteht – ein Dreieck. Vielen Künstlern ergeht es nicht anders. Das Dreieck als Abbildung eines real existierenden Berges oder als Chiffre eines Berges findet sich in allen Kunstepochen. Das Dreieck-Bergsymbol hat ja auch ganz reale Vorbilder rund um den Globus, sei es der Fujiyama, der Vesuv – oder der Niesen im Berner Oberland. Die markante Pyramide thront von Weitem sichtbar beeindruckend über dem Ufer des Thunersees, gleichsam als Tor zum Oberland. Eine Wegmarke, ein Versprechung, ein Mythos. »Unter den Vorgebirgsketten ist keine so eindrücklich wie die Niesenkette, weil sie rechtwinklig auf die Achse des Sees steht, dem Schauenden sich also nicht mehr als Kette zeigt, sondern in ihrer ersten Norderhebung einen Endberg und zugleich den Querschnitt der ganzen Kette darstellt. Überall wo in den Alpen ein Haupttal sich gabelt, steht hinter der Gabelung ein solcher pyramidaler Eckstein; keiner aber erreicht eine so vollendete Gestalt wie dieser Niesen, keinem kann der Betrachter so gegenübergestellt werden, dass der himmelspaltende Bergkeil sein Gesichtsfeld aus drei Richtungen der Rose füllt.« (Hiltbrunner o. J.)

Folgende Doppelseite: Paul Klee, *Der Niesen,* 1915, Kunstmuseum Bern.

Seine Form verdankt der Niesen seinem Ursprung aus dem Urzeitmeer und dem nie endenden Prozess der Verwitterung, die im Laufe von Jahrmillionen dieses regelmäßige Dreieck aus dem schiefrigen Gestein geformt hat. Streng genommen ist dieser Eckpfeiler in der Voralpenkette nichts anderes als eine Ruine. Aber was für eine! Ein Berg für Künstler: Die Liste von Namen, die unter Niesendarstellungen stehen, ist ein Who's who der Landschaftsmalerei in der Schweiz im 18. und 19. Jahrhundert: von Caspar Wolf über Alexandre Calame bis Ferdinand Hodler. Im 20. Jahrhundert gesellen sich Namen wie Cuno Amiet, Paul Klee, August Macke, Johannes Itten, in den letzten Jahrzehnten Jean-Frédéric Schnyder, Charles Tschan, Bendicht Friedli, Samuel Buri, Cécile Wick dazu. Der Niesen ist ein Dauerbrenner über Jahrhunderte,

Ferdinand Hodler, *Der Thunersee mit Niesen,* 1910, Kunstsammlung Thomas Schmidheiny.

trotz eindrücklicher topografischer Konkurrenz.

Im 18. und 19. Jahrhundert dominierten Wetterhorn, Eiger und Jungfrau Veduten, Stiche und Gemälde und signalisierten Swissness schlechthin. Im 20. Jahrhundert wurde das Wetterhorn in die hinteren Ränge verbannt, Eiger, Mönch und Jungfrau konnten ihre Position kraftvoll halten, und triumphierend dazu gesellt hat sich das Matterhorn als internationales Erkennungszeichen der »Marke Schweiz«. Aber wie ein tragender Unterton erscheint während dieser langen Zeit immer wieder das klare Dreieck des Niesen auf Leinwänden oder Plakaten. Im 18. und 19. Jahrhundert sieht man ihn eher als einen unter anderen. Mit dem zu Ende gehenden 19. und vor allem in der ersten Hälfte des 20. Jahrhunderts entwickelt er sich zum eigenständigen Sujet von ganz besonderem Stellenwert. Seine Form bietet sich an als Zeichen, Symbol, ihn kann man malen, auch wenn man kein Bergmaler, kein gegenständlicher Künstler sein will. Strich – Strich – Strich, fertig ist die Niesensicht.

Der Niesen im Visier.

Die ältesten Abbildungen des Niesen stammen aus dem 16. Jahrhundert. Der Berner Stadtarzt Thomas Schöpf zeichnete ihn ein als Pyramide auf seiner Karte des Staates Bern. Die Niesenbilder der folgenden drei Jahrhunderte zeigen den Berg von Bern, Thun, Unterseen, Aeschi oder Wimmis aus, im Profil, aber nicht als direktes Porträt. Dann wechselt die Blickrichtung: Im 20. Jahrhundert stellen sich die Künstler vis-a-vis dem Niesen auf, am rechten Seeufer, in Oberhofen, Gunten, Merligen, Beatenberg. Dieser Standortwechsel hatte praktische Gründe: Das rechte Thunerseeufer mit seinem unzugänglichen

Der Niesen ist während Jahrhunderten von sehr vielen Künstlern gemalt worden. Repräsentativ für das 20. Jahrhundert stellen wir die Niesenbilder von Paul Klee, Cuno Amiet und Jean-Frédéric Schnyder vor.

felsigen Ufer zwischen Beatenbucht und Sundlauenen war weniger gut erschlossen als das linke. Erst 1884 wurde eine durchgehende rechtsufrige Fahrstraße Thun–Interlaken eröffnet. Das spektakuläre Straßenstück durch Fels und Wald, mit Blick auf See und Berge wurde zur Touristenattraktion. Entsprechend boomte in den neu verkehrstechnisch gut erschlossenen Ortschaften der Fremdenverkehr. Das rechte Thunerseeufer bot viele Vorteile. Das Klima an der »Oberländer Riviera« auf der Sonnenseite war sehr mild; die Sicht auf das Alpenpanorama war grandios und der Niesen erhob sich vis-à-vis als perfektes Dreieck. Jetzt war seine Zeit gekommen. Dramatische Zacken wie bei den Romantikern oder realistische Darstellungen wie um die Jahrhundertwende waren bei der neuen Künstlergeneration nicht mehr gefragt. Neue Motive prägten die Kunst. Die expressionistischen, kubistischen, konstruktivistischen und abstrakten Malweisen waren geprägt durch radikale Vereinfachung der Formen. Das Gegenständliche wurde in Farbfelder zerlegt. Und nun traf Topografie Kunst, das klare Dreieck forderte heraus. Die Herausforderung wurde angenommen. Künstler des »Bauhauses«, der »Brücke«, des »Blauen Reiters«, die zum Teil mit traditioneller Landschaftsmalerei nicht viel am Hut hatten, setzten sich mit diesem Berg auseinander. Drei Niesenbilder aus der großen Menge von Niesendarstellungen aus dem 20. Jahrhundert begleiten diese Tour. Es sind Niesenbilder von Paul Klee (1915), Cuno Amiet (1926) und Jean-Frédéric Schnyder (1990).

Wo der heilige Beatus Wache hält

Startpunkt ist die Bushaltestelle Manorfarm bei Neuhaus am nordöstlichen Ufer des Thunersees. Hier bei der Einmündung des Lombachs herrscht im Sommer Freizeitleben pur. Es ist viel Betrieb, aber kein Gedränge. Ein kurzer Abstecher zum Seeufer beim Hotel Neuhaus lohnt sich. Der Niesen zeigt sich schon fast in perfekter Dreiecksform, aber nicht so ideal dreieckig wie auf den ausgewählten Bildern. Die folgende Wanderung wird ihn ins richtige Licht, in den idealen Blickwinkel rücken.

Spektakuläres Straßenstück nach Sundlauenen.

Nach dem Überqueren der Kantonsstraße geht es in den Wald. Undefinierbare Mauerreste im Schatten des Dälenbodens lassen uns rätseln: War hier mal ein Zoo? Ein Gefängnis? Volieren? Nachforschungen ergeben später, dass es hier einst ein Bad gegeben hat für müde Pilger, das Kublis Bad. Der Fußweg – wir befinden uns von jetzt an auf dem Jakobsweg – steigt in den Dälenbodenwald hinauf, senkt sich aber nach rund 800 Metern wieder zur Autostraße. Die nächsten 500 Meter geht es der

Brunnen beim Schiffsanleger Sundlauenen.

Hoch oben schlängelt sich die Straße durch die Felswand.

Straße entlang, dann biegt der Wanderweg ab und man betritt das sanft gegen den See abfallende Delta des Sundbachs, das heute weitgehend Naturschutzgebiet ist. Man wandert vorbei an Häusergruppen, die tatsächlich das Adjektiv idyllisch verdienen. Weit oben klebt die Straße an der Felswand. Umfangreiche Sprengarbeiten und Tunnel waren erforderlich gewesen, um die Felsnase zu überwinden, von der man in früheren Jahren schrieb: »Eine ausgehauene Fluh, über die man gehen muss, sieht man vom Schiff aus, und sie weckt Grausen nur vom Sehen.« (König 1814)

Was damals furchterregend war, ist heute romantisch. Auf steilen Waldpfaden und über aus dem Fels geschlagene Treppen und Galerien steigt man hinauf zum Eingang der Beatushöhle. Sie war – laut Legende – die letzte Wohnstätte des schottischen Wandermönchs Beatus, der viele Menschen im damaligen Helvetien zum Christentum bekehrt haben soll. Verehrt wurde er als Wunderheiler, seine größte Tat aber war die Vertreibung eines gefährlichen Drachens, der die Menschen am See bedrohte. Spannend ist die Entstehungsgeschichte dieser Legende: Sie wurde erst 1511 im Auftrag des Klosters Interlaken fabri-

Wie viele Menschen schritten wohl schon über diese Treppe des Pilgerwegs?

ziert, vierhundert Jahre nach dem Wirken des Heiligen und hat ihren Ursprung in einer Heiligenlegende aus Frankreich, die den schweizerischen Bedürfnissen angepasst wurde. Bis zur Reformation war die Beatuskapelle neben Einsiedeln der zweitwichtigste Wallfahrtsort der Schweiz, danach versuchte das reformierte Bern die Wallfahrten zu unterbinden, die Kapelle wurde abgebrochen und die Höhle zugemauert. Trotzdem suchten noch viele ihr Heil bei »Sant Batt« und pilgerten heimlich an den Thunersee. Wer heute die Beatushöhlen besucht, ist eher fasziniert von der fantastischen Welt der Tropfsteinhöhlen mit unterirdischen Hallen, Wasserfällen und Schluchten. Aber der heilige Beatus, der Drachenvertreiber, hat nicht ganz abgedankt: Wie vor tausendneunhundert Jahren hält er Wache am Höhleneingang. Heute allerdings als Wachsfigur.

Durch die Parkanlage mit natürlichen Wasserfällen, die direkt aus der Felswand sprudeln, folgt man dem gut ausgebauten Pilgerweg, mehrheitlich durch Wald, aber immer wieder mit Blick hinüber zum Niesen, dessen Dreiecksform nun Kontur gewinnt. Plötzlich scheint der Grund unter einem wegzufallen – man steht über dem Steinbruch Balmholz. Der Blick öffnet sich: Vom Widmannsplatz aus, einer schönen Raststelle mit Bänken und Aussichtskanzel, präsentieren sich das obere Seebecken, das gegenüberliegende Ufer, Abendberg, Niesen,

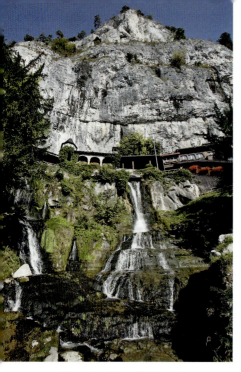
Wie an den Fels geklebt: der Eingang zu den St. Beatus-Höhlen.

Moderne Drachen, Symbol des heiligen Beatus.

Stockhornkette und darüber die Hochalpen. Wir folgen dem Pilgerweg weiter bis ins Dorf Merligen. Gartenzwerge begrüßen die Wanderer, im Hafen dümpeln Boote und neben Chalets flattern Schweizer Fahnen. Palmen vor Postkartenhimmel sorgen für einen gewissen exotischen Touch.

»Eine Szenerie für Stimmungen der Seele«

Ein guter Ort für die Begegnung mit Paul Klee. Immer wieder verbrachte der 1879 in Münchenbuchsee geborenen Klee Ferien am Thunersee. Seine Eltern besaßen in Oberhofen ein Ferienhaus und ein Onkel betrieb in Beatenberg das Hotel Waldrand. In seinen Tagebüchern finden sich viele launige Einträge zu Thunerseeausflügen. An Ostern 1905 hat er festgehalten: »Wir wanderten fleißig umher. Einmal nach

Gunten und Merligen, von da Fußweg nach Sigriswil, dann die Straße nach Aeschlen und zurück über Schönörtli nach Oberhofen.« Neben vielen Tagebucheinträgen gibt es dazu auch Skizzen des jungen Klee, zum Teil Bleistiftzeichnungen aus seiner Schülerzeit. Es sind erste Auseinandersetzungen mit der beeindruckenden Seelandschaft. »Früher (schon als Kind) war mir die landschaftliche Schönheit ganz eindeutig. Eine Szenerie für Stimmungen der Seele. Jetzt beginnen gefährliche Momente, wo mich die Natur verschlucken will, ich bin dann gar nichts mehr …«, schrieb er an einem Abend im Jahr 1902 in der Bächimatt bei Thun. Stimmungen, atmosphärische Veränderungen wiedergeben wie im Impressionismus oder die naturgetreue Abbildung wie im Naturalismus befriedigten die jungen Künstler in den ersten Jahrzehnten des 20. Jahrhunderts nicht mehr. Die Künstler suchten andere Formen, um die innere und äußere Welt abzubilden. »Schwanken zwischen dem,

Merligen am Thunersee.

Blick zurück: Südliche Seelandschaft, gekrönt von den weißen Schneeriesen Mönch und Jungfrau.

sagen wir, klassischen Stil der in München ausgestellten Radierungen und gewissen Auflockerungen, wie man sie bei Impressionisten sieht«, hatte Klee im Juni 1906 festgehalten. Zwei Jahre später notierte er die Überlegungen: »Die naturalistische Malerei, die ich zur gründlichen Orientierung und Schulung immer wieder pflege, hat vor allem den Nachteil, dass kein Absatz hier für meine lineare Produktionsfähigkeit vorhanden ist. Es gibt da eigentlich keine Linien als solche, Linien entstehen nur als Grenzen verschiedener Tonalitäts- oder Farbflecken. Mit farbigen und tonalen Flecken lässt sich jeder Natureindruck auf die einfachste Weise festhalten, frisch und unmittelbar.«

Noch zeichnete Paul Klee oder malte mit schwarzer Tusche, verfeinerte die Technik seiner Schwarzaquarelle. Auf Reisen traf er Vertreter der neuen Kunstrichtungen, so Franz Marc und Wassily Kandinsky, die den »Blauen Reiter« begründeten, in Paris Robert Delauney. Allen gemeinsam war die Suche nach neuen Ausdrucksformen, neuer Farbigkeit, neue Formgebung.

Und dann, im April 1914, kam diese Reise mit den Malerfreunden August Macke und Louis Moilliet nach Nordafrika. Am 16. April, sie waren gerade in der tunesischen Stadt Kairouan, notierte er: »Früh vor der Stadt gemalt, leicht gestreutes Licht, mild und klar zugleich. [...] Ich lasse jetzt die Arbeit. Es dringt so tief und mild in mich hinein, ich fühle das und werde so sicher, ohne Fleiß. Die Farbe hat mich. Ich brauche nicht nach ihr zu haschen. Sie hat mich für immer, ich weiß das. Das ist der glücklichen Stunde Sinn: Ich und die Farbe sind eins. Ich bin Maler.« Im Jahr darauf, im Sommer 1915 malte er seinen bunten *Niesen*, ganz in Blau, umgeben von Farbsäulen, die eher an nordafrikanische Städte als an Dörfer am Thunersee erinnern. Dies war sein Durchbruch zur Farbe und zu seinem ganz persönlichen Malstil: »Kunst gibt nicht das Sichtbare wieder, sondern macht sichtbar.« (Alle vorangehenden Zitate aus: Klee 1979)

Damit manifestierte Paul Klee eine revolutionäre Auffassung von abstrakter Darstellung, die immer einen Bezug behielt zum Gegenständlichen. Die Sehweise war ungewohnt, kühn, aber sie eckte nicht an, sondern forderte mit ihrer Poesie heraus zum Fantasieren. Diese Poesie, diese Leichtigkeit wurde von der zeitgenössischen Kunstkritik anerkannt: »Er ist alles: innig, zart, und vieles andere Beste, und dies vor allem: er ist neu.« (Oskar Schlemmer in: Grohmann 1977)

Der Niesen wird zu einem der bekanntesten Werke Klees.

»... das unendliche Fluten und Spielen des Farbigen«

Blauer Berg. Bunte Häuser. Bäume, die Äste wie Arme in den Himmel recken. So ist auch der Blick beim Weiterwandern Richtung Schloss Ralligen, einst ein Rebgut des mächtigen Augustinerklosters Interlaken, heute in Privatbesitz. Nach einem weiteren Wegstück durch den Wald erreicht man beim Stampach wieder das Seeufer und die Autostraße, der man aber kurz darauf den Rücken kehren kann. Auf einem gut erhaltenen Abschnitt des Jakobsweges geht es über alte, ausgetretene Stufen in die Höhe, entlang eines der letzten Rebberge der Gemeinde Sigriswil. Bis gegen Ende des 19. Jahrhunderts wurde am rechten Thunerseeufer viel Wein angebaut, die anderen landwirtschaftlichen

Voila: das perfekte Dreieck des Niesen.

Rebberg bei Gunten, im Hintergrund die Stockhornkette.

Nutzflächen lagen am gegenüberliegenden Ufer, bei Faulensee und Krattigen. Mit großen Weidschiffen transportierten die Bauern ihre Produkte über den See. Das Rebgelände erstreckte sich von Merligen bis Steffisburg, Kaltnasse Sommer in der Mitte des 19. Jahrhunderts und dann vor allem der Mehltau um 1880 beendeten die Weintradition am See. In den letzten Jahrzehnten sind aber viele neue Rebberge entstanden oder alte wieder belebt worden.

Oben am Rebberg nehmen wir das zweite Bild dieser Wanderung heraus: Cuno Amiet, *Niesen mit Spiegelung im See* von 1926. Ein Bild, das nur aus Licht und Luft gewoben zu sein scheint, die Umrisse greifbar und dennoch abgehoben, das Sujet auf den ersten Blick erkennbar und gleichzeitig allgemeingültig: Berg-See-Spiegelung. 1926, als Amiet dieses Bild malte, gehörte er schon zur Elite der Schweizer Künstler. Seine Ausbildung holte er sich in München, Paris und Pont-Aven in der Bretagne. Seine wichtigsten Vorbilder waren Paul Gauguin, van Gogh und Ferdinand Hodler. Er war Mitglied der »Brücke« und der »Artistes indépendents« und malte im Spannungsfeld zwischen französischer Avantgarde und frühem deutschem Expressionismus. Aber schon in jungen Jahren schlug er einen eigenständigen Weg ein, losgelöst von allen -ismen. Er wurde zu einem der wichtigsten Vertreter der klassi-

Wegzeichen beim Stampach, das auf den Jakobsweg hinweist.

Folgende Doppelseite: Cuno Amiet, *Niesen mit Spiegelung im See,* 1926, Privatbesitz.

Von oben nach unten: Farbenpracht – Park, See, Stockhornkette. Palmwedel vor Eiger, Mönch und Jungfrau. Blick nach Norden: Obstbäume vor Nadelwald.

schen Moderne und, neben seinem Freund Giovanni Giacometti, zum prominentesten Schweizer Künstler nach dem Tode Hodlers.

Cuno Amiet liebte das Experiment, er suchte ständig neue Ausdrucksformen und er ging virtuos mit Farben und Flächen um. Dafür ist das Niesenbild in seiner Luzidität ein herausragendes Zeugnis. Wahrscheinlich kannte Amiet die Niesenbilder von Hodler und Klee, denn von beiden meint man etwas wiederzuerkennen – und doch ist der amietsche Niesen ganz anders. Hermann Hesse, mit dem Amiet eng befreundet war, schrieb 1919 über dessen Verhältnis zu Licht und Farbe: »Amiet erlebt die Welt stets als Farbe. Er sieht nicht das Skelett der Dinge, sondern jeder Blick in die Welt hinein zeigt ihm das unendliche Fluten und Spielen des Farbigen. Farbe ist flüchtig, Farbe ist Leben, ist Oberfläche, ist zarteste, dünnste, sensibelste Haut der Dinge, und so lösen sich die Dinge in Amiets besten Bildern ganz in Farbe auf. Ein solches Bild stellt nicht mehr einen Wald, einen Garten, einen Berg dar, sondern sucht dem tausendfältigen Roman des Lichts zu folgen.« (Hesse 1919)

Der Blick wandert hinüber zum Niesen. Wie recht muss man Hesse bei seiner Beurteilung geben! Fast scheint es, als hätte Cuno Amiet genau diese Aussage im Kopf gehabt, als er 1926 sein Niesenbild malte.

»... abends mit gutem Appetit nach Hause«

Nun bleibt noch die Spurensuche nach dem dritte Bild dieser Wanderung, *Niesen IV* von Jean-Frédéric Schnyder, 1990 gemalt. Wir wandern entlang der Seehalte hinunter nach Gunten, einem Ortsteil von Sigriswil, angelegt auf dem breiten Deltafächer, den der Guntenbach in den See geschwemmt hat. Zwei markante Bäume suchen wir, zwischen denen sich der Niesen zeigt. Das Parkhotel scheint der ideale Platz zu sein, denn im Garten direkt am See bilden Platanen ein Blätterdach, Palmen und Zypressen sorgen für exotische Tupfer und der Niesen prä-

Jean Frédéric Schnyder, *Niesen IV,* 1990, Aargauer Kunsthaus, Aarau.

Traumbild im Garten des Parkhotels Gunten.

sentiert sich in voller Größe. Aber der Blickwinkel stimmt nicht, wir müssen weiter oben suchen. Auf einem Fußweg entlang des Lindegrabens steigen wir hinauf nach Sigriswil, schauen uns um. Im Ortsteil Endorf passt alles: Die alten Apfelbäume beim Bauernhof, dazwischen der Niesen, an dessen Fuß der Spiezerberg, der lange Bergrücken mit Aeschi, im Hintergrund Schneeberge.

Hodlerwolken, Kleeorange, Amietblau – alles findet sich im kleinen Ölbild von Jean-Frédéric Schnyder, einem Künstler, der den Ruf hat, in keine Schublade zu passen. Zeichnungen, Grafiken, Ölbilder, Installationen, Keramiken, Fotoserien, geschnitzte und gebastelte Objekte zeugen von seiner vielfältigen Auseinandersetzung mit der Welt. Wurde er anfänglich noch der Pop-Art und der Konzeptkunst zugeordnet, entzog er sich dieser Schubladisierung durch das Malen von Landschaftsserien, oft in Öl: 93 Wartesäle, 38 Blicke auf den Thunersee, 119 Ansichten von Autobahnen, zahllose Landschaftsausschnitte, von einer Bank aus gesehen, unter dem Titel *Bänkli*. Auch der Niesen gehört zu einer Serie, wie die Nummer IV zeigt. 1993 hatte Schnyder anlässlich einer Ausstellung seiner Landschaftsbilder in Frankfurt gesagt: »Bei mir hat es einen ewigen Traum gegeben, Landschaftsmalerei zu betreiben, mich also an dieser uralten Tradition zu versuchen, ganz reell, mit einem normalen Tagesablauf, auszuziehen mit einer kleinen Staffelei, lucky ein Bild zu malen und abends mit gutem Appetit nach dem langen Tag an der Luft nach Hause zu kommen.«

Mit den Landschaftsbildern vom Thunersee setzte sich Schnyder mit der Tradition der Alpenmalerei bei Hodler auseinander – als Gruß die Hodlerwolken. Gleichzeitig nahm er das wieder erwachte Interesse an der Bergmalerei auf, das unter dem Motto »konstruktive Dekonstruktion« steht, Alpenmythen als Zitate einsetzt oder verfremdet wiedergibt. Durch die Darstellung in Serie, den gewählten Ausschnitt mit speziellen Details und die genaue Datierung – den *Niesen IV* malte er am 12. November 1990 – gibt Schnyder dem Alltäglichen und Trivialen eine eignartige Bedeutung. Man fragt sich beim Betrachten des Bildes, ob man nun auf den Arm genommen wird oder ob die Herbstbäume, die Spiegelung, die Wolken eine tiefere Bedeutung haben. Wir setzen uns in die Wiese vor den Obstbäumen. Spielt es eine Rolle? Warum nicht einfach den Blick genießen?

Der kühne Neubau auf dem Niesengipfel: atemberaubende Ein- und Ausblicke.

Extratour

Der Niesen wurde auf unzähligen Plakaten dargestellt – die Form bot sich ideal an für die plakative Vereinfachung. Einer der kühnsten Würfe ist das Niesenplakat von Leo Keck von 1957, eine Werbung für die Bahn. Diese feiert 2010 ihr hundertjähriges Bestehen. Als Ergänzung zur Wanderung mit dem Blick zum Niesen empfiehlt sich eine Fahrt auf den Niesen, und zwar nicht nur wegen der großartigen Aussicht vom Gipfel. 2001 wurde das Berghaus Niesen vom Berner Architekturteam Aebi und Vincent total umgebaut. Das Resultat ist moderne Bergarchitektur vom Feinsten. Zu empfehlen ist auch der Spaziergang vom Berghaus zum Gipfel, entlang des sehr gut gemachten Infopfades. Auf zwölf Tafeln werden unterschiedlichste Themen vorgestellt, so auch das Thema »Der Niesen und die Kunst«.

Weiterlesen

Matthias Fischer (Hrsg.), *Der Niesen. Ein Berg im Spiegel der Kunst,* Bern 1998.

Will Grohmann, *Der Maler Paul Klee,* Köln 1977.

Felix Klee, *Tagebücher von Paul Klee 1898–1918,* Köln 1979.

Franz Niklaus König, *Reise in die Alpen,* Bern 1814.

Bruno Petroni, *Der Niesen und seine Bahn. Eine Hommage an die Erbauer der Niesenbahn,* Interlaken 2010.

Leo Keck, *Niesen, 2362 m, 7750 ft, Schweiz, Suisse, Switzerland.,* 1957, Schweizerische Nationalbibliothek, Bern.

Paul Klee (1879–1940)

Geboren am 18. Dezember 1879 in Münchenbuchsee. Der Vater, Deutscher, war Musiklehrer, die Mutter, Schweizerin, war Sängerin. Klee wuchs in Bern auf, wo er bereits mit elf Jahren im Stadtorchester Geige spielte. 1899 entschied er sich aber für die Malerei und besuchte in München die Kunstakademie. 1902 Rückkehr nach Bern. 1906 heiratete er die Pianistin Lily Stumpf, das Paar zog nach München. 1908 Geburt des Sohnes Felix. Ab 1910 erste Ausstellungen in der Schweiz. Klee lernte die Vertreter des »Blauen Reiters« kennen. 1914 Reise nach Tunesien mit August Macke und Louis Moilliet, die seinen Malstil entscheidend prägte. 1916 bis 1918 leistete Klee Kriegsdienst in Deutschland. 1920 Berufung ans Bauhaus in Weimar, später zog er mit dem Bauhaus um nach Dessau. In den folgenden Jahren Ausstellungen in München, New York, Paris, mit Max Ernst, Joan Miró und Picasso. 1931 bis 1933 Professor an der Kunstakademie in Düsseldorf, nach seiner politisch bedingten Entlassung Rückkehr in die Schweiz. Paul Klee bemühte sich gleich nach seiner Rückkehr um die schweizerische Staatsbürgerschaft. Obwohl er seine ganze Jugend in Bern verbrachte hatte, reines Berndeutsch sprach und der Schweiz tief verbunden war, musste er fünf Jahre warten. Seine Einbürgerung wurde von verschiedenen Seiten bekämpft, unter anderem mit den Argumenten, Anhänger von Klee gehörten vor allem der »jüdischen Rasse« an, man fürchte um »den guten Geschmack und die gesunden Ideen der Bevölkerung« und er sei eine Konkurrenz für die einheimischen Künstler. Und in der NZZ erschien anlässlich der Klee-Ausstellung vom Frühjahr 1940 in Zürich ein Artikel, in dem sein Werk als »Schizophrenelisgärtli« beurteilt wurde – Nazideutschland ließ grüßen. So zog sich das Prozedere hin. Paul Klee starb am 29. Juni 1940 in Muralto im Tessin. Seine Einbürgerung war für den 5. Juli traktandiert gewesen.

Paul Klee ist einer der bedeutendsten Künstler des 20. Jahrhunderts, Werke von ihm sind in bedeutenden Sammlungen weltweit zu sehen. Im Jahr 2005 wurde in Bern das Zentrum Paul Klee eröffnet, welches über die weltweit größte Sammlung von Klees Werken verfügt und diese in Ausstellungen und vielseitigen Aktivitäten einem breiten Publikum zugänglich macht.

Zentrum Paul Klee, Monument im Fruchtland 3, 3006 Bern,
www.paulkleezentrum.ch.

Cuno Amiet (1868–1961)

Am 28. März 1868 in Solothurn geboren. Ab 1884 Zeichenunterricht beim Solothurner Maler Frank Buchser. 1886 Matura an der Kantonsschule Solothurn, anschließend Studium an der Kunstakademie in München. Begegnung mit Giovanni Giacometti, mit dem er 1888 nach Paris reiste. 1892 schloss er sich der Künstlerkolonie von Pont-Aven an, 1893 Rückkehr nach Solothurn. 1898 Heirat mit Anna Luder. Das Paar zog auf die Oschwand bei Herzogenbuchsee. Teilnahme an vielen wichtigen internationalen Ausstellungen. 1906 schloss er sich den Malern der expressionistischen Künstlervereinigung »Brücke« an. 1919 erhielt Amiet den Ehrendoktor der Universität Bern. 1931 wurden beim Brand des Münchner Glaspalastes 50 frühe Werke von Amiet zerstört. Im Laufe seines langen Lebens schuf Amiet mehr als 4000 Gemälde, Aquarelle, Zeichnungen und Drucke sowie Büsten. Amiet starb am 6. Juli 1961 in Oschwand.

*Jean-Frédéric Schnyder (*1945)*

Jean-Frédéric Schnyder wurde am 16. Mai 1945 in Basel geboren. Jugend im Waisenhaus von Bern, 1962 bis 1965 Fotografenlehre in Olten, ab 1966 erste künstlerische Arbeiten. Teilnahme an wichtigen Ausstellungen in der Schweiz und im Ausland, unter anderem an der Documenta in Kassel. 1993 vertrat er die Schweiz an der Biennale von Venedig. Sein Werk ist sehr breit gefächert, sowohl was den Stil wie auch was die Materialien betrifft: Ölmalerei, plastisches Werk, Aquarelle, Filzstiftzeichnungen, Keramik. Ein Kennzeichen seiner Kunst sind thematisch zusammenhängende Serien wie etwa *Wartsäle, Landschaften, Bänkli, Wanderung*. Jean-Frédéric Schnyder setzt sich in seiner Kunst sehr kritisch mit der Schweiz und ihrer Maltradition auseinander. Was in seinen Bildern auf den ersten Blick als heile Welt erscheint, erweist sich bei näherer Prüfung als ironische Täuschung und wirkt gerade dadurch als Augenöffner.

Tourinfos 3

Einstufung:
Gehzeit: 3 h 50
Höhendifferenz: ↗ 240 m, ↘ 234 m
Beste Jahreszeit: Anfang Mai bis Ende Oktober.
Karten: Swisstopo 1:25 000, Zusammensetzung 2519T Region Thunersee.
Anreise: Mit Bus oder Schiff von Thun nach Neuhaus, Bus von Interlaken bis Manorfarm.
Rückreise: Schiff oder Bus von Gunten nach Thun oder Interlaken.

Sehenswertes
A   Beatushöhlen, 3800 Sundlauenen, Tel. 033 841 10 64, www.beatushoehlen.ch.

Wanderroute
Von der Schifflände oder der Busstation Manorfarm zur Thunersee-Autostraße, diese überqueren und hinter dem ehemaligen Beatusbad dem Wegweiser Jakobsweg/Sundlauenen folgen. Nach kurzer Strecke im Wald verläuft der Wanderweg auf dem Trottoir entlang der Straße, nach ca. 500 Meter links abbiegen und über das Delta des Sundbaches bis zur Schifflände Sundlauenen. Nun steigt der Weg relativ steil an, überquert die Straße, und über Treppen (alter Pilgerweg) gelangt man zum Eingang der Beatushöhle (lohnender Abstecher). Man folgt dem Pilgerweg Richtung Westen,

vorbei am Aussichtspunkt Widmannsplatz und über den Steinbruch Balmholz, immer in etwa in gleicher Höhe über der Autostraße bis Beatenbucht. Durch den Salzacherwald nach Merligen. Man bleibt im oberen Dorfteil, lässt Kirche und Friedhof rechts liegen und folgt dem Pilgerweg nach Gunten. Weiter der Nordseite des Parks von Schloss Ralligen entlang bis zum Stampach, wo der Wanderweg zum ersten Mal wieder zur Autostraße gelangt. Nach der Brücke in einem kurzen steilen Aufstieg entlang eines Weinberges zum Wanderweg, der parallel zum Waldrand nach Gunten führt.

Varianten
- In Merligen nicht den Weg nach Ralligen nehmen, sondern dem Grönbach entlang aufsteigen bis zur Brücke, dann auf mittlerer Höhe via Gütsch und Rotbüel nach Wiler/Sigriswil und Endorf, von dort Abstieg nach Gunten.
- Einstieg bereits ab Interlaken West, Wanderung durch Unterseen und der Aare entlang bis zur Burg Weissenau, dann dem Seeufer entlang durchs Naturschutzgebiet bis Neuhaus (zusätzlicher Zeitbedarf 1 h 10).
- Weiterwandern via Oberhofen und Hilterfingen bis Thun (zusätzlicher Zeitbedarf 2 h 45).

Rasten und Ruhen
Golf- und Strandhotel und Restaurant Neuhaus, Unterseen, 3800 Interlaken, Tel. 033 822 82 82, www.hotel-neuhaus.ch.

Seehotel du Lac, 3658 Merligen, Tel. 033 251 37 31, www.dulac-merligen.ch.

Parkhotel Gunten, 3654 Gunten, Tel. 033 252 88 88, www.parkhotel-gunten.ch.

Restaurants in Merligen, Gunten.

Informationen
Thunersee Tourismus, Bahnhof, 3600 Thun, Tel. 0842 842 11, www.thunersee.ch.

Samuel Buri

4 | Niederhorn–Beatenberg–Waldegg (Mure)

Berner Oberland – ausgespart

Samuel Buri, *Berner Oberland*, 1982

Das Niederhorn (1950 m) über dem rechten Thunerseeufer ist ein Logenplatz mit direkter Sicht auf Eiger, Mönch und Jungfrau. Das Dreigestirn steht nicht nur für das Berner Oberland schlechthin, sondern ist neben dem Matterhorn international zum Inbegriff von Alpen, Schweiz und Traumziel geworden, millionenfach abgebildet und beschrieben. Seit Mitte des 18. Jahrhunderts schwärmen Dichter und Touristiker für diese schneebedeckten Kolosse, die den Standortvorteil haben, dass man sie vom Tal her unmittelbar hinter Hausdächern und Hügelketten aufragen sieht. »Wer anders als der Allmächtige konnte solche Felsmassen aufthürmen, deren Höhen menschliche Augen kaum zu errei-

Vom Niederhorn aus: Alpenkette mit Seilbahn.

Folgende Doppelseite: Samuel Buri, *Berner Oberland,* 1982, Privatbesitz.

Der Künstler Samuel Buri in seinem Atelier in Habkern, im Gespräch mit der Autorin.

chen und von deren Umfang sie nimmer nur einen kleinen Theil zu umfassen im Stande sind?«, fragte Christoph Meiners in seinen *Briefen über die Schweiz* 1785. Und Johann Gottfried Ebel schrieb 1800 voller Begeisterung in sein Tagebuch: »Hier thront die Natur mit allmächtiger Größe und unvergänglicher Erhabenheit.« Fast hundert Jahre später war in dem Reiseführer *Les Alpes suisses* zu lesen: »Eiger, Mönch, Jungfrau – auf dem weiten Alpengebiet gibt es keine Berge, welche ein vollkommeneres Ganzes bilden.«

Kaum weniger schwärmerisch klingt es in einem Oberland-Buch von 1952: »Man vergisst sogleich alles, was man über sie gelesen, gehört, gesehen hat. Nein, der Ruhm hat ihnen nichts anhaben können. Das Schauen hat kein Ende.« (Schaer-Ris 1952) Und der Autor des Bandes *Interlaken* der *Berner Heimatbücher* empfiehlt: »Wenn wir an die Stelle gelangen, wo die drei Großen gemeinsam vor uns thronen, fragen wir uns unwillkürlich, ob es noch einen Zweck habe, weiterzugehen. Schöneres sei doch nicht mehr zu erwarten.« (Spreng 1956)

In der Sprache des 21. Jahrhunderts klingt es ein bisschen trockener, aber Adjektive wie »einzigartig«, und »unvergleichlich« dominieren nach wie vor. Beatenberg etwa wirbt mit dem Blick auf die »schneeweißen Eisriesen Eiger, Mönch und Jungfrau vor dem stahlblauen Himmel«. Und natürlich wurden die drei Riesen immer wieder gemalt. Im 20. Jahrhundert wurden sie häufig verfremdet und kritisch bis ironisch wiedergegeben, so etwa von Dieter Roth, Max Matter und Samuel Buri, dessen Bild *Berner Oberland* hier vorgestellt wird.

Mund-art

Was reizt einen heutigen Künstler überhaupt, sich an einem solch klischeebehafteten Sujet zu versuchen? »Gerne lasse ich mich von der Ungeheuerlichkeit eines Motives hinreißen, male den Jodlerclub, den Morgenglast oder das Abendrot auf der Jungfrau«, schrieb Buri in seinem Ausstellungskatalog *Oben alt – Unten neu* von 1984. Samuel Buri, Schweizer Maler mit Sommerwohnsitz in Habkern, hat es gewagt, hat die drei Großen mit Augenzwinkern, Querverweisen und Zitaten in Szene gesetzt. Es ist alles da, was man von einer Berglandschaft erwartet: Alpwiese, dunkle Tannen, Wolken, Gipfel. Darum herum ein doppelter Rahmen mit goldenen Ecken, die das Spezielle betonen – das ideale Bergbild für die gute Stube. Auf den ersten Blick gleicht es konventionellen Bergdarstellungen. Auf den zweiten Blick entpuppt es sich als ein hinterhältiges Bild. Denn die Berge sind nicht auf eine leere Leinwand gemalt, sondern aus einem farbigen Hintergrund herausmodelliert. Samuel Buri meinte dazu im Gespräch: »Das Vorgehen war das Folgende: Die Leinwand wird gleichmäßig mit einem blauviolett-orangen Muster überzogen. Himmel, Wolken, Vegetation werden gemalt, die Bergkette, das Hauptsujet, wird ausgespart.«

Ein Detail aus dem Gemälde: der doppelte Rahmen, der auch Teil des Bildes ist.

Samuel Buri, ein Maler, der sich mit dem abstrakten Expressionismus, mit amerikanischer Pop-Art, französischer Art informel und Postmoderne auseinandersetzte, hat sich immer wieder der Landschaft zugewandt, vor allem seit den Achtzigerjahren, als er begann, sich über »oben alt und unten neu« zu definieren. In Basel, seinem Hauptwohnsitz, »unten«, ist er moderner Maler, in Habkern, »oben«, der nach seinen Worten »altmodische Landschafter«: »Immer sehr geprägt durch meine Vorläufer, sehe ich auch hier die Landschaft als Bilder unserer Bergmaler. Paris sehe ich als Manet, Giacometti oder Godard, das Oberland als Ferdinand Hodler, Viktor Surbek, Touristikplakat oder Nestlé-Peter-Cailler-Kohler-Packung«, schrieb Buri 1984 im Ausstellungskatalog und erklärte seinen Malstil im Oberland so: »Hier male ich Mund-art.«

Buri arbeitet gerne in der Tradition der Bergmaler, aber immer im Bewusstsein der Unmöglichkeit, heute noch Alpen zu malen, der Klischeeschwere dieses Motivs und der Wandlungen in der Kunst: »Wenn ich im Freien male, vor einem Gebirgsmotiv, passiert es mir manchmal, dass ich diesen ganzen Zauber mit der modernen Kunst vergesse und den ewigen Dialog zwischen der Natur und ihrer Darstellung fortsetze […].« (in: Jaunin 2004)

Buri betrachtet die Bilder seiner Vorgänger und die Landschaft mit durch Pop-Art geschulten Augen, baut Verfremdungen ein, distanziert sich. *Berner Oberland* wird von zwei Rahmen zusammengehalten, die die Farben und Muster der Bergkette aufnehmen – ein Sujet, das Signal sein soll. Gleichzeitig aber fließen die Berge in die Rahmen über, verschmilzt alles zu einem bunten Muster, in dem man reichlich Zitate entdecken kann: ein paar Hodler-Wolken, einen Segantini-Himmel, einen Giacometti-Vordergrund, einen Seurat-Rahmen.

Abseits der Touristenströme

Oberland ist überall. Wir suchen es auf einer Wanderung oberhalb von Beatenberg. Der Niederhorngipfel bietet sich als Ausgangspunkt an. Von hier sieht man im Süden den Thunersee, die Hochalpenkette vom Schreckhorn bis zum Montblanc, den Niesen, das Stockhorn, im Westen die steil zum Justistal abfallenden Wände des Sigriswilergrates. Ein

Auf dem Niederhorn: Blick hinunter ins Justistal und auf die Panoramatafel, die zu jedem mit Bahn erreichbaren Gipfel gehört!

gepflasterter Weg führt zum Aussichtspunkt mit Panoramatafel. Nun ist auch der Blick nach Nordosten frei, und es schieben sich jenseits der Sichel, der halbrunden Vertiefung zwischen Bluemhorn und den Sieben Hengsten, die Voralpenhügel des Emmentals und die im Dunst violetten Juraketten ins Blickfeld.

Vom Panoramapunkt aus machen sich Wanderer auf den Weg Richtung Gemmenalphorn und Alp Oberberg. Der erste Wegabschnitt ver-

Das geheimnisvolle rote Seelein am Niederhorn.

läuft direkt auf dem Güggisgrat. Steil geht es links in die Tiefe, nichts für Leute mit Höhenangst. Ein blutrotes Seelein provoziert Diskussionen unter Berggängern. Was mag die Ursache sein? Umweltverschmutzung? Mineralien? Burgunderalge? Was auch immer, optisch setzt es einen markanten Farbpunkt in die vorwiegend graugrüne Umgebung unter knallblauem Himmel.

Nach etwa einem Kilometer trennen sich die Wege, die Bergtüchtigeren bleiben auf dem Grat bis Burgfeldstand und Gemmenalphorn, eine wenig anstrengende, aber exponierte Tour, geht es doch immer dem Felsabbruch ins Justistal entlang. Wir zweigen jedoch rechts ab und wählen den Weg entlang der Flanke via Oberburgfeld zur Alp Oberberg. Der Standort des Malers, so die Angaben von ihm persönlich, liegt tiefer.

Silbrig ausgebleichte, bizarr verdrehte Stämme und Wurzeln umgestürzter Tannen wirken wie Kunstwerke. Fast immer im Blickfeld sind Hardergrat, Thunersee und die drei Großen. Direkt östlich der Guggisgratflanke sieht man in die weite Talmulde von Habkern, Sommerwohnort von Samuel Buri.

Das Bergbauerndorf am Südausläufer des Hohgant und im Schatten von Hardergrat und Augstmatthorn lag lange auch im Schatten der Tourismusentwicklung, denn es entsprach nicht ganz dem, was die Leute in den Bergen erwarteten: »Habkeren ist ein enges und wildes, aber von wackeren und wohlhabenden Leuten bewohntes Thal, das durch keine Aussichten erfreut.« (Wyss 1817)

Dass die sich am linken und rechten Ufer des Lombachs ausbreitende Streusiedlung abseits der Haupttourismusströme liegt, hat Vorteile: wenig Neubauten, wenig Verkehr, viel Ruhe. Hardergrat und Guggisgrat schützen das Tal vor heftigen Stürmen, und wenn rundum alles im Nebel versinkt, hat man in Habkern noch freie Sicht aufs Wolkenmeer. Samuel Buri war als Dreizehnjähriger zum ersten Mal nach Habkern gekommen. Mit sechzehn machte er hier in den Bergen erste Malversuche, als Erwachsener kehrte er immer wieder in das unspektakuläre und deshalb für ihn so attraktive Oberländer Dorf zurück. 1987 kaufte er ein einfaches Bauernhaus auf Bohlsiten auf der linken Talseite. Seither verbringt er die Sommermonate meistens dort, malt Bauerngärten, den Jodlerchor, Blumenwiesen, Bergbäche und Alpen.

Der Himmel hängt voller Glocken auf der Alp Oberberg.

Unterwegs bieten sich immer wieder Gelegenheiten für Naturbeobachtungen: Apollo-Falter und Baumstrukturen.

Den sichtbaren Dingen ihre Bedeutung nehmen

Die Alp Oberberg ist erreicht. Unter den an der Wand der Alphütte wie an einer Wäscheleine aufgehängten Kuhglocken sitzt es sich angenehm. Auch von hier ist der Blick Oberland pur. Jenseits der Weiden und Waldstücke des Burgfelds zeigen sich weiße Gipfel über Hardergrat und Schynige Platte. Richtung Osten schieben sich die Felsbuckel von Trogenhorn und Hohgant ins Blickfeld. Wir schlagen den Weg Richtung Süden ein, immer mit Blick über den Thunersee. Vorerst geht es auf Wanderwegen abwärts bis zur Chüematte, dann auf der Alpzufahrtsstraße durch die Leimeren, durch offenes Gelände über dem Wychelmooswald, der steil zum Sundgraben abfällt. Dieser Abschnitt ist etwas eintönig. Doch es hat seine Gründe, dass wir ihn gewählt haben. Denn immer wieder wandert der Blick zwischen Bildausschnitt und Blickfeld hin und her. Bei der Schwendi, der obersten Alphütte auf der Waldeggalmi, stimmen Ausblick und Bild überein. Links Hardergrat, in der hinteren Reihe die Kette Schynige Platte – Faulhorn, westlich das Morgenberghorn, darüber als Abschluss die nicht gemalten Schreckhorn, Finsteraarhorn, Eiger, Mönch, Jungfrau, Mittaghorn und Breithorn. Bilderblick. Postkartenblick. Briefmarkenblick.

Durch offene Matten steigt man ab. Immer wieder kreuzen sich Pfad und Fahrstraße. Und bald endet die Wanderung in Beatenberg-Waldegg an der Bushaltestelle. Zurück zur Seilbahn und ans Seeufer wäre es noch ein langes Wegstück. Beatenberg zieht sich über sechs Kilometer auf einer Geländeterrasse 600 Meter über dem Thunersee hin. Heute verbindet das Postauto die weit von einander entfernt liegenden Dorfteile. Bis 1875 ein Postkutschendienst zwischen Interlaken und Beatenberg eingerichtet wurde, reisten Besucher aus dem Nobelort nur für einen kurzen Ausflug oder ein paar Kurtage ins stille Bergbauerndorf. Der Bahnbau 1889 löste einen riesigen Hotel- und Gästeboom aus. Nun blieben sie in einem der vielen Luxushotels. Reihenweise empfingen damals die livrierten Hotelportiers an der Bergstation der Seilbahn ihre Gäste aus dem russischen und deutschen Hoch- und Geldadel, um sie zu den vornehmen Hotelpalästen zu bringen. Tempi passati.

Heute geben sich nicht mehr Könige und Kaiser ihr Stelldichein in Beatenberg, sondern Familien, die die eher beschauliche Atmosphäre

Abstieg von Oberberg.

und die Kinderfreundlichkeit des Ortes schätzen. Das Grandhotel Victoria wurde zum Gästehaus der Bibelschule, die Belle-Epoque-Paläste sind geschlossen, abgebrannt oder ersetzt durch Hotels im bescheidenen Chaletstil. Größtes Haus am Platz ist das alles dominierende Dorint Blüemlisalp, ein typischer Bau der Siebzigerjahre.

Jedes Jahrzehnt hat seinen prägenden Stil, damals war er halt etwas sehr wuchtig. Aber die Aussicht, wenn man auf einem der Balkone steht und die ganzen Betonmassen des Hotels im Rücken hat, ist die schönste von Beatenberg: Berner Oberland pur, Beton ausgespart. Wir denken an Buris Worte: »Ich liebe es, den sichtbaren Dingen ihre Bedeutung zu nehmen; nur den Anschein zu bewahren und ihn nach Methoden und Spielen abzuwandeln, die nichts mit ihrer Funktion zu tun haben.« (in: Katz 1995)

Weiterlesen
Katharina Katz, *Samuel Buri*, Bern 1995.

*Samuel Buri (*1935)*

Am 27. September 1935 in Täuffelen am Bielersee geboren. 1948 zog die Familie nach Basel, der Vater war Pfarrer an der St.-Alban-Kirche. Besuch des Gymnasiums. Die Familie verbrachte die Ferien regelmäßig in Habkern. 1953 besuchte er den Vorkurs an der Gewerbeschule Basel, erste Ausstellungsteilnahme. 1954/55 Ausbildung an der Gewerbeschule. Es folgten Aufenthalte in Südfrankreich und im Burgund, in Italien, Griechenland, Portugal; erste wichtige Einzelausstellungen. Reisen in die USA, Auseinandersetzung mit der amerikanischen Moderne. 1959 Umzug nach Paris, Reisen nach England, in den Balkan. 1970 Teilnahme an der Biennale von Venedig. 1971 Umzug mit der Familie ins Burgund. Lehrtätigkeit zwischen 1971 und 1981 an der Ecole Nationale Supérieure de L'Einseignment Technique in Cachan bei Paris. 1974 erste Retrospektive im Museum zu Allerheiligen Schaffhausen. Ab 1975 häufige Aufenthalte in Habkern. 1983 Rückkehr nach Basel.

Seither lebt und arbeitet Samuel Buri in Basel und in Habkern. Buri schuf bedeutende Leinwandbilder, Aquarelle, Kunst am Bau (z. B. Chorfenster in Basel und Siviriez, Eingangshalle Bank Julius Bär, Zürich, Klinik Balgrist in Zürich, Bäumlihofgymnasium in Basel, Amtshaus Biel u. v. m) und eine große Zahl Lithografien. 2007 erschien die *Zürcher Bibel* mit ganzseitigen farbigen Illustrationen von Samuel Buri.

Tourinfos 4

Einstufung: 🖊
Gehzeit: 3 h
Höhendifferenz: ↘ 732 m
Beste Jahreszeit: Juni bis Oktober.
Karten: Swisstopo 1:25 000, Blatt 1208 Beatenberg.
Anreise: Ab Thun oder Interlaken Bus bis Beatenbucht, Standseilbahn Beatenbucht–Beatenberg, Seilbahn Beatenberg–Niederhorn.
Rückreise: Von Beatenberg-Waldegg Postauto nach Interlaken.

Sehenswertes
A Aussicht vom Niederhorn.
B Aussicht vom Gemmenalphorn.

Wanderroute

Niederhorn (1934 m)–Oberburgfeld (1835 m)–Oberberg (1818 m). Fußweg über Lemmeren–Schwendi (1558 m), dann quer über die Wiesen von Waldeggalmi parallel zum Skilift hinunter zum Wegkreuz Rotmoos, weiter auf dem Skilifttrassee bis zur Talstation, dann rechts ins Quartiersträßchen einbiegen. Dort, wo das Sträßchen in spitzem Winkel in eine andere Straße mündet, Fußweg geradeaus durch Wiese (Wegweiser Vita-Parcours) nehmen und zur Hauptstraße im Ortsteil Mure (1200 m) hinuntersteigen.

Beliebtes Wandergebiet am Niederhorn.

Variante
Die Tour lässt sich ausbauen: Via Burgfeldstand und Gemmenalphorn zur Alp Oberberg. Zusätzlicher Zeitbedarf: 1 h.

Rasten und Ruhen
Berghaus Niederhorn, Bergstation, 3803 Beatenberg, Tel. 033 841 11 10, www.niederhorn.ch.

Restaurants in Beatenberg-Waldegg.

Informationen
Tourist-Center Beatenberg, 3803 Beatenberg, Tel. 033 841 18 18, www.beatenberg.ch.

Ferdinand Hodler

5 | (Isenfluh–)Sulwald–Sousläger–Allmendhubel–Mürren

Vom Glück, den richtigen Standort zu finden

Ferdinand Hodler, *Die Jungfrau von der Isenfluh aus*, 1902, und *Das Jungfraumassiv von Mürren aus*, 1911

So könnte es gewesen sein: Heiß war es in jenem Juli 1902, als Ferdinand Hodler den steilen Pfad von Zweilütschinen nach Isenfluh hinaufkeuchte. Noch gab es keine Fahrstraße ins Dorf. Der einzige Zugang vom Tal her war der alte Kirchweg, der durch den Steinschlagwald zickzackte. Gewöhnlich suchte Hodler Malstandorte in der Nähe von Bahnstationen, doch diesmal schwebte ihm etwas Besonderes vor: Nicht mehr bloß von der Talsohle aus wollte er die Gipfel malen, er suchte einen Ort dazwischen, mit Blick ins Tal und in die Höhe. Dann war das letzte Fluhband durchquert, der Weg wurde flacher und führte über offenes Gelände zu den ersten Häusern des Dorfes. Niemand war da, es herrschte Totenstille. Doch Hodler bemerkte dies kaum, denn unmittelbar vor ihm öffnete sich ein Blick, der ihm den Atem raubte: tief unten das helle Band der Weissen Lütschine, direkt gegenüber die graue Mauer der Hunnenfluh, dahinter die sanft aufsteigenden Wiesen und Wälder der Wengernalp, die dunkeln Flanken des Lauberhorns. Und dann – fast wie eine Fata Morgana – über einem ständig wechselnden Wolkenband: blendend weiße Silberhörner und Jungfraumassiv.

Das wars! Das Bild war da, fixiert in seinem Kopf. Er musste es nur noch malen: »Wenn man das Glück hat, den richtigen Standort zu fin-

---

Ferdinand Hoder: *Die Jungfrau von der Isenfluh aus,* 1902, Kunstmuseum Basel.

Die Jungfrau ist eine kapriziöse Dame, die sich selten unverhüllt zeigt.

den, so ist das Bild schon zum großen Teil komponiert.« (Loosli 1921–1924) Er setzte sich hin, packte sein Carnet und Stifte aus, setzte sorgfältig Strich um Strich, skizzierte Linien, Schatten, Flächen, trennte in hell und dunkel, nah und fern.

»Gewöhnlich begann er damit, in einer Landschaft, die ihn allgemein interessierte, kleine Skizzen zu entwerfen, in denen er nur hervorhob, was ihn besonders gepackt hatte«, schrieb Hodlers Freund und Biograf Carl Albert Loosli. »Bald sind es Linien eines Gebirgskamms, bald die eines Seeufers, wiederum sind es Wolkenpartien, deren Linienführung sich mit der Landschaft in gleichklingender Übereinstimmung befinden, und jedes Mal merkt er sich nur das, was ihm als das Wesentliche erscheint, das andere völlig unterdrückend.« (Loosli 1921–1924)

Später dann, wenn er wieder zurück sein würde im Bären in Reichenbach, wo er mit seiner Frau Ferien machte, wollte er die Skizze ausarbeiten. Oder vielleicht würde er mit Staffelei und Ölfarben hinaufsteigen, direkt vor Ort am Bild arbeiten. Seine Skizze passte in die Bildideen, die ihn in jenem Sommer beschäftigten. Von Reichenbach aus war er schon ins Kiental gewandert, hatte das Tal mit der Blüemlisalp weit im Hintergrund gemalt, mit ganz viel Wiesen und Wald im Vordergrund.

Es entstand ein Bild, vor dem einem fast schwindlig wird. Der Blick will nach unten, zu den sattgrünen Wiesen im Tal. Und wird doch ma-

gisch angezogen vom blau-weißen Bergmassiv, das hoch über allem aus den Wolken zu wachsen scheint.

Das Auge wandert hin und her und kommt nirgends zur Ruhe. Und dennoch ist das Bild voller Ruhe. Gibt es diesen Blick überhaupt? Passt das in den Sichtkreis des menschlichen Auges? »Der Landschaftsmaler wird die verschiedenen Mittel in Rechnung stellen, die die emotionale Wirkung seiner Bilder verstärken: Erstens die Größe und das Format. Der Betrachter muss fähig sein, das ganze Ausmaß eines Bildes mit einem Blick zu erfassen«, hatte Hodler in einem Aufsatz über die »Physiognomie der Landschaft« festgehalten und damit ein Leitmotiv seiner Kunst benannt. Etwa zur gleichen Zeit, um 1900, hatte Hodler eine weitere Maxime seines Schaffens in einem Vortrag deutlich gemacht: »Das Werk wird eine neue Ordnung offenbaren, die in den Dingen wahrgenommen wurde, und Schönheit erlangen durch die Idee der Einheit, die es entwickeln wird.« (Loosli 2008)

Die wesentliche Schönheit befreien

Wir begeben uns auf Spurensuche. Der moderne Bildforscher muss nicht mehr den Kirchweg hinauf steigen, sondern kann sich in Lauterbrunnen ins Postauto setzen und sich über die 1992 erbaute Zufahrtsstraße mit ihrem über einen Kilometer langen Kehrtunnel in die Höhe chauffieren lassen. Als Hodler in Isenfluh war, lebten hier 145 Menschen, heute sind es noch knapp 60, es gibt ein Hotel, eine Seilbahn und eine Reihe von Ferienhäuschen. In der Sommerhitze wirkt das Dorf wie ausgestorben.

Schnell sind die paar Straßen abgeschritten. Dorfbewohner, die die neugierigen Wanderer etwas argwöhnisch beobachten und schließlich wissen wollen, ob sie helfen können, werden mit dem Bild konfrontiert. Die einen weisen nach links, die andern nach rechts. Ist es hier? Nein, die Winkel stimmen nicht. Doch dann ist der richtige Punkt erreicht, unten am Rande des Dorfes. Genau wie auf dem Bild sinkt die Wiese unter den Füßen weg, ragt die Hunnenfluh links hoch, senkt sich rechts der bewaldete Hang des Sousbergs zum grünen Talboden. Gegenüber erheben sich Schiltwaldflue und Staldenfluh, die Terrasse der Wenger-

Geheimtipp: Logenplatz bei der Bergstation der Sulwald Seilbahn.

Jungfraumassiv mit Silberhörnern in voller Pracht.

nalp, das Lauberhorn, das Jungfraumassiv. Im feinen Dunst, der über dem Tal liegt, verschwinden die markantesten Unterschiede, die seit 1900 gebauten Häuser und Bahnanlagen werden nahezu unsichtbar. Aber dennoch wirkt die Landschaft anders. Die Waldfläche hat stark zugenommen. Wo 1902 noch helle, offene Wiesenflächen leuchteten, dunkelt jetzt Wald. Bild und Blick – so ähnlich und doch so unterschiedlich in der Wirkung. Dieser Sog in die Tiefe und in die Höhe, dieses verwirrende Flirren der Ebenen findet sich nur im Bild. In der Wirklichkeit ist es – einfach ein faszinierender Blick. Hodler wollte ja auch nicht Natur eins zu eins abbilden. Sein Leitsatz lautete: »Die Sendung des Künstlers ist, das ewige Element der Natur auszudrücken – die Schönheit; daraus die wesentliche Schönheit zu befreien.« (Loosli 1921–1924)

Wanderer auf der Spur der Kunst konfrontieren nicht nur Bild mit Wirklichkeit, sondern auch Hodlers Kunsttheorie mit seiner gewählten Darstellungsform. Wie stark kommt sein Prinzip des Parallelismus hier zur Geltung? Wird das Bild von Symmetrien geprägt? Gemäß Ho-

Angenehmer Höhenweg zwischen Isenfluh und Mürren.

dlers Konzept, dass die Symmetrie überall in der Natur vorhanden ist, in Felsen und Baumstämmen, Gipfeln und Wolken, kann man im Gemälde *Die Jungfrau von der Isenfluh aus* Wiederholungen von Landschaftsformen erkennen. Sie erscheinen in den nach rechts abfallenden Wiesenbändern, den Felsen der Bildmitte und in den horizontalen Linien im Vordergrund, die im oberen Drittel wieder aufgenommen werden. Das Jungfraumassiv selbst ist von der übrigen Landschaft isoliert und durch das Wolkenband hervorgehoben. In einem Kommentar zu Hodlers Landschaften hielt der Hodlerspezialist Paul Müller fest: »In den ersten Jahren des 20. Jahrhunderts, dies die Entstehungszeit des Bildes, bemühte sich Hodler, inspiriert von der Jugendstilmalerei, um eine dekorative Bildauffassung mit klar abgegrenzten Farbflächen und betonten Konturen.« (Müller 2003) Dies trifft genau auf unser Bild zu: die dunklen Waldstücke, die hellen Wiesen, die klar konturierten Felswände. Es ist alles da, im Blickfeld.

Die Jungfrau von der Isenfluh aus ist eines der Bilder, die Hodlers Ruhm als bedeutendster Schweizer Künstler festigten. Der Kunstkritiker der *Neuen Zürcher Zeitung*, Hans Trog, hob ihn bereits in den ersten Jahren des 20. Jahrhunderts als den »eigenartigsten, wuchtigsten, machtvollsten [...] Schweizer Künstler« hervor, und viel wurde in diesen Jahren im Zusammenhang mit Hodler von der »modernen Schweizer Schule«, der »helvetischen Kunst« oder gar von einer »Renaissance der Schweizer Kunst« geschrieben. (Maurer 2008)

An seinen beeindruckenden Landschaftsdarstellungen maßen sich viele Alpenmaler, sie nahmen sie auf oder integrierten Elemente davon in ihr Werk – bis heute. So setzte sich 2009 die Künstlerin Eliska Bartek auf den Spuren von Hodler malerisch mit dem Berner Oberland auseinander und interpretierte unter anderem die Stockhornkette mit Thunersee neu.

Blick zurück auf Sulwald und Schynige Platte.

Dem Ewigen wundersam nah

Auf der ganzen Route haben wir das Lauterbrunnental mit dem Jungfraumassiv vor uns. Früher wählten Ausflügler oft den Weg über Isenfluh nach Mürren, vielleicht ist auch Hodler ihn gegangen, bevor es die Bahnverbindung gab. Am reizvollsten ist der Höhenweg von Sulwald über die Marchegg bis Allmendhubel, da er zum größten Teil über der Waldgrenze verläuft.

Eine kleine Luftseilbahn, 1975 erbaut, bringt Ausflügler hinauf auf das sonnige Vorsass Sulwald (1500 m). Die Postkartenansicht Eiger-Mönch-Jungfrau liegt auf dem Präsentierteller. Ein kurzer Abstecher zum neu geschaffenen Aussichtspunkt auf der Fluh belohnt zudem mit einem schönen Blick ins Mittelland und auf Thuner- und Brienzersee.

Der gut signalisierte Wanderweg zieht sich der Bergflanke entlang in die Höhe, stetig steigt man, zum Teil über hohe Stufen, zum Teil im Zickzack, bis Chüebodmi. Nach der Überquerung des Sulsbachs folgt

Am Sousbach.

eine flachere Strecke, dafür ist der Weg stellenweise sehr exponiert: Tief unten hat sich der Sousbach seinen Weg durch den Fels gegraben. Dann erreicht man die Alp Sousläger am Ende des Soustals, der größten Alp des Lauterbrunnentals. Tiefe Rinnen hat der Sousbach ausgeschwemmt und ein breites, steiniges Bachbett geschaffen. Hier ist der ideale Ort für die Mittagsrast. Die Marchegg hat sich vor den Postkartenblick geschoben, Ersatz bietet das Bietenhorn.

Das sanfte Tal, die tiefe Schlucht – eine Landschaft, die nicht nur Maler inspiriert, sondern auch Sagen Nahrung gibt. Einst habe hier im Soustal ein schönes Dorf gestanden, das jedoch vom wilden Bach zerstört worden sei. Nur ein kleines Kind habe überlebt, und da niemand seinen Namen kannte, habe es den Familiennamen Souser erhalten. Eine weitere Sage erzählt von »vortrefflicher Weide« am Sousbach: Auf der einen Bachseite hirtete ein Mädchen aus Isenfluh, auf der anderen ein junger Mann aus Mürren. Sie verliebten sich ineinander und der Hirte sprang immer wieder über den Bach. Doch eines Tages war das Wasser zu hoch, und so warf er im Scherz Grasbüschel hinüber. Das Unglück wollte, dass an einem ein Stein hing; die Geliebte wurde getroffen und starb, der Hirte in seinem Leid begrub die junge Frau an Ort und Stelle, baute sich ein Hüttchen und verließ den Platz nie mehr, bis er nach wenigen Jahren ebenfalls starb.

Blick über Lauterbrunnen in der Tiefe hinüber auf Lauberhorn, Eiger und Mönch.

Mächtig erhebt sich die schroffe Wand des Schwarzmönchs auf der gegenüberliegenden Talseite.

Die Suche nach der Fortsetzung des Weges gestaltet sich im sumpfigen Alpgelände und zwischen den Blöcken eines ehemaligen Felssturzgebietes etwas schwierig. Nicht immer steht ein Wegweiser dort, wo man ihn erwartet. Dann hat man die Marchegg erreicht und steht wieder vor der Postkartenansicht Eiger-Mönch-Jungfrau. Postkarte hin oder her: Der Blick *ist* beeindruckend. Man bleibt stehen, atmet tief ein und lässt die Luft mit einem bewundernden »Wow!« wieder ausströmen. Vor rund zweihundert Jahren brauchte man dafür noch ein paar Worte mehr: »In fleckenlosem Weiß prangten Jungfrau und Eiger, als Tempelzinnen aus blendendem Marmor, dem Ewigen geheiligt und dem Ewigen wundersam nah.« (Wyss 1817)

Jetzt öffnet sich auch der Blick ins Hintere Lauterbrunnental. Auf Gletscherhorn, Ebnefluh, Grosshorn, Gspaltenhorn. Rechter Hand steigen helle Kalkwände zum Weissbirg und Bietenhorn. Immer wieder taucht der Weg ab in eine sanfte Mulde oder umrundet einen Hubel, Geländekuppe, um die herum sich Bergbäche einen Weg gesucht und im Gelände eingetieft haben. Eines dieser harmlosen kleinen Bächlein verwandelt sich 500 Höhenmeter weiter unten in eine der Hauptattraktionen des Tales, den Staubbachfall.

Durch leicht sumpfiges Gelände am Ägertenbach gelangt man zum Aufstieg auf den Allmendhubel, einer der vielen Aussichtspunkte oberhalb Mürrens, seit 1912 von einer Standseilbahn erschlossen.

Das Blumental macht seinem Namen alle Ehre.

Dem Berg Stil verleihen

Als Ferdinand Hodler im Sommer 1911 seine Ferien in Mürren verbrachte, wanderte er mehrmals hinauf zur Mürrenalp. Der Blick hinüber zur dusteren, schroffen Wand des Schwarzmönchs vor dem Hintergrund der Jungfrau faszinierte ihn. Immer wieder suchte er neue Standpunkte, andere Perspektiven, neue Ansichten und Ausschnitte. Viele Bilder entstanden in diesem Sommer, immer wieder die Jungfrau und verschiedene Fassungen von Mönch und Breithorn. Wir haben das Gemälde *Das Jungfraumassiv von Mürren aus* gewählt, denn dieses Bild hat eine sehr spezielle Perspektive. Die »Hauptperson«, die Jungfrau, verschwindet gleichsam hinter dem Schwarzmönch, diesem wuchtigen Felshaufen ohne jeden mildernden Schneefleck, mit scharfen Felsabbrüchen, tiefen Schatten – ein Berg mit Charakter, mit Stil, klar und fest. Diese Bildwirkung wurde auch immer wieder hervorgehoben: »[Hodler] ist mehr als Maler, ist Schöpfer. […] Was vorher Wirrnis war, nimmt in seiner Hand Gestalt an; das Unwesentliche fällt ab. Das Malerische gewinnt klare Linien. Durch alles Zufällige hindurch stößt er geradewegs ins Ewige vor«, meinte ein Kritiker anlässlich einer

Hodlerausstellung in Genf und schloss mit dem Kommentar: »Man hat uns so oft mit hübschen Gebirgen gelangweilt. Ein großer Künstler hat bewiesen, dass man dem Berg Stil verleihen kann.« (Brüschweiler u. a. 1998)

Nein, ein »hübsches« Gebirge ist dies nicht, und so, wie sich der Schwarzmönch in natura jeder Lieblichkeit entzieht, ist er auch im Bild wuchtig und gewaltig dargestellt, gedämpft nur durch die sparsamen Wolken, die lila und rosa Farbtöne der Felspartien, das warme Gelb der Bergflanken. Gewaltig ist das Panorama, das sich von der Mürrenalp her eröffnet. Und man fragt sich: Wie kam es, dass Hodler genau diesen Ausschnitt, diese Perspektive, diesen Aspekt gewählt hat – eine Ansicht aus hundert Möglichkeiten? Und wieso nennt er sein Bild *Das Jungfraumassiv von Mürren aus*, wo doch die Jungfrau hinter dem Schwarzmönch fast verschwindet und sich von einer eher unspektakulären Seite im Profil zeigt?

Blickt man durch das Objektiv der Kamera, zeigt sich immer ein größerer Ausschnitt, ein spektakuläreres Panorama. Erst wenn man auf die Wand des Schwarzmönchs zoomt, erhält man den von Hodler gewählten Bildausschnitt. Hier wird kein Betrachter mit einem hübschen Gebirge gelangweilt, sondern man wird direkt mit der Naturgewalt konfrontiert.

Weiterlesen

Eliska Bartek, *Berge versetzen*, Berlin 2010.

Tobias Bezzola u. a., *Ferdinand Hodler. Landschaften*, Zürich 2003.

Jura Brüschweiler u. a., *Ferdinand Hodler*, Zürich/Bern 1998.

Heinz Bütler, *Ferdinand Hodler*, Bern 2004.

Carl Albert Loosli, *Hodlers Welt*, Werke Band 7, Zürich 2008.

Hans Perren, *Ferdinand Hodler und das Berner Oberland*, Thun 1999.

Folgende Doppelseite: Ferdinand Hodler, *Das Jungfraumassiv von Mürren aus,* 1911, Museum Oskar Reinhart am Stadtgarten, Winterthur.

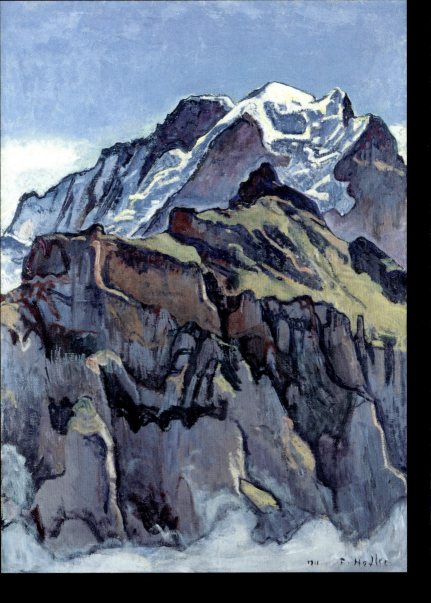

Ferdinand Hodler (1853–1918)

Am 14. März 1853 in Bern in bescheidenen Verhältnissen geboren. 1859 zog die Familie nach La Chaux-de-Fonds, 1860 Tod des Vaters. 1861 Rückkehr nach Bern, wo die Mutter den Schildermaler Gottlieb Schüpbach heiratete. 1866 Umzug nach Steffisburg. Nach dem Tod seiner Mutter 1867 kam Hodler in die Lehre zu Ferdinand Sommer, einem Vedutenmaler. Hier kopierte Hodler die bei Touristen beliebten Alpenbilder von Alexandre Calame und François Diday. 1871 zog Hodler zu seinem Onkel nach Langenthal und lebte vom Verkauf von Souvenirlandschaften. Ende 1871 reiste er nach Genf, um die Werke Calames zu studieren. 1872 begegnete er dort Barthélemy Menn, der ihn in seine Malklasse in der Genfer Zeichenschule aufnahm. 1876 beteiligte Hodler sich zum ersten Mal an der Ausstellung des Schweizerischen Kunstvereins in Genf. 1878 Reise nach Spanien, anschließend wieder Wohnsitz in Genf. 1883 erhielt er den 1. Preis beim Concours Calame

für sein Bild *Alpenlandschaft (Das Stockhorn)*. 1885 erste Einzelausstellung. 1887 erhielt Hodler für *Die Lawine* den 3. Preis des Concours Calame. Im gleichen Jahr Geburt des Sohnes Hector. 1889 Heirat mit Bertha Stucki, 1891 Scheidung. 1897 erhielt Hodler den 1. Preis beim Wettbewerb des Schweizerischen Landesmuseums für seinen *Rückzug von Marignano*. Sein Entwurf löste jedoch einen so heftigen Kunststreit aus, dass schließlich der Bundesrat über die Ausführung entscheiden musste. 1900 erhielt er für seine symbolistischen Werke *Der Tag, Die Nacht* und *Eurythmie* die Goldmedaille auf der Pariser Weltausstellung, in Genf hingegen war das Bild *Die Nacht* verbannt worden – aus Gründen der Moral. Erst nachdem Hodler im Ausland Erfolg hatte, fand er auch in der Schweiz Beachtung und Anerkennung.

Zwischen 1903 und 1908 Reisen nach Wien, wo er als Ehrengast bei der Ausstellung der Wiener Sezession teilnahm, sowie nach Italien und Deutschland. Er fand nun als einer der bedeutendsten Gegenwartskünstler weltweite Anerkennung. Ab 1900 viele Aufenthalte im Berner Oberland, es entstanden die bekanntesten Landschaftsbilder. 1908 lernte er Valentine Godé-Darel kennen, 1913 kam die gemeinsame Tochter Pauline-Valentine zur Welt. 1915 starb Valentine Godé-Darel.

Bis zu seinem Tod am 19. Mai 1918 erhielt Hodler viele weitere Ehrungen. Das Kunsthaus Zürich zeigte im gleichen Jahr eine erste große Retrospektive. Heute ist Ferdinand Hodler in allen größeren Schweizer Museen in den permanenten Sammlungen vertreten und Hodler-Ausstellungen wie zum Beispiel die große »Landschaften«-Schau 2004 im Kunstmuseum Zürich sind Publikumsmagnete.

Tourinfos 5

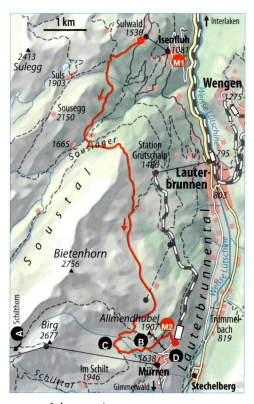

Einstufung: 🖊

Gehzeit: 3 h 40

Höhendifferenz: ↗ 465 m, ↘ 421 m

Beste Jahreszeit: Juni bis Oktober.

Karten: Swisstopo 1:25 000, Blatt 1228 Lauterbrunnen und Blatt 1248 Mürren, oder Wanderkarte Lauterbrunnental, Zusammensetzung, Editions MPA.

Anreise: Von Interlaken Bahn nach Lauterbrunnen, von Lauterbrunnen Postauto nach Isenfluh, von Isenfluh Luftseilbahn nach Sulwald.

Rückreise: Vom Allmendhubel mit der Bahn oder zu Fuß nach Mürren, von Mürren entweder mit der Bergbahn Lauterbrunnen Mürren (BLM) nach Lauterbrunnen oder mit der Luftseilbahn nach Stechelberg, von dort Postauto nach Lauterbrunnen. Hier Anschluss an die Berner-Oberland-Bahn.

Sehenswertes

A Schilthornbahn und Drehrestaurant Piz Gloria, 2970 m (Drehort eines James-Bond-Films), auf dem Schilthorn, Tel. 033 82 60 007, www.schilthorn.ch.
B Historische Allmendhubelbahn.
C Northface Trail: Themenpfad zur Geschichte der Eigernordwand, Mürren–Spielbodenalp–Blumental–Allmendhubel.
D Mini-Museum Mürren: Wechselausstellungen in fünf Schaufenstern im Dorf. Infos: www.mymuerren.ch.

Wanderroute

Von der Bergstation der Sulwaldbahn auf dem Alpsträßchen zuerst durch offenes Gelände Richtung Südwesten. Im Wald Anstieg, teilweise mit hohen Stufen. Nach ca. 45 Minuten bei der Weggabelung links Weg Richtung Soustal einschlagen. Zwischen den Alphütten die Senke Chüebodmi durchqueren –

Eiger, Mönch und Jungfrau begleiten Reisende auf der Bahnfahrt nach Mürren.

kann sumpfig sein. Anschließend zieht sich der Weg immer in etwa der gleichen Höhe der Bergflanke entlang, teilweise exponiert über der Schlucht des Sousbaches. Bei Sousläger den Bach überqueren und in gleicher Richtung vorerst geradeaus weiter durch die Bäume den Hang hinauf (undeutlicher Weg). Beim ersten Wegkreuz noch ca. 20 Meter nach rechts weiter hinaufsteigen, der Wegweiser ist von unten nicht gut erkennbar. Nun zweigt der Höhenweg nach links ab, es folgt der größte Aufstieg über einen schmalen Pfad und Stufen zur Marchegg. Von dort fantastische Aussicht. Via Pletschenalp und Oberberg zum Allmendhubel. Rückweg via Mürrenalp nach Mürren.

Varianten
— Isenfluh–Sulwald zu Fuß, 1 h 15, ↗ 450 m.
— Von Sousläger Abstieg zur Grütschalp und auf dem Panoramaweg via Winteregg nach Mürren, ↘ 230 m, ↗ 152 m, 2 h: Der Weg verläuft zum größten Teil entlang der Bahntrassee.

Rasten und Ruhen
Restaurant Waldrand, 3822 Isenfluh (Übernachtungsmöglichkeit). Tel. 033 855 12 27, www.hotel-waldrand.ch.

Sulwaldstübli bei der Bergstation der Luftseilbahn, Tel. 033 855 12 51.

Restaurant Allmendhubel, 3825 Mürren, Tel. 033 855 25 12, www.schilthorn.ch.

Informationen
Lauterbrunnen Tourist Information, Stutzli 460, 3822 Lauterbrunnen, Tel. 033 856 85 68, www.wengen-muerren.ch.

Franz Niklaus König
Otto Frölicher

6 A | Mürren–Staubbachhubel–Mürren
6 B | Stechelberg–Trachsellauenen–Alp Läger–Stechelberg

Zischende Gischt, stiebender Strahl

Franz Niklaus König, *Der Staubbach im Lauterbrunnental,* **1804**
Otto Frölicher, *Schmadribach,* **1881**

Lauterbrunnental: Wandeln auf viel begangenen Wegen. Jeder Schritt ein Zitat, jeder Blick schon tausendmal geblickt. Postkartenschweiz. Touristenschweiz. Werbeschweiz. Und das seit rund zweihundertfünfzig Jahren. Es gibt Dinge, die sich nie ändern. Und das ist gut so.

Damals, als Franz Niklaus König in Lauterbrunnen seinen Staubbach malte, lebten knapp 400 Menschen im Talort, und zur Übernach-

Staubbachfall (rechts) und Spissbachfall vor Hinterem Lauterbrunnental mit Grosshorn.

Sehenswert: Der nächtlich beleuchtete Staubbachfall.

tung standen das geräumige Pfarrhaus und das Gasthaus Steinbock zur Verfügung. Heute zählt Lauterbunnen 2400 Einwohner, und zehn Hotels, drei Campingplätze und 40 Ferienwohnung nehmen Gäste auf. Straßen, Bahnen, Parkhäuser stehen, wo einst Kühe grasten, aber unverändert tost der Staubbach über die Felskante der Mürrenfluh. Nach wie vor ist er die Hauptattraktion des immer noch recht beschaulichen Dorfes am Knotenpunkt berühmterer touristischer Destinationen wie Wengen oder Mürren, Schilthorn oder Jungfraujoch. Johann Rudolf Wyss widmete in seinem Führer von 1817 dem Staubbach nicht weniger als neunzehn Seiten. Dem Baedeker von heute ist er immerhin noch fünf Zeilen wert. Die Inflation touristischer »selling points« drängt die einstigen Hauptattraktionen in den Hintergrund. An ihrer beeindruckenden Schönheit ändert dies nichts.

Lange konnte man die stiebenden Wassermassen nur von Weitem bewundern. Seit 1997 ist der Weg auf den Staubbachhubel und durch die Galerie hinter den Wasserfall, die 1886 von den Mineuren der Jungfraubahn in den Fels gesprengt worden war, wieder offen. Der Standort, den König für sein Bild gewählt hat, ist heute aber nicht mehr zugänglich; es stehen Gebäude, wo damals noch freie Weide war, und Autos parken, wo einst Ziegen meckerten. So führt dieser erste Spaziergang durchs Dorf, am Friedhof vorbei und dann hinauf zum Staubbachhubel.

Neunhundert Schuh hoch

»Der Staubbach ist freilich derjenige, der den größten Ruf hat, und in der Tat merkwürdig wegen seines neunhundert Schuh hohen Falls«, schrieb Franz Niklaus König in seinem Reiseführer *Souvenirs des objets les plus remarquables d'Interlaken, Lauterbrunnen, Grindelwald et Hasli* von 1804. »Der ganze Fall ist am vorteilhaftesten zwischen 11 und 12 Uhr beleuchtet, indem der Fond im Schatten und nur das Wasser durchsichtig beleuchtet ist. Das Sanfte und Geräuschlose für Auge und Ohr ist das eigentlich Charakteristische dieses schönen Wasserfalls.«

Franz Niklaus König, *Der Staubbach im Lauterbrunnental,* 1804, Kunstmuseum Bern.

Worte eines Künstlers. Worte eines Werbers. Franz Niklaus König war beides: Maler, Radierer, Kupferstecher aus der Zunft der Berner Kleinmeister, gleichzeitig aber auch Schriftsteller, Fremdenführer und eifriger Propagandist für den Fremdenverkehr.

Bei seiner Beschreibung des Staubbachfalls musste König sich mit Großen messen.

So wurde Johann Wolfgang Goethe 1779 angesichts der über die Wand sprühenden Gischt zu seinem berühmten »Gesang der Geister über den Wassern« inspiriert:

[...]
Strömt von der hohen,
Steilen Felswand
Der reine Strahl,
Dann stäubt er lieblich
In Wolkenwellen
Zum glatten Fels,
Und leicht empfangen
Wallt er verschleiernd,
Leisrauschend
Zur Tiefe nieder.

Ragen Klippen
Dem Sturz entgegen,
Schäumt er unmutig
Stufenweise
Zum Abgrund.
[...]

Ebenso musste Königs Bild des Staubbaches dem Vergleich mit früheren Darstellungen standhalten. Caspar Wolf malte den Staubbachfall

Alexandre Calame, *Der Staubbachfall im Lauterbrunnental,* 1837, Schweizerisches Alpines Museum, Bern.

1774, Joseph Anton Koch 1785 und Johann Ludwig Aberli veröffentlichte zwischen 1768 und 1780 viele Umrissradierungen mit dem berühmtesten Sujet des Berner Oberlandes. Mit seiner beeindruckenden Gischt, die sich in Luft aufzulösen scheint.

Eine fast magische Wirkung auf die Alpenentdecker des 18. Jahrhunderts hatte der 297 Meter hohe Fall, der über das Felsband der Mürrenfluh stürzt und dessen Wasser durch die spezielle Thermik vor Ort in alle Richtungen zerstäubt wird.

Wer in der Frühzeit des Bergtourismus in die Alpen reiste, machte hier als Erstes Station, bestaunte, angetan mit Stadtschühchen und ausgerüstet mit Sonnenschirm, das Naturwunder Staubbachfall und zog weiter nach Grindelwald, wo die nächsten Naturwunder in Spazierdistanz, die Gletscher, warteten. 1777 hatte Jakob Samuel Wyttenbach sein Reisehandbüchlein *Kurze Anleitung für diejenigen, welche eine Reise durch einen Theil der merkwürdigsten Alpengegenden des Lauterbrunnenthals, Grindelwald und über Meyringen auf Bern zurück machen wollen* veröffentlicht. Von da an war der Wasserfall bekannt, ein Muss für die Grand Tour durch die Schweiz, ein Spektakel, über das man nach der Rückkehr in den vornehmen Salons von London, Paris oder Berlin mit dem notwendigen Pathos erzählen konnte.

Wie eh und je: Brauchtum wird gepflegt in Lauterbrunnen, auch der 1. August.

An der Quelle der Reisenden

Und der Besucherstrom – Engländer, Franzosen Deutsche – versiegte kaum noch, höchstens verringerte er sich zeitweise wegen politischer Ereignisse. Es war genau die Hoffnung auf diesen Besucherstrom, die Franz Niklaus König veranlasste, 1797 mit seiner großen Familie von Bern nach Interlaken zu ziehen. Bereits hatte er Erfolge gesammelt mit seinen Trachtenzyklen (Darstellungen von Trachten aus den unterschiedlichen Regionen der Schweiz) und Genrebildern von idyllischen Landschaften, ganz in der Tradition der Berner Kleinmeister, deren Schule er angehörte. Hier im Oberland wollte er, der neunzehn Kinder zu ernähren hatte, in Ruhe malen und vom aufkommenden Tourismus profitieren: »Ich wählte die Gegend von Interlaken als den Mittelpunkt unserer vorzüglichen Naturschönheiten und als den zweckmäßigen Ort, an der Quelle der Reisenden zu sitzen.« (Kunsthaus Langenthal 1993)

König, ein Kleinmeister wie alle anderen seiner Zeit? Nicht ganz. Zum einen stellte er eine große Palette an Produkten her, die die Touristen kaufen sollten: Souvenirbilder, Stiche, Radierungen, Kopien anderer Künstler, Illustrationen, Transparente. Hergestellt, das biedermeierliche Bedürfnis nach Beschauchlichkeit und Ruhe zu befriedigen und den Anforderungen der Zeit gerecht zu werden, sollten die Werke

aber auch hohen qualitativen und künstlerischen Ansprüchen genügen – was nicht allen Kleinmeistern ein Anliegen war!

Andererseits betrieb er aktiv Werbung und organisierte Anlässe, um Fremde und damit potenzielle Käufer ins Oberland zu locken. So gehen die beiden Unspunnen-Alphirtenfolklorefeste von 1805 und 1808, die mit der damaligen Realität gleich viel zu tun hatten wie eine Älperchilbi im Heidiland heute, auf seine Initiative zurück. Er vermietete Fremdenzimmer und betätigte sich als Bergführer. König war ein viel beschäftigter und geschäftstüchtiger Unternehmer, der sich ständig etwas Neues einfallen ließ, um in den schwierigen Zeiten des Untergangs der alten Eidgenossenschaft und der napoleonischen Kriege seine große Familie zu ernähren.

Dass er auch andere Ambitionen hatte, zeigt sich exemplarisch in seinem Gemälde *Der Staubbach im Lauterbrunnental* von 1804, das König zu einem Pionier der schweizerischen Gebirgsmalerei machte und ihn als Künstler einer Übergangszeit kennzeichnete. Geschaffen wurde das Gemälde für die erste gesamtschweizerische Kunst- und Industrieausstellung, die 1804 in Bern stattfand. Nie zuvor hatte er in so großem Format gemalt, und noch gab es wenig Vergleichbares von Schweizer Gebirgslandschaften. Er hatte, mit dem subtilen Einsatz der Lichtführung, bereits erste Schritte in Richtung romantische Stimmungslandschaften und Paysages intimes getan, sich losgelöst von den Veduten, die alle in Ateliers entstanden.

Alte Lauterbrunner Küche Im Talmuseum.

Hans Christoph von Tavel, langjähriger Direktor des Kunstmuseums Bern, beschrieb Königs *Staubbach* 1993 gar als »eines der schönsten Bilder mit einem Motiv aus den schweizerischen Alpen, das je ein Künstler gemalt hat«, und lobte dessen Umgang mit dem Licht. »König muss gewusst oder gespürt haben, dass die

Typisch für das Trogtal Lauterbrunnen: die senkrechten Wände, die das flache Tal flankieren.

Kunst – und ganz besonders die Landschaftsmalerei – einer neuen Zeit entgegenging. Er brachte in diesem Bild zum Ausdruck, dass die Malerei das Licht als wesentliches Element in der Landschaft aufnimmt, und zwar ohne theatralischen Effekt und ohne literarische Symbolik. Dezidiert verweist er mit dem Staubbach die für die meisten sogenannten Kleinmeister verbindlichen Regeln [...] in die Vergangenheit. Er gab mit seinem Bild für die Kunst- und Industrieausstellung ein Beispiel von unkonventioneller, neuartiger, moderner Kunstauffassung.« (in: *Der kleine Bund,* 17. Juli 1993)

Verkaufen ließ sich das Werk nicht. *Der Staubbach* blieb hinsichtlich des Formats ein Einzelwerk im Schaffen Königs. Und so kehrte König wieder zurück zu seiner Gebrauchskunst, produzierte vor allem Transparente, die sehr nahe am Kitsch gebaut waren, aber seine Familie ernährten. Ein Freund und Zeitgenosse von König, Marquard Wocher, schilderte dieses Dilemma mit folgenden Worten: »Was sind wir Künstler mit all unserem Können, mit dem besten Herzen und dem besten guten Willen, auch andern nützlich sein zu wollen, für arme

Zuckerstock und Breithorn über dem hinteren Lauterbrunnental.

Schlucker! Können wir uns ein anderes Brot verschaffen? Auf bessere Zeiten warten und darüber zu Grunde gehen?« (Beat Trachsler in: Kopp u. a. 1982)

Die Antwort Königs darauf war ganz klar. Kunst ist schön, aber vor allem, wenn man davon leben kann. Und da er mit seinem »Transparenten-Kabinett« mehr Anerkennung und Einnahmen erlangte als mit großen Landschaftsgemälden in Öl, spezialisierte er sich darauf.

»Gott behüte mich vor der Alpenmalerei ...«

Vom Staubbach ist es ein weiter Weg bis zum Schmadribachfall. Und von Franz Niklaus König ist es ein weiter Weg bis zu Otto Frölicher. So unterschiedlich die beiden Künstler sind, verbindet sie doch eines: Auch Frölicher war ein Übergangskünstler. So wie König mit seinem Gemälde vom Staubbachfall aufzeigte, dass es eine Kunst jenseits der stereotypen Vedutenmalerei gab, wandte sich Otto Frölicher von der pompös-pathetischen Alpenmalerei der Genfer Schule ab. Was König begonnen hatte mit neuer Lichtregie, wusste Frölicher, einer der wichtigsten Vermittler der Paysage intime mit Münchner Prägung, effektvoll umzusetzen. Und wie König erntete er für seine Versuche und Neuerungen vorerst Kritik. Anders aber als König war Frölicher nie ein Alpenmaler, im Gegenteil. »Gott behüte mich vor der viel bewunderten Alpenmalerei«, meinte er 1863 – und malte doch immer wieder Gebirgslandschaften. Und da treffen sich König und Frölicher wieder: Mit diesen Bildern verdienten sie Geld, sie ließen sich verkaufen.

Erfrischung I: Zur Alp passend frische Milch.

Erfrischung II: Bergbach, garantiert kalt.

Ausgangspunkt für die Wanderung auf den Spuren von Otto Frölicher ist die Busendstation Stechelberg. Es ist ein angenehmer Weg, der vorerst dem rechten Ufer der Lütschine entlang bis Sichellouwena, dann am linken Ufer teilweise durch Wald, teilweise über offene, artenreiche Bergwiesen in rund 50 Minuten nach Trachsellauenen führt. Ist es schon Zeit für eine erste Rast? Das sympathische Berggasthaus macht einem den Entscheid leicht. Friedlich wirkt die Landschaft im Morgenlicht, der Bach rauscht beruhigend im Hintergrund, sonst herrscht Stille. Aber die Endung »-lauenen« im Flurnamen weist auf weniger sanfte Zeiten hin: Hochwasser, Bergstürze und Lawinen waren und sind Naturereignisse, mit denen die Menschen im Tal leben lernen mussten. Das Geschiebe im breiten Bachbett, Geröllberge am Weg, Baumstümpfe und Strünke sind Zeugen von kleineren und größeren Naturkatastrophen. Wo wir heute gerne unsere Ferien verbringen, ver-

Vom ehemaligen Eisenabbau bei Trachsellauenen zeugen Mauerreste.

suchten während Jahrhunderten Bergbauern ihre Existenz zu halten. Die Weiler im Hinteren Lauterbrunnental waren noch bis Mitte des 20. Jahrhunderts ganzjährig bewohnt.

Kurz nach Trachsellauenen kommt man an den inzwischen restaurierten Überresten eines ehemaligen Hochofens und eines Knappenhauses vorbei. Bis 1805 wurden hier oben Eisen, silberhaltiger Bleiglanz und Zinnerz abgebaut und verarbeitet. Rund hundert Arbeitskräfte lebten und schufteten ständig an diesem abgelegenen Ort. Es waren Bergleute, Köhler, Holzfäller, Schmelzer, die unter härtesten Bedingungen ihren Lebensunterhalt verdienten. Die Stollen trugen hoffnungsvolle Namen wie »Gnadensonne«, »Frischglück« und »Segenszuwachs«, aber für die Bergleute bedeuteten sie eher Krankheit, Unfall, Armut. Das Bergbauunternehmen, eine Aktiengesellschaft im Besitz von Berner Patriziern und Burgern, erwies sich als ein Misserfolg auf der ganzen Linie. 1805 war es pleite. Aber nicht nur finanziell war das

Bergwerk ein Desaster. Längerfristig viel schwerer ins Gewicht fiel die Abholzung. Auch wenn bereits 1685 ein erstes Holzhauverbot erlassen worden war, nahm der Baumbestand ständig ab. Dies wird auch aus Abbildungen ersichtlich: Auf den Zeichnungen, die Samuel Birmann (siehe Route 13) um 1820 im Hinteren Lauterbrunnental anfertigte, sind die Hänge weitgehend kahl, bei Frölicher hat sich der Baumbestand erholt.

Bei der »Schmelzi« betritt man das Naturschutzgebiet Hinteres Lauterbrunnental. 1947 erwarb der Schweizerische Bund für Naturschutz mit Mitteln aus einer Sammelaktion die Alp Untersteinberg, 1956 wurde das Schutzgebiet um die Alp Breitlauenen erweitert, und seit 1960 stehen die 26 Quadratkilometer des Hinteren Lauterbrunnentals unter kantonalem Schutz. Damit wird nicht nur eine von Massentourismus und Wasserkraftbauten unberührte Alpenlandschaft erhalten, es werden auch traditionelle Alpwirtschaft und sanfter Wandertourismus gefördert.

Dieser Alpbewirtschaftung begegnen wir auf dem nächsten Wegabschnitt. Auf der Alp Schürboden oder Scheuerboden, die wir nach

Blick talauswärts Richtung Wengen.

Auf der Alp Schürboden.

einem halbstündigen, relativ steilen Aufstieg erreichen. Hier weiden im Frühling und im Herbst rund ein Dutzend Kühe und gleich viele Jungtiere. Schürboden ist der erste Stafel der Alp Untersteinberg, von hier aus ziehen die Sennen mit fortschreitendem Sommer hinauf zur Alp Läger, dann zu Tal, schließlich auf die Alp Oberhorn (2029 m), um im Herbst in Etappen den gleichen Weg umgekehrt wieder zurückzulegen – mit Vieh und Sack und Pack. Es lohnt sich, die Alphütte, die um 1805 erbaut worden ist, genau anzuschauen. In einfacher Malweise zieren eine Jagdszene und ein Alpaufzug die Front.

Bauernmalerei am Stall, der um 1800 erbaut worden ist.

Schilder und Tafeln am reichlich bestückten Wegweiser auf Schürboden informieren nicht nur über die nächsten Ziele und das Naturschutzgebiet, sondern auch über diverse Themenwege, die im

Rahmen des UNESCO-Welterbes Jungfrau-Aletsch-Bietschhorn geschaffen wurden. An diesem Knotenpunkt überlagern und verzweigen sich die Themenwege Wasserfälle, Kraftorte, Alpwirtschaft und Geschichte. Noch fehlt der Themenweg Kunst! Anschauungsmaterial gäbe es reichlich.

Von Schürboden aus schlagen wir den Weg Richtung Läger-Tal ein, 40 Minuten, laut Angaben auf dem Wegweiser. Überall rinnt, gurgelt, sprudelt es. Der weite Talkessel entwässert ein Halbrund mit fünf großen Gletschern und imposanten Bergmassiven wie dem Mittaghorn, dem Grosshorn, dem Breithorn und dem Tschingelhorn. Immer wieder muss man einen Bach überqueren. Aber im Gegensatz zu den frühen Bewunderern des Schmadribachs muss heute niemand mehr durch

Heute vereinfachen solide Stege das Überqueren der vielen Bäche im hinteren Lauterbrunnental.

Eis, Fels und Wasser – Schmadrigletscher und Schmadribachfall.

Wasser waten, solide Holzbrücken erleichtern den Zustieg. Im Notfall können wir aber auch nicht mehr, wie damals, auf Träger zurückgreifen: »Die Rüstigsten unseres Häufchens«, schilderte Johann Rudolf Wyss in seinem Tourenführer von 1817, »sprangen in gewagten Sätzen auf Steine, die weniger tief unter Wasser lagen. Aber endlich mussten auch diejenigen hinüber, deren Kraft oder deren Lust diesem nassen und gewagten Übergang sich nicht zu fügen gedachten. Da erhob sich unser stämmiger Führer zum Träger, und Mann um Mann auf dem Rücken [...] kamen wir trocken an das jenseitige Ufer hin.« (Wyss 1817)

Schon eine ganze Weile haben wir immer wieder die schon etwas zerknitterte Kopie von Frölichers Bild zum Vergleich herangezogen, aber nie stimmten Fall, Gipfel, Talsohle und Blickwinkel überein. Zwar streckten Grosshorn und Breithorn ihre weißen Spitzen über die Fallkante des Schmadribachs, aber der untere Teil des Falls verbarg sich hinter einer bewaldeten Fluh. Also Aufstieg zur nächsten Stufe, der Alp Läger. Die Holdrifälle lassen wir rechts liegen, denn Größeres wartet.

Und nun, nach einem etwas Atem raubenden Aufstieg, machen wir es Wyss gleich und lagern »auf blühenden Alpenkräutern vergnügt zur Betrachtung« des berühmten Wasserfalls. Läger ist der zweite Alpstafel, eine geschützte Senke mit Alphütte, Bach und Blick auf den Wasserfall. Ein Ort der Kraft soll es ebenfalls sein, laut UNESCO-Themenweg.

Poetischer Realismus

Mächtige Granitbuckel bilden den Rücken des Tälchens. Hier, auf einem der rund geschliffenen und nun von der Sonne erwärmten Felsen am äußersten Rande der Senke, lässt sich der Wasserfall am besten überblicken. Ist dies der Standort, von dem aus Otto Frölicher seinen *Schmadribach* malte? Die Bäume, Felsen, Baumstrünke im Vordergrund, der Verlauf des intensiv beleuchteten Wasserfalls scheinen der Bildvorlage zu entsprechen, es fehlt auch nicht die Spitze des Breithorns über der Felskante. An sich ein typisches Alpenbild, wie es während des ganzen 19. Jahrhunderts gefragt war, und in vielen Punkten auffallend ähnlich dem bekannten *Schmadribach* von Joseph Anton Koch, der eine erste Skizze 1793, weitere Fassungen 1805 und 1811 und eine letzte 1822 erstellte. Und doch ist vieles ganz anders. Keine Dramatik wie bei Alexandre Calame oder François Diday, keine Abgründe oder sturmgepeitschten Gipfel, keine Hirtenidyllen. Die unterschiedlichen Bildebenen und Bildelemente sind klar erkennbar, die Baumstrünke, die den Vordergrund betonen, das Spiel des Lichtes, die von Wolken

Otto Frölicher, *Schmadribach,* um 1881, Kunstmuseum Solothurn.

fast verdeckten Gipfel, mehr angedeutet als gezeigt. Viel Licht und Leichtigkeit ist in diesem Bild, trotz der dunklen Felsnase im Mittelgrund, die die Gischt dahinter leuchten lässt. Hier sind schon die Bildideen der Freilichtmaler von Barbizon mit ihren verhalteneren Farbtönen, ihrer flächigeren, gelösteren Malweise zu spüren. Als poetischen Realismus hatte Frölicher seine Kunst bezeichnet, das Flüchtige, wie Wasser oder Wolken, faszinierte ihn. Nicht mehr das Pittoreske sollte den Bildgehalt bestimmen, sondern die Atmosphäre, die Stimmung – Ausdruck einer Richtungswendung in der Kunst, die in der zweiten Hälfte des 19. Jahrhunderts ihren Anfang nahm. Zeitgenossen Frölichers waren die Impressionisten Claude Monet, Pierre-Auguste Renoir, Paul Cézanne.

Frölicher, der in München Kunst studierte und, abgesehen von Ausflügen ins heimatliche Solothurn, auch dort lebte, war eigentlich kein Alpenmaler. Als er 1869 eine Auftragsarbeit im Berner Oberland beendet hatte, meinte er: »Mit diesem Bild habe ich, wenn nicht äußere Veranlassung hinzutritt, den Alpen Valet gesagt, und es zieht mich durchaus nicht mehr hin. Die gesamte Strömung in der Malerei geht gegenwärtig einen anderen Weg, den der Stimmung, der Wirkung durch Ton und Massen. Die Kunst hat das Interessante im Malerisch-Schönen zu suchen und nicht das Schöne im (gegenständlich) Interessanten.«

Frölicher bevorzugte die unspektakulären Landschaften um München, gefragt aber waren nach wie vor, jedenfalls in der Schweiz, Alpenbilder. Ob August Munzinger-Hirt, der 1881 den *Schmadribach* bei Frölicher bestellte, wohl die Darstellung von Koch kannte und sie Frölicher vor Augen hielt, mit der Aufforderung, so etwa stelle er sich das Bild vor? Auf jeden Fall: Frölicher biss nochmals in den sauren Apfel Oberland, produzierte den *Schmadribach*, und schuf damit ein interessantes Werk des Übergangs. Für den Impressionismus war es noch viel

Joseph Anton Koch, *Der Schmadribachfall,* 1822, Neue Pinakothek, München.

Brücke über den tosenden Chrummbach unterhalb des Alpstafels Läger.

zu konservativ, aber in den Pinselstrichen, in gewissen Partien des Schmadribachs ist ein erstes Umdenken, ist ein neues Sehen zu spüren.

Wir sitzen auf dem warmen Granitbuckel, lauschen dem Rauschen des Wassers, blicken auf den Wasserfall, das Bild und das Display der Digitalkamera und stellen erneut fest: Bild, Landschaft und Fotografie lassen sich nie zur Deckung bringen. Es war und ist nicht Aufgabe der Kunst, Realität eins zu eins abzubilden. Und wenn man heute Stimmen hört, die die moderne Kunst verteufeln und von den Malern des 19. Jahrhunderts schwärmen, die eine Landschaft so malten, dass man sie erkannte, kann man nur den Kopf schütteln. Diese selbst ernannten Kunstkritiker sind geschickten Manipulatoren auf den Leim gekrochen. Denn jedes Bild war eine bewusste Komposition, die darstellte, was die Leute sehen sollten – oder wollten.

Langsam schwindet die Sonne. Für die Rückkehr ins Tal wählen wir den längeren, aber viel spannenderen Weg, wobei es hier allerdings heißt, vom Läger hinunter ins Tal und dann nochmals in die Höhe zu steigen. Zwei Gasthäuser, das Berghotel Obersteinberg (1778 m) und das Berggasthaus Tschingelhorn (1678 m), laden zu Pausen mit einzig-

Alpidylle mit Wanderpicknick.

artiger Atmosphäre und guter Küche. Hier logiert man in bester Aussichtsposition hoch über dem Hinteren Lauterbrunnental und genießt echte Alpenromantik bei Kerzenlicht und Bergkäse. Echt? Es gelten die gleichen Regeln wie bei der Malerei.

Weiterlesen
Hilmar Frank, *Joseph Anton Koch. Der Schmadribachfall. Natur und Freiheit*, Frankfurt am Main 1995.

Roswitha Hohl-Schild, *Otto Frölicher und Landschaftsmaler seiner Zeit*, Solothurn 1990.

Kunsthaus Langenthal (Hrsg.), *Franz Niklaus König 1765–1832*, Langenthal 1993.

Franz Niklaus König (1765–1832)

Geboren am 6. April 1765 in Bern, gestorben am 27. März 1832 in Bern.

Bereits als Kind arbeitete König mit in der Werkstatt seines Vaters, eines Flachmalers. Nach seiner Ausbildung unter anderem bei Marquard Wocher machte er sich in Bern selbständig, bildete sich aber gleichzeitig als Kleinmeister weiter. 1786 Heirat, 1797 Übersiedlung ins Berner Oberland, wo er bis 1809 lebte. In dieser Zeit befasste sich König als einer der ersten Berner Kleinmeister mit dem Gebirge und malte, in den Fußstapfen von Caspar Wolf, Gletscher, Wasserfälle und Berge direkt nach Natur. Aus dieser Zeit stammt das große Ölgemälde *Der Staubbach im Lauterbrunnental*.

Neben seiner Tätigkeit als Maler bemühte sich König auch um die Entwicklung Touristischer Attraktionen — was ja Hand in Hand ging. 1805 und 1808 organisierte er das folkloristische Unspunnenfest, für das er mit vielen Radierungen und Grafiken Werbung machte.

1809 musste er aus wirtschaftlichen Gründen wieder nach Bern zurückkehren. Damit beendete er seine Versuche in der Landschaftsmalerei und spezialisierte sich auf populäre Ansichten und Transparentbilder, Lichtbildschauen, sogenannte »Diaphanoramen, die merkwürdigsten Gegenstände der Schweiz enthaltend«, die er nicht nur in der Schweiz, sondern auch an Fürstenhöfen und in Theatersälen in Deutschland und Frankreich mit großem Erfolg präsentierte. 1820 gab er sogar Goethe in Weimar eine Privatvorstellung.

Otto Frölicher (1840–1890)

Geboren am 5. Juni 1840 in Solothurn, gestorben am 2. November 1890 in München.

Otto Frölicher stammte aus gutbürgerlich-wohlhabender Familie. Sein Vater war Regierungsrat in Solothurn und kulturell vielseitig interessiert, so war er Präsident des Kunstvereins Solothurn, in dem Otto Frölicher schon früh Mitglied wurde. Mit neunzehn Jahren zog Frölicher nach München, um beim Maler Johann Gottfried Steffan zu lernen. Bis 1863 blieb er in München, studierte Kunst an der Akademie und nahm an vielen Ausstellungen teil. Nach einem zweijährigen Studienaufenthalt in Düsseldorf kehrte er 1865 nach Solothurn zurück, wo er seinen künstlerischen Schwerpunkt auf heimatliche Landschaftsdarstellungen legte. Um den Anschluss an die Kunstwelt nicht zu verlieren, kehrte er 1868 jedoch in seine Wahlheimat München zurück. Nach inspirierenden Aufenthalten in Paris und Barbizon 1876 und 1877 ließ er sich endgültig in München nieder, wo er eine eigene Malschule gründete. Die Alpenmalerei nahm in seinem Gesamtwerk nur einen kleinen Stellenwert ein, es waren reine Auftragsarbeiten, in denen er sich sowohl vom damals vorherrschenden Pathos wie von den beliebten Alpenidyllen distanziert. Otto Frölicher gilt als ein Deutschschweizer Vertreter der Paysage intime nach der Schule von Barbizon.

Tourinfos 6

A) Spaziergang Staubbachfall: Vom Bahnhof Lauterbrunnen der Hauptstraße folgend durch das Dorfzentrum bis zum Dorfende (flach, ca. 15 Min.), vom Infopavillon (Staubbachscheune) Aufstieg (Zickzackweg, ca. 5 Min.) zur Galerie, die hinter den Wasserfall führt.

B) Wanderung zu den Schmadribachfällen

Einstufung:

Gehzeit: 4 h 30

Höhendifferenz: ↗ 884 m, ↘ 893 m

Beste Jahreszeit: Juni bis Oktober.

Karten: Swisstopo 1:25 000, Blatt 1248 Mürren.

Anreise: Von Interlaken Ost mit der Bahn bis Lauterbrunnen, von dort Postauto bis Stechelberg.

Sehenswertes

A Talmuseum Lauterbrunnen, Tel. 033 855 35 86, www.talmuseumlauterbrunnen.ch.
B Trümmelbachfälle, Gletscher-Wasserfälle im Innern des Berges, Tel. 033 855 32 32, www.truemmelbach.ch.
C Erzverhüttungsanlage Trachsellauenen.
D Holdrifälle.
E Talbachfall.
F Naturschutzgebiet Hinteres Lauterbrunnental.
G UNESCO-Themenwege im Hinteren Lauterbrunnental, www.wengen-muerren.ch.

Wanderroute

Von Stechelberg aus dem Wanderweg Richtung Trachsellauenen folgen. Nach ca. 50 Minuten stetigem Anstieg meistens im Wald erreicht man das Hotel Trachsellauenen. Etwa 700 Meter nach Trachsellauenen trennen sich die Wege Obersteinberg und Schwand/Schürboden. Wir schlagen den Weg Richtung Schürboden ein, steigen steil durch den Wald auf, wählen bei der nächsten Weggabelung wieder die nach links führende Verzweigung, überqueren die Lütschine und schlagen nach wenigen Metern den scharf nach rechts abzweigenden Pfad zum Schürboden ein, dem untersten Stafel der Alp Untersteinberg. Hier den Weg in südöstlicher Richtung wählen und zur Alp Läger aufsteigen. Von dieser Alp aus hat man den besten Blick auf die Schmadribachfälle. Von der Läger kurzer Abstieg zur Lütschine, diese überqueren, nach rechts kurz dem Wanderweg talauswärts folgen und nach etwa 100 Metern scharf links abbiegen zum Aufstieg zum Hotel Obersteinberg (Wegweiser). Nach ausgiebiger Pause dem via Hotel Tschingelhorn und Schwendiwald/Pfäffler sich allmählich entlang der Flanke senkenden Weg zurück nach Stechelberg folgen. Steiler Abstieg durch den Wald entlang der Sefinen-Lütschine zum Schluss, aber gut ausgebauter Weg.

Rasten und Ruhen

Hotel Restaurant Stechelberg, 3824 Stechelberg, Tel. 033 855 29 21.

Berggasthaus Trachsellauenen, 3824 Stechelberg, Tel. 033 855 12 35.

Berggasthaus Obersteinberg, 3824 Stechelberg, Tel. 033 855 20 33 (Sommerbetrieb).

Berggasthaus Tschingelhorn, 3824 Stechelberg, Tel 033 855 13 43, www.tschingelhorn.ch (Sommerbetrieb).

Informationen

Wengen-Mürren-Lauterbrunnental Tourismus, 3822 Lauterbrunnen, Tel. 033 856 85 86, www.wengen-muerren.ch.

Maximilien de Meuron

7 | Wengen–Kleine Scheidegg

Eine verführerische, neuartige Poesie

Maximilien de Meuron, *Le grand Eiger vu de la Wengern Alp*, 1822/23

Lauterbrunnen. Bahnhof. Sommer. Eine feste Menschenmasse, dicht gepackt und ständig in Bewegung, erwartet den ankommenden Zug. Dann teilt sich die Masse in einzelne Ströme, wird durch die Türen gefiltert, verteilt sich auf Abteile und in Gänge. Der Zug setzt sich in Bewegung. Kameras werden bereitgehalten in Erwartung der Bilder, die sich vor das Zugfenster schieben. Langsam klettert die Bahn den steilen Hang hinauf nach Wengen. In vierzehn mühelosen Minuten ist das

Licht und Schatten unter den Flühen: Lauterbrunnen.

erste Bergteilstück auf dem Weg zur Alpenglückseligkeit Jungfraujoch zurückgelegt.

Den wenigsten Japanern, Indern, Amerikanern, Europäern, die sich erwartungsvoll einer der spektakulärsten touristischen Attraktion der Schweiz entgegen tragen lassen, ist neben der landschaftlichen auch die historische Dimension ihres Aufstiegs bewusst. Rund zweihundertdreißig Jahre ist es her, dass der Berner Pfarrer Johann Samuel Wyttenbach den Weg von Lauterbrunnen nach Grindelwald via Wengen und Kleine Scheidegg für die Reisenden der damaligen Zeit erkundet, beschrieben und empfohlen hat. Johann Rudolf Wyss nahm diese Empfehlung in seinem Führer auf: »Kein Reisender sollte unterlassen ihn zu versuchen. Er ist gefahrlos. Er ist nicht über acht Stunden weit. Er ist der höchste von unseren oberländischen Bergpässen. Er gewährt wie kein anderer einen erhabenen Anblick des herrlichen Schneegebirges.« (Wyss 1817)

Ein Wegweiserbaum in Wengen: Es sollte für alle etwas dabei sein.

Obschon der steile Aufstieg von Lauterbrunnen nach Wengen in alten Reiseführern als mühsam beschrieben wird – der Weg über die Kleine Scheidegg mit seiner großartigen Aussicht wurde zum absoluten Muss auf der Grand Tour durch die Schweiz. Unzählige Künstler, Forscher, Reisende legten ihn zurück und hinterließen der Nachwelt euphorische Schilderungen und eindrückliche Gemälde. Für unsere Expedition auf viel begangenen Pfaden haben wir *Le grand Eiger vu de la Wengern Alp* von Maximilien de Meuron ausgewählt. Das Bild entstand um 1823.

Wengen, weiträumig angelegt auf der Sonnenterrasse am Fuße der Jungfrau.

»Und alle Spitzen so glänzend in der Luft«

Vom Bahnhof Wengen aus wandern wir vorbei an Riesenchalets, Hotelkästen und Appartementbauten mit im Sommer geschlossenen Rollläden. Über Wiesenwege gelangen wir zum ersten Etappenziel, Schiltwald. Ein brauner Wegweiser an den unter ihrer Last fast schwankenden Wegweiserstangen macht neugierig: »Mendelssohnweg«. Der Komponist Felix Mendelssohn Bartholdy (1809–1847) verbrachte mehrere Sommer im Berner Oberland. Von ihm soll, laut Wengen Tourismus, die erste Darstellung Wengens stammen. Mendelssohn war nicht nur ein begabter Komponist, sondern auch ein eifriger Aquarellist und unterhaltsamer Briefschreiber. So schrieb er 1831 anlässlich eines Aufenthalts in Lauterbrunnen »Es war ein Tag, als sei er nur dazu gemacht,

Der Weg entlang der Wengernfluh bietet schöne Ausblicke talauswärts Richtung Interlaken und taleinwärts nach Mürren und zum Gspaltenhorn (rechts der Mitte).

dass ich über die Wengernalp gehen sollte; der Himmel mit weißen Wolken bezogen, die hoch über den höchsten Schneespitzen schwebten; unter keinem Berge ein Nebel, und alle Spitzen so glänzend in der Luft. [...] Nichts fehlte, von donnernden Lawinen bis zu dem Sonntag, und den geputzten Leuten, die in die Kirche hinab stiegen.« (Paul Mendelssohn Bartholdy 1862)

Sonntäglich herausgeputzten Leuten begegnet man auf dem Weg hundertachtzig Jahre nach Mendelssohn nicht mehr, nur ab und zu sportlich ausstaffierten Wanderern. Mit nur wenigen größeren Steigungen zieht sich der Wanderweg hart oberhalb der Kante der Schiltwaldfluh mehrheitlich im Wald hin. Immer wieder sieht man tief unten den Talboden, darüber die Mürrenfluh, das Dorf, das Schilthorn. Der Weg ist abwechslungsreich, mal ein Bach hier, ein paar Stufen dort, uralte moosbehangene Tannen, Aussichtspunkte über der Felswand und eine große Feuerstelle. Und plötzlich taucht man auf aus dem Wald, und unmittelbar gegenüber erhebt sich die dunkle Wand des Schwarzmönchs, darüber das Jungfraumassiv mit leuchtend weißen Silberhörnern. Zwischen dem Girmschbüel und der Trümmelbachschlucht steigt der Wanderweg von der im Hochsommer verlassenen Alp Mettla in einer weiten Kurve hinauf zur Station Wengernalp.

Beim Hotel Jungfrau sind alle Tische besetzt, der Duft von Sonnencreme und Antibrumm mischt sich mit dem Geruch von Pommes. Vielleicht war das Treiben auf der Wengernalp damals gar nicht so anders als heute, der Beweggrund, hierher zu kommen, nicht so unterschiedlich: das zu sehen, was man als Tourist in der Schweiz auf gar keinen Fall verpassen sollte, nämlich Eigermönchundjungfrau.

Dieser Standort war zu Beginn des 19. Jahrhunderts bei Malern aus nah und fern bereits so bekannt, dass der Kunstkritiker David Hess 1822 in der Novelle *Kunstgespräch in der Alphütte* einen Schweizer Künstler, einen deutschen Professor, einen Ansichtenmaler und einen englischen Lord hier oben über die richtige Weise, die Berge zu malen, streiten ließ. Nicht sanfte Idyllen, sondern »kräftigere Nahrung […], Bilder, erschaffen für den einsamen, ernsten Alpenwanderer, der mit kühnen, festen Schritten in die höheren Regionen der Bergwelt eindringt und nicht bloß die sanfte, sondern auch die erhabene Schweiz mit den Massen ihrer grandiosen Motive in seine Phantasie aufzunehmen und durch Vorstellungen in einem edlen, einfachen und kecken Stil sich immer wieder zu vergegenwärtigen wünscht […]. Wohlverstanden müsste dieses Reich der Poesie zu betreten nur Wenigen gestattet sein, welche durch angeborenes höheres oder geläutertes Gefühl wirklich dazu berufen sind. Welch ein Feld zu edlem Streben! Welch ein Schwung müsste dadurch die Kunst gewinnen!« (Hess 1822)

Der Erste war de Meuron nicht

Der Wunsch, den David Hess in seiner Novelle geäußert hat, blieb nicht ungehört. Maximilien de Meuron, so die Auffassung vieler Kunstkritiker bis heute, habe mit seinem Bild *Le grand Eiger vu de la Wengern Alp* (1822/23) eine Wende in der Schweizer Alpenmalerei eingeleitet, den

Das Alpstübli auf der Wengernalp ist ideale Zwischenstation auf dem Weg zur Kleinen Scheidegg.

Übergang geschafft von den idyllischen Szenen der Kleinmeister zu den Romantikern der Genfer Schule, Alexandre Calame und François Diday. Zum ersten Mal sei ein Maler in die Höhe gestiegen und habe das Gebirge »auf Augenhöhe« abgebildet, nicht nur aus der Froschperspektive: »Seine Kunst- und Zeitgenossen zeigen den Eiger stets aus der Sicht von Mürren her. De Meuron hingegen steigt in Richtung Wengernalp und

Die weißen Pyramiden der Silberhörner.

Kleine Scheidegg auf der andern Seite des Tals bis auf über 2000 Meter. Das ist eine abenteuerliche Annäherung an die unbekannten Gipfel in einer unberührten Natur; noch kein Maler hat sich bisher so hoch vorgewagt, um die Berge von oben und nicht wie bisher von unten zu malen. Die ungeheure Kühnheit dieses Werkes beruht auf de Meurons Wahl des Blickpunktes. Das alpine Hochgebirge ist ja zu dieser Zeit für Reisende und Maler eine Unbekannte.« (Monbaron in: de Andrés 2003)

Was so nicht stimmt, aber um 1823 war Caspar Wolf, der erste wirklich kühne Bergmaler, praktisch vergessen, und in der Romandie war er kaum wahrgenommen worden. Deshalb wurde de Meuron, dem »Übergangsmeister«, der nur ein einziges Mal in die Höhe stieg und nur ein einziges Hochgebirgsbild malte, die Ehre zuteil, als Erster in der Höhe gemalt zu haben. Rodolphe Töpffer, Förderer der neuen Schweizer Alpenkunst, notierte in seinen Erinnerungen zur Genfer Ausstellung von 1823, wo *Le grand Eiger* gezeigt wurde: »Jeden Tag ging ich mit den andern diese Leinwand betrachten, um den Zauber einer

Maximilien de Meuron, *Le grand Eiger vu de la Wengern Alp,* 1822/23, Musée d'art et d'histoire, Neuchâtel.

Von der Mächtigkeit des Eigers erschlagen.

verführerischen, neuartigen Poesie zu genießen, den Eindruck vereister Einsamkeit, […] jene Stille des Anfangs der Welt, wie man sie noch in diesen unendlichen Weiten der Schöpfung erleben kann, der sich der Mensch jedoch nur bis zum Außenrand zu nähern vermag.« (in: de Andrés 2003)

Was für die Entstehungszeit und auch für den Stil de Meurons außergewöhnlich war, ist das Klare, Helle, Ruhige. Bis zu diesem Zeitpunkt hatte de Meuron vor allem italienische Landschaften, die Gegend rund um Neuenburg, ein bisschen Mittelland und ein bisschen Berner Oberland gemalt, im Stil seiner Zeit, das meiste bühnenmäßig inszeniert und mit klassischer Raumaufteilung. Dazu gehörte die ausgewogene Verteilung von Horizontale und Vertikale, von Licht und Schatten und, zur Steigerung der Tiefenwirkung, eine Wegkrümmung. Von seinen Vorbildern, den französischen Malern Claude Lorrain und Nicolas Poussin, hatte de Meuron die Gestaltungsweise der »idealen« Landschaft übernommen. Und nun doch plötzlich etwas anderes. War es die Wirkung des Ortes? Gibt es diesen Ort, diesen Blick überhaupt? Wie stimmen Abbildung und Wirklichkeit überein? Was ist real, was Inszenierung? Die Wengernalp ist groß.

War und ist und wird sein

Aber die Wanderkarte gibt einen Hinweis: ein winziger See direkt am Weg zur Kleinen Scheidegg. Und tatsächlich: knapp zwanzig Minuten oberhalb der Station Wengernalp stehen wir vor dem kleinen See, prüfen unterschiedliche Standpunkte, vergleichen Linie um Linie. Auffallend ist, dass der Eiger von diesem kleinen Teich aus gesehen in Wirklichkeit nicht ganz so steil wirkt. Dass der See seit der ersten Hälfte des 19. Jahrhunderts stärker verlandet ist, erstaunt nicht. Wir vergleichen reale Ansicht, Bild und Fotoserie und machen eine erstaunliche Entdeckung: Im Gemälde entspricht das Spiegelbild des Eigers im Seelein exakt der Wirklichkeit, der Eiger selbst aber ist schmaler und höher dargestellt. Sollte die Dramatik erhöht werden? Wollte de Meuron mit dieser Darstellungsweise den herrschenden Regeln der Bildkomposition – die Bergspitze musste genau in die Mitte des Bildes gesetzt werden – entsprechen? Es gibt vom gleichen Standort aus eine schöne Studie, Öl auf Karton, das typische Skizzenmaterial, das die Künstler vor Ort benutzten. Ausgearbeitet wurden die Bilder erst später, im Atelier. Da wurden auch nach Bedarf Wolken, Nebel, Kühe hinzugefügt – und eben die Landschaft den Gesetzen der Komposition unterworfen. Aber: geht es

Die Wengernalpbahn auf der Fahrt zur Kleinen Scheidegg.

Schweiz, schweizer, am schweizersten: Gäste, Gletscher, Geißen.

Bahnstation Kleine Scheidegg: Impressionen von einem Sommertag.

denn überhaupt um fotografische Genauigkeit? Von der Bank aus blicken wir hinüber zum Eiger. Wir können die Stimmung, die de Meuron zu diesem ruhigen, klaren Gipfelbild veranlasst hat, nachvollziehen. Gewaltig ist die Natur immer noch. Beeindruckend, Ehrfurcht einflößend.

Aber einsam ist sie nicht mehr. Gegen den nie abreißenden Strom von Ausflüglern steigen wir weiter hinauf und erreichen bald die Kleine Scheidegg. Vor dem Souvenirkiosk spielt ein Junge in Sennenchutteli Alphorn, aber niemand hört zu. Dunkelbraune Ziegen knabbern an Postkarten und blicken in Kinderwagen. Im Schatten des Bahnhofvordachs sitzen dicht gedrängt ältere Japanerinnen und Japaner und picknicken aus Bentoboxen, während Abenteuerlustige im Restaurant nebenan bei fast dreißig Grad ihre Gabeln in zähflüssiges Fondue tunken. Was für ein Gegensatz zur Stimmung von de Meurons Eigerbild, das so viel Ruhe ausstrahlt, als wollte der Berg andeuten: »Was soll das Gewusel zu meinem Füßen? Ich war. Ich bin. Ich werde sein. Die Karawane zieht vorüber. Seit zweihundertdreißig Jahren.«

Weiterlesen
Alberto de Andrés (Hrsg.), *Die Farben der Melancholie in der Neuenburger Malerei 1820–1940 von Léopold Robert bis François Barraud*, Pfäffikon/Neuchâtel, 2003.

Maximilien de Meuron (1785–1868)

Geboren als Sohn einer wohlhabenden Patrizierfamilie am 7. September 1785 in Corcelles-près-Concise. Sein Vater war Gutsverwalter, die Mutter stammte aus einer Politikerfamilie, die Großräte und Bürgermeister von Neuenburg stellte. Auch Maximilien war für die politische Laufbahn vorgesehen, fühlte sich aber schon früh zur Malerei hingezogen. Mit sechzehn Jahren begann er in Berlin ein Studium der Rechtswissenschaft (Neuenburg war preussisches Fürstentum); später sollte er in den diplomatischen Dienst eintreten. Neben den juristischen Studien befasste er sich aber auch mit Kunststudien.

1806 nahm er eine Stelle als Sekretär des Außenministeriums in Berlin an, brach seine politische Karriere aber bald darauf zugunsten der Malerei ab, die ihn schon immer stärker interessiert hatte. Er studierte in Paris und Italien, wo er sich mehrere Jahre aufhielt und gemeinsam mit dem Malerfreund Gabriel Lory zeichnete und malte. 1816 kehrte er endgültig nach Neuenburg zurück, heiratete und verband von da an seine Tätigkeit als Maler mit seinem Engagement als Politiker und seinen Aufgaben als Gutsverwalter. 1818 weilte er im Berner Oberland, um zu malen, und 1822 stellte er am Salon von Paris ein Bild der Jungfrau aus, für das er eine Medaille erhielt.

De Meuron verstand es, seine politische Tätigkeit und sein Künstlertum zu verbinden. Er war Mitglied des Großen und des Kleinen Rates von Neuenburg und Bürgermeister, organisierte Ausstellungen, gründete 1842 die Société des amis des arts und das städtische Kunstmuseum. Als erster Maler der Romandie erkundete er das Berner Oberland. Sein Bild *Le grand Eiger vu de la Wengern Alp* wird als eine der wegweisenden Arbeiten in der Entwicklung der schweizerischen Alpenmalerei betrachtet, ja sogar als das erste »echte« Alpenbild, wobei die Kritiker aus der Romandie die Werke von Caspar Wolf ausblendeten. Am 27. Februar 1868 starb Maximilien de Meuron in Neuenburg.

Tourinfos 7

Einstufung:
Gehzeit: 3 h
Höhendifferenz: ↗ 786 m
Beste Jahreszeit: Juni bis Anfang Oktober.
Karten: Swisstopo 1:25 000, Blatt 1228 Lauterbrunnen und Blatt 1229 Grindelwald.
Anreise: Mit der Lötschbergbahn von Bern oder mit der Zentralbahn von Luzern nach Interlaken, mit der Berner-Oberland-Bahn nach Lauterbrunnen, von dort mit der Wengernalpbahn nach Wengen.
Rückreise: Ab Kleine Scheidegg mit der Wengernalpbahn zurück nach Lauterbrunnen oder Grindelwald, hier Anschlüsse nach Interlaken.

Sehenswertes
A Felix-Mendelssohn-Bartholdy-Gedenkstätte beim Aussichtspunkt Mesti, oberhalb Park Hotel.
B Jungfraujoch – Top of Europe, Jungfraubahnen, Tel. 033 828 71 11, www.jungfraubahn.ch.
C Männlichen, mit Bergrestaurant, Wanderung von der Kleinen Scheidegg oder Fahrt mit der Seilbahn von Wengen aus, www.maennlichen.ch.

Wanderroute

Direkt vor dem Bahnhof Wengen nach rechts und die Bahngleise unterqueren. Wegweiser Richtung Schiltwald/Wengernalp folgen. Nach ca. 300 Metern mit Hartbelag schmaler Wanderweg durch die Wiesen Richtung Staubbachbänkli. Bei Schiltwald wieder ein Stück Fahrsträßchen, von hier nun angenehmer Wanderweg, ausgeschildert Stalden/Wengernalp und Mendelssohnweg (brauner Wegweiser). Ziemlich eben bis Hannegg, anschließend Zickzackweg hoch durch den Wald bis zum Aussichtspunkt Stalden oberhalb der Staldenfluh. Nach Stalden kreuzen sich die Wanderwege Wickibort–Trümmelbach und Wengen–Alp Mettla. Wir wählen den Weg Richtung Mettla. Oberhalb der Alphütten den linken Pfad einschlagen, der in 30 Min. zur Station Wengernalp

Das historische Hotel Bellevue des Alpes auf der Kleinen Scheidegg.

führt. Nach der Station Wengernalp dem viel begangenem Weg zur Kleinen Scheidegg folgen. Nach ca. 20 Min. bei Punkt 1987 (in der Karte eingezeichnet) Pause machen beim namenlosen kleinen See, der de Meuron als Vordergrund diente.

Varianten
- Von Lauterbrunnen aus aufsteigen. Zusätzlicher Zeitbedarf: 1 h 30.
- Von der Alp Mettla aus via Alp Bigeln zur Wengernalp. Zusätzlicher Zeitbedarf: 20 Min.
- Von der Kleinen Scheidegg Höhenweg zur Bergstation Männlichen: 1 h 40. Rückkehr nach Wengen mit der Gondelbahn.
- Von der Kleinen Scheidegg zu Fuß nach Grindelwald absteigen. Zusätzlicher Zeitbedarf: 2 h 10.

Rasten und Ruhen

Restaurants und Hotels in Wengen.

Hotel Jungfrau Wengernalp, 3832 Wengernalp, Tel. 033 855 16 22, www.wengernalp.ch.

Restaurant Bahnhof-Buffet Kleine Scheidegg, 3801 Kleine Scheidegg, Tel. 033 828 7 828, www.bahnhof-scheidegg.ch.

Hotel Bellevue des Alpes, 3801 Kleine Scheidegg, Tel. 033 855 12 12, www.scheidegg-hotels.ch.

Informationen

Wengen Tourismus, Dorfstrasse, 3823 Wengen, Tel. 033 855 14 14, www.mywengen.ch.

Alexandre Calame
François Diday

8 | (Meiringen) Zwirgi–Rosenlaui–Grosse Scheidegg

Landschaft monumental

Alexandre Calame, *Das Wetterhorn,* **1840, und** *Well- und Wetterhorn mit dem Rosenlauigletscher,* **1850/54**
François Diday, *Glacier du Rosenlaui,* **1841, und** *Le Wetterhorn,* **1847**

Calame! Diday! Wetterhorn! Rosenlaui! Vier Worte, die in der Mitte des 19. Jahrhunderts die Augen von Kunstinteressierten zum Leuchten, Herzen von Patrioten zum Pochen und Vermögende aus ganz Europa zum Geldausgeben brachten.

François Diday und Alexandre Calame waren unbestritten die Meister der monumentalen Alpenmalerei. Sie beide waren »Ziehsöhne« von

Galt lange als eine der schönsten Gebirgsgruppen: Wetterhorn, Mittelhorn und Rosenhorn (hinten, von rechts), Wellhorn (vorne), Rosenlauigletscher.

(Meiringen) Zwirgi–Rosenlaui–Grosse Scheidegg | **175**

Berge und Postauto: Blick von der Grossen Scheidegg Richtung Grindelwald.

Rodolphe Töpffer, der mit seiner Theorie der romantischen Epik die Alpen ideologisch zu Monumenten der Heimat hochstilisierte und sie damit zum bevorzugten Thema der Schweizer Malerei machte. »In dieser zum Mythos gewordenen Bergwelt«, schreibt der Kunsthistoriker Alberto de Andrés in einer Betrachtung zur alpinen Kunst, »fand sich der Maler einem heldenhaften Erforscher gleichgesetzt, einem Eroberer unbekannter Landstriche, der mancherlei Initiationsprüfungen – Einsamkeit, Höhe, Steilhänge, zerklüftetes Gelände, Steinschlag, tosende Bäche, Gewitter und Temperaturstürze – zu bewältigen hatte.« (de Andrés 2005)

Und von allen magischen Bergen war das Wetterhorn einer der magischsten, beeindruckend über dem Grand-Tour-Abschnitt Grindelwald–Grosse Scheidegg–Meiringen thronend. Viele Male abgebildet, offenbarte das weißgipfelige Wetterhorn das Ziel der Sehnsucht aller Schweizreisenden, die nach dem Reinen, Unverdorbenen und Schönen suchten, das in der Epoche der Hochromantik en vogue und im Zeitalter der erstarkenden Nationalstaaten politisch korrekt war.

Wo die Kleinmeister im Dienste des Kommerzes das Erhabene zum Harmlosen und das Schöne zum Niedlichen herabgemildert hatten, machten Calame und Diday die schweizerische Alpenlandschaft zum Inbegriff der reinen Natur und zum Symbol der nationalen Identität.

Wobei auch Diday und Calame ihre Kunst in den Dienst der Tourismuswerbung stellten, aber auf einem anderen Niveau. Passé waren die Rokoko-Idyllen der Kleinmeister. Gefragt war nun das künstlerische Erleben der heimatlichen Natur und eine eigenständige patriotisch-nationale Kunst im Dienste des jungen Bundesstaats: »Ein gutes halbes Jahrhundert nach Wolf wird in der Schweizer Kunst mit der nach szenografischen Prinzipien aufgebauten heroisch-dramatischen Berglandschaft von Calame und Diday ein Bildtypus installiert, der nun, da der junge Bundesstaat nach nationalen Motiven und nach identitätsstiftenden Bildern sucht, ideologisch brauchbar wird. Die menschenleeren, oft unter Aufbietung von Gewitterstürmen höchst dramatisch inszenierten kargen Berglandschaften sollen suggestiv von der Kraft und der zähen Gesundheit und den Tugenden berichten und die Eigenschaften preisen, mit welchen ein Volk ausgestattet zu sein hat, welches solch unwirtlicher Umgebung fruchtbaren Lebensraum, bescheidenen Wohlstand gar abzutrotzen vermag.« (Kunz 1997)

Aus Landschäftlein von 25 auf 35 Zentimeter wurden Landschaften von 170 auf 250 Zentimeter. Nun dräuen Wolken, zucken Blitze, biegen sich Wettertannen über Abgründen und furchterregenden Felswänden, während Nebelschwaden über fernen Gipfeln blauen Himmel freigeben und am Wildbach Ziegen grasen. Oder so ungefähr. Die Kompositionen und Bildelemente ähneln sich, das Bildschema wird zur Manier. Die beiden Künstler richteten in Genf eine spezielle Akademie für Landschaftsmalerei ein und wurden damit bestimmend für die weitere Kunstentwicklung in der Schweiz – auch mit negativen Folgen. Das Diday/Calame-Diktat verhinderte lange das Aufkommen neuer Sichtweisen und Strömungen in der Kunst und ließ die Schweizer Kunstszene in einer etwas verschlafenen Provinzialität versinken. Doch dies liegt alles noch in der von Wolken verhüllten Zukunft. Noch gehört die Leinwand den Spätromantikern aus Genf.

Folgende Doppelseite: Alexandre Calame, *Das Wetterhorn,* 1840, Sammlung Credit Suisse.

Der Reichenbachfall. Der alte Fußweg ins Rosenlauital.

Dringende Einladung zu träumerischem Halt

Die Alpenmaler wurden magisch vom Berner Oberland angezogen. Hauptziele waren das Rosenlauital mit Wetterhorn und Gletscher, das Haslital mit der Handeck, das Lauterbrunnental. Je zwei *Wetterhörner* von Diday und Calame, gemalt zwischen 1840 und 1850, stehen am Beginn dieser Wanderung, die einer der berühmtesten Routen des Berner Oberlandes folgt. Eigentlich beginnt die Wanderung in Meiringen, doch für das erste Stück, vorbei am Reichenbachfall bis zum Gasthof Zwirgi, empfehlen wir das Postauto.

Zwirgi, auf einer Geländekuppe über dem Haslital, ermöglicht einen ersten Rundblick nach Meiringen, Hasliberg und talauswärs Richtung Brünig. Vom Wanderziel, dem Wetterhorn, sieht man hier noch nichts. Nach dem Gasthaus – 2001 nach einer umfassenden Renovation total abgebrannt und 2002 wieder aufgebaut – führt die erste Wegetappe auf gut erhaltenem altem Saumpfad durch den Wald. Da man außer Tannen nicht viel sieht, kann die Fantasie umso freier schweifen. Über diese Steine wanderten im Laufe der Jahrhunderte Albrecht von Haller und Caspar Wolf, Johann Wolfgang Goethe und Friedrich Nietzsche, Lord Byron und Heinrich Zschokke, Marc Twain und Sir Arthur Conan Doyle, Lords und Ladys, Fürstinnen und Fürsten und wer sich alles eine solche Reise leisten konnte.

Der Weg über Rosenlaui und die Grosse Scheidegg nach Grindelwald galt vor allem dem Reisen als reinem Vergnügen, dem »Lustwandern«. Entweder waren die Reisenden unterwegs zur Kur im Bad Rosenlaui, oder sie befanden sich auf der Grand Tour durch die Schweiz. 1852 monierte Karl Baedeker in seinem *Handbuch für Reisende* bereits die negativen Folgen dieses Massentourismus: »Wer nur den Weg über die Scheideck macht, wird keinen Führer als Wegweiser gebrauchen. Hunderte von Reisenden ziehen an schönen Sommertagen dieses Weges. Er ist kaum zu verfehlen, man kann selbst den Spuren des Pferdemists folgen.« (Baedeker 1891)

In einer Lichtung kreuzt der Wanderweg die Straße. Es öffnet sich der Blick nach Süden. Ein Blick, der schon viele begeisterte, so auch den Reisbuchverfasser Caesar Schmidt, der 1887 in seinem Handbuch akribisch notierte: »Im Vorblick taucht die blinkende Spitze des Wellhorn, r. daneben Wetterhorn und l. Rosenhorn auf. L. zacken sich die Engelshörner hin, daneben hängt der Rosenlauigletscher herab. R. der Wasserfall des Seilibachs. L. rücken die grauen, abenteuerlich geformten Engelhörner (sollten eigentlich »Teufelshörner« heißen) mehr und mehr heraus und im Vorblick fesseln die Kolosse Wellhorn und die blendend weiße Spitze des Wetterhorns unwiderstehlich das Auge. Malerische Gebirgspracht aller Orten und Enden.« (Schmidt 1887)

Da gibt es nichts hinzuzufügen. Außer dass es noch schöner kommen wird. Doch diese Schönheit muss man sich verdienen: Der Wanderweg verläuft auf rund anderthalb Kilometern bis zum Restaurant Kaltenbrunnen direkt an der Straße, die an Wochenenden und während der Sommerferien ziemlich stark befahren ist. Doch bald zweigt der Wanderweg in einer Straßenkurve ab und führt angenehm durch lockeren Bergwald zur Gschwandenmaad. Die Straße quert hier den Rychenbach. Der Wanderweg bleibt am rechten Ufer, doch sollte man einen

Von oben nach unten: Wellhorn, Rosenlauigletscher und Engelhörner.

Abstecher über die Brücke machen, denn hier ist der *Ort*. Nochmals Caesar Schmidt: »[...] eine saftig grüne Alpenmatte (ca. 400 Stück weidendes Vieh) vom Reichenbach bespült und von den Engelhörnern – ungeordnete Wellenlinien, wie ein zu Stein gewordenes Meer – überragt. [...] Köstlicher Punkt. Dringende Einladung zu träumerischem Halt.« Und der Baedeker-Reiseführer vermerkte 1890: »Gschwantenmad, von Wald eingeschlossener Lieblingspunkt der Maler. [...] eine Gebirgsgruppe, die an malerischer Wirkung kaum irgendwo erreicht wird.«

Unzählige Maler, Zeichner, Aquarellisten und Kupferstecher folgten dieser Einladung. Den Blick auf Well- und Wetterhorn gemalt haben nicht nur Calame und Diday, sondern auch Gabriel Lory, Samuel Birmann, Caspar Wolf, Maximilien de Meuron, Joseph Anton Koch, Johann Wilhelm Schirmer, Johann Rudolf Dill, Friedrich Preller, Albert Bierstadt, Johann Gottfried Steffan, Ferdinand Hodler – und unzählige Unbekannte.

In den meisten Abbildungen findet sich im Vordergrund der Wildbach gesäumt von Felsblöcken, Tannen, mal stehend, mal entwurzelt liegend. Ziegen oder Kühe am Wasser gehören unbedingt dazu – sie repräsentierten die heile Welt der Bergler und kontrastierten in ihrer Kleinheit das erhabene Gebirge. Die Mitte dominiert die in dunklen Tönen gehaltene Wand des Wellhorns, links davon der Rosenlauigletscher, rechts das Wetterhorn, zum Teil von Wolken, Nebel und hohen Tannen verborgen.

Köstlicher Punkt für Malerfreunde

François Diday erhielt 1841 anlässlich des Salon de Paris für sein Bild *Glacier du Rosenlaui* eine Goldmedaille. Dieses Gemälde zeigt beispielhaft, wofür seine Kunst stand: naturalistische Darstellung einerseits, mythische Überhöhung andererseits. Das Licht ist theatralisch inszeniert und geführt. Im Vordergrund leuchtet die Gischt, im Hintergrund der Gletscher. Zudem sind einzelne Szenen beleuchtet, die Geschichten erzählen: die Wurzel des umgestürzten Baumes, die Ziegen. Einige Baumwipfel neigen sich schon im Wind und die Wolken lassen ein Gewitter, Ausdruck der Naturgewalten schlechthin, erwarten.

Die großzügige Ebene der Alp Gschwantenmad, im Hintergrund Dossen, Klein Wellhorn und Wellhorn sowie Wetterhorn.

Wesentlich heiterer wirkt das *Wetterhorn* von Alexandre Calame, 1840 gemalt. Der Aufbau ist fast identisch: Bergbach, umgestürzte Tanne, Felsblöcke, Ziegen. Wellhorn, Rosenlauigletscher, links Dossenhorn und, mehr erahnbar als sichtbar, das Wetterhorn sind in warmes Abendlicht getaucht. Dass dieses Bild *Wetterhorn* heißt, obwohl man dieses kaum sieht, irritiert. Eine Erklärung findet sich jedoch in alten Reiseführern. Im Haslital nannte man das Wellhorn Wetterhorn und das Wetterhorn Hasli-Jungfrau.

Die beiden späteren Bilder (*Le Wetterhorn* von Diday, 1847, und *Well- und Wetterhorn mit Rosenlauigletscher* von Calame, 1850/54) zei-

gen deutliche Veränderungen. Didays *Wetterhorn* ist flächiger, die Linien sind nicht mehr so akzentuiert, die Farben noch ebenso gedämpft. Calames Bild aber weist bereits auf einen etwas anderen Malstil hin. Einzelheiten verschmelzen in Farbnuancen und -flächen, das

Folgende Doppelseite oben: François Diday, *Glacier du Rosenlaui,* 1841, Musée cantonal des Beaux-Arts, Lausanne.

Unten: François Diday, *Le Wetterhorn,* 1847, Musée d'art et d'histoire, Genève.

Schäumender Gletscherbach im Ausgang der Rosenlauischlucht.

Bild ist in seiner Wirkung zugleich realistischer, Einzelheiten sind abstrahierender dargestellt. Es erinnert an Barthélemy Menn, den Anhänger der Freilichtschule von Barbizon. Calame und Diday waren zu Beginn und in ihrer Hauptphase in der Mitte des 19. Jahrhunderts klassisch-akademische Maler. Dies bezieht sich auf ihre Vorgehensweise. Im Freien entstanden Bleistift- und Ölskizzen, die zu einem späteren Zeitpunkt im Atelier zu großformatigen Gemälden ausgearbeitet wurden, mit ganz bewusster Komposition der Landschaftselemente, der Lichtführungen und Stimmungen. Diese Malweise gab Calame nie auf, doch seine Sehweise und sein Malstil änderten sich. Davon zeugt *Well- und Wetterhorn mit dem Rosenlauigletscher*: mehr Licht, mehr Himmel, weniger Dramatik.

Gefragt waren in erster Linie dramatische Szenen, nicht feine Töne, wie Aufzeichnungen in Calames Auftragsbüchern – nach 1840 musste er kein Bild mehr malen, das nicht bestellt war – zeigen. So lautet ein Eintrag aus dem Jahr 1857: »50 × 70, Schweiz, Wasserfall, Berge, Sturm. In einem Wort: ein Schweizer Horror, für 2500–2800 Francs, zu liefern bis Dezember 1859.« (de Andrés 2006)

Diese Auftragsarbeiten, die sowohl Diday wie Calame ein Leben in Wohlstand ermöglichten, zeigen, dass die Kunst auch dieser beiden großen Vertreter der Landschaftsschule von Genf im Dienste des Tourismus stand. Eine zwiespältige Angelegenheit. Calame kritisierte die neue Stilrichtung der Malerei in freier Natur, die er 1855 in Paris kennenlernte, weil sie nur Trompe-l'œil-Effekte, beeinflusst durch die Fotografie, bewirke. Aber ganz konnte er sich der neuen Richtung nicht entziehen. Er hatte während seiner ganzen Malkarriere die Stilmittel der Freilichtmalerei in seinen Skizzen, Aquarellen und Lithografien bereits eingesetzt. Ähnlich verlief die Entwicklung bei Diday, der am Ende seines Lebens vermerkte: »Ich betrachte die Ölskizzen nach der Natur als meine interessantesten Arbeiten.«

Der Wanderweg führt entlang des Reichenbachs.

Auch Diday hatte sich, wie Calame, in seinen Skizzen nach der Natur von allen akademischen Vorschriften und kommerziellen Anforderungen gelöst. Während die großformatigen, dramatischen Schweizer Gebirge nach 1900 mehr und mehr in Vergessenheit gerieten und nur zur Zeit der Landesausstellung 1939 und in der Besinnung auf das Alpenreduit während des Zweiten Weltkrieges wieder Beachtung fanden, begann nach 1980 eine neue Einschätzung der Kunst des 19. Jahrhunderts. Heute wird Calame allmählich wiederentdeckt, um Diday bleibt es eher still.

Doch nun weiter. Sehr angenehm wandert man auf dem neu angelegten Weg am rechten Ufer des Rychenbachs durch das flache Tal. Bald ist das Hotel Rosenlaui erreicht, schattig am Bach gelegen

Zwischen Wald und wildem Bach das Jugendstilhotel Rosenlaui.

Der Gedenkstein für Calame und Diday beim Hotel Rosenlaui.

und wunderbar renoviert durch das junge Wirtepaar Christine und Andreas Kehrli. Bevor man sich auf die Terrasse setzt, sollte man einen Abstecher zum »Malerstein« rund 50 Meter vor dem Hotel machen. Die Schrift ist kaum noch lesbar, mehr ahnt man die Namen Diday und Calame. 1943 hatte die Berner Regierung im Andenken an die beiden Maler diesen Gedenkstein setzen lassen.

Ein an chronischem Dualismus leidender Künstler?

Bei einer erholsamen Pause im Hotel Rosenlaui, mit Blick auf die Engelhörner und den Rosenlauigletscher ein paar Gedanken zum Verhältnis zwischen Diday und Calame. Calame, Schüler von Diday, gefördert von Rodolphe Töpffer, wurde bald erfolgreicher als sein ehemaliger Lehrer. Sicher hatte dazu auch beigetragen, dass Töpffer seine Gunst von Diday auf Calame übertragen und ihn als den Schweizer Nationalmaler propagiert hatte. Wurden Freunde zu Rivalen? Die Quellen sind nicht eindeutig. Doch auch Zeitgenossen der beiden Künstler machten sich ihre Gedanken zum Verhältnis der beiden. Der französischen Schrift-

Blick auf den Wasserfall am Ende der Gletscherschlucht.

steller Charles Baudelaire bemerkte in einer Kunstkritik zum Salon von 1845 in Paris: »Calame und Diday. Lange Zeit glaubte man, es handle sich um ein und denselben, an chronischem Dualismus leidenden Künstler, aber seither hat man bemerkt, dass er an den Tagen, da er gut malt, den Namen Calame bevorzugte.« (Baumgartner 1988)

Handfestes, nicht nur aus der originellen Küche von den Kehrlis, lockt nach all den Kunstbetrachtungen. Wieder in Abweichung zur klassischen Route führt diese Wanderung nun durch die Rosenlauigletscherschlucht weiter. 1902 war die Schlucht zugänglich gemacht worden, im Zuge der allgemeinen Schluchtenbegeisterung. Ein Weg, in die Felsen gehauen, führt dem tosenden Wyssenbach entlang durch Tunnel, Grotten, an Gletschermühlen und Wasserfällen vorbei in die Höhe. Der Himmel lässt sich nur durch schmale Felsspalten erahnen. Ein paar krüppelige Ebereschen hängen schräg über der Schlucht. Stellenweise verschwindet der Weg im Dunkel, es tropft und rauscht. Tiefe, konkave Auswaschungen im Fels, fast glatt geschliffene Schluchtenwände und

In der Gletscherschlucht: Galerien ... ... und enge Durchgänge.

tief ausgewaschene Strudeltöpfe im Bachbett zeugen von der Macht des Wassers. Wieder am Tageslicht, steigen wir noch ein paar Meter hoch auf den Gletscherhubel. Weit ist der Rosenlauigletscher zurückgewichen. Alte Stiche und Aquarelle zeigen den Stand im 18. und 19. Jahrhundert, als noch zwei mächtige Zungen den Gletscherhubel umfassten. Nach diesem beeindruckenden Abstecher durch die Schlucht geht es vorerst zurück Richtung Hotel Rosenlaui. Von hier aus gibt es mehrere Varianten für die Fortsetzung des Weges. Eine Variante ist das Postauto, das einen bequem zur Grossen Scheidegg bringt. Die andere die Wanderung mit der Möglichkeit, unterwegs aufs Postauto zu wechseln. Oder eben, man beschließt, den ganzen Weg zu Fuß zurückzulegen.

Vom Gletscher rund geschliffen: Es ist noch nicht so lange her, dass diese Partien von Eis bedeckt waren. Heute glitzert nur noch das Schmelzwasser. Oben der Dossen.

Damit beginnt der lange Aufstieg zur Grossen Scheidegg. Mächtige alte Ahornbäume sind neben den Bergriesen Blickfang. Die erste Etappe erfolgt zwar getrennt, aber doch parallel zur Autostraße, bis der Weiler Broch erreicht ist. Von hier bis zur Alp Alpiglen zieht sich der Wanderweg jedoch am rechten Ufer des Baches hin, während die Straße links verläuft. Eine Brücke führt hinüber zur Schwarzwaldalp, Endstation für den Privatverkehr. Alphütten, ein Hotel und eine renovierte Wassersäge sind die Attraktionen. Die Säge und das Hotel existierten schon im 19. Jahrhundert, und den Touristen bot man auch damals schon so einiges an zusätzlichen Events: »[...] dann Schwarzwaldsagi. Weiter oben Kanonendonnerschuss (Echo!) und Alphorn (50 Cts. [...].

Bald wieder Kanoneschuss (wunderbarer Effekt), 50 Cts. Ob diese schießlustigen Echokanoniere, ebenso wie Alphornbläser, Nationalliedersänger und gatteröffnende Kinder eigentlich nur verschämten Bettlern zugetheilt werden müssen, so ist diese Art von Industrie doch in allen Gebirgsgegenden daheim und muss als originelle Illustration der Reise mit Gleichmuth ertragen werden.« (Schmidt 1887)

Der Wanderweg verläuft nun direkt am Fuß des großen und kleinen Wellhorns durch locker bewachsenen Hang langsam ansteigend bis Tieffenmatten, wo der Rychenbach und die Straße überquert werden. Während sich die Straße nun in Kurven die letzten 350 Höhenmeter empor schraubt, steht den Wanderern ein saftiger Aufstieg bevor, so ziemlich in der direkten Linie, die Straße immer wieder kreuzend. Belohnt wird man für diese schweißtreibende Etappe jedoch mit traumhafter Ansicht, die immer wieder eine Pause einfordert: Engelhörner im Osten, Well- und Wetterhorn mit ihren Gletschern direkt im Süden und die »Großen drei«, deren Spitzen im Westen allmählich sichtbar werden. Kurz vor der Passhöhe durchquert man eine sumpfige Mulde, dann ist die Grosse Scheidegg erreicht, die nicht wegen ihrer Höhe – sie ist niedriger als die Kleine Scheidegg – so heißt, sondern weil sie der bedeutendere Übergang war zwischen Grindelwald und Meiringen. Wir schließen mit Caesar Schmidt: »Überwältigendes Tableau!«

Weiterlesen

Alberto de Andrés, *Alpine Views. Alexandre Calame and the Swiss Landscape*, Williamstown 2006.

Beat Stutzer (Hrsg.), *Der romantische Blick. Das Bild der Alpen im 18. und 19. Jahrhundert*, Chur 2001.

Alexandre Calame (1810–1864)

Am 28. Mai 1810 in Vevey geboren. Er verbrachte seine Kindheit in ärmlichen Verhältnissen. 1824 zog die Familie nach Genf, wo der Sohn das Familieneinkommen durch das Kolorieren von Stichen aufbesserte. 1825 begann Calame eine Lehre bei einem Börsenhändler, der dem begabten Zeichner ab 1829 Kunstunterricht bei François Diday ermöglichte. Fünf Jahre später eröffnete Calame sein eigenes Atelier und wurde selbst zum Lehrer. Damit musste er auch seine Familie ernähren: 1834 hatte er geheiratet.

Es folgten erste Ausstellungen und Reisen ins Berner Oberland, später nach Frankreich und Holland, die ihn in seiner Landschaftsdarstellung beeinflussten. Sehr bald stellte sich der Erfolg ein und ein internationales, sehr wohlhabendes Publikum kaufte seine Werke. 1839 erhielt sein wohl berühmtestes Gemälde *Orage à la Handeck* einen Preis im Salon de Paris, 1842 wurde er Ritter der französischen Ehrenlegion. Weitere Reisen führten ihn nach Belgien, England und Italien. Einen Triumph erlebte er 1855: Napoleon III. kaufte für die unglaubliche Summe von 15 000 Goldfranken das an der Weltausstellung in Paris gezeigte Gemälde *Der Vierwaldstättersee*.

Als Calame am 17. März 1864, erst 53 Jahre alt, starb, war er der unbestrittene Meister der Schweizer Alpenmalerei.

François Diday (1802–1877)

Geboren am 12. Februar 1802 in Genf. Mit elf Jahren trat Diday in eine Zeichenschule ein, später besuchte er Kurse an der Schule des Genfer Kunstvereins, wobei er hauptsächlich Stiche kolorierte. Bereits mit 22 Jahren eröffnete er sein eigenes Atelier und ab 1829 bildete er Schüler aus, u. a. Alexandre Calame.

Reisen nach Paris, Italien und Holland und Wanderungen in der Schweiz inspirierten seine Kunst. Italienische Landschaften und vor allem Alpenansichten wurden seine Hauptmotive. Damit hatte er im In- und Ausland Erfolg, stellte in Paris, Wien, London, Brüssel, Berlin aus und hatte unter dem europäischen Adel treue Kunden. Er war der eigentliche Begründer der Genfer Schule der Landschaftsmalerei. Der Erfolg seiner Malerei brachte Diday Wohlstand und internationale Anerkennung.

Für sein Bild *Der Rosenlaui-Gletscher* erhielt er 1841 anlässlich des Salon de Paris eine Goldmedaille. Parallel zur künstlerischen Laufbahn verfolgte er eine militärische und politische Karriere: Er wurde Major, war Adjutant von General Dufour während des Neuenburgerhandels und saß während 25 Jahren im Gemeinderat von Genf. Als er 1877 starb, hatte ihn zwar sein Schüler Calame an Ansehen und Bekanntheitsgrad überflügelt, aber er prägte nach seinem Tod am 28. November 1877, dank seiner Legate an die Stadt Genf, das Kunstleben weiterhin. Der Name Diday ist auch heute noch mit einem Wettbewerb (Concours Diday) für Kunststudenten verbunden.

Tourinfos 8

Einstufung: 🥾🥾
Gehzeit: 4 h 40
Höhendifferenz: ↗ 720 m
Beste Jahreszeit: Juni bis Ende Oktober.
Karten: Swisstopo 1:25 000, Blatt 1209 Brienz, Blatt 1229 Grindelwald, Blatt 1210 Innertkirchen, Wanderkarte Oberhasli 1:50 000 (Hrsg. Hasliberg Tourismus)
Anreise: Zentralbahn bis Meiringen, Postauto bis Halt Zwirgi.
Rückreise: Postauto ab Grosser Scheidegg nach Meiringen oder Grindelwald, von dort Bahnanschluss nach Luzern oder Interlaken.

Sehenswertes
A Reichenbachfall-Bahn, Tel. 033 972 90 10, www.reichenbachfall.ch.
B Gletscherschlucht Rosenlaui, Tel. 033 971 24 88, www.rosenlauischlucht.ch.
C Historische Säge Schwarzwaldalp. Wasserbetriebene Säge mit Ursprung im Jahr 1896, renoviert 1999/2000. Von Mai bis Mitte Oktober geöffnet.

Wanderroute
Von der Postautohaltestelle Zwirgi (971 m) den gut ausgeschilderten Wanderweg Richtung Rosenlaui/Grosse Scheidegg, der dem alten Saumweg entspricht, einschlagen. Der Wanderweg berührt und kreuzt ab und zu die Fahrstraße und führt auf einer kurzen Strecke beim Restaurant Kaltenbrunnen (1210 m) direkt an der Straße entlang. Dann aber trennt sich der Wanderweg wieder von der Straße und führt durch Wald am rechten Ufer des Rychenbachs – die Straße folgt dem linken Ufer via Gschwantenmad – durch den Talgrund zum Hotel Rosenlaui (Brücke, 1328 m) und zum Eingang der Gletscherschlucht. Durch die Gletscherschlucht nun hochsteigen (Eintritt). Nach dem Verlassen der Gletscherschlucht zum Eingang absteigen und den Wanderweg Richtung Schwarzwaldalp nehmen. Dieser Weg verläuft z. T. oberhalb der Straße, im Broch (1431 m) trennen sich Straße und Weg, der am rechten Ufer bleibt. Auf der Höhe der Schwarzwaldalp (1456 m) kann man den Bach überqueren, um einzukehren oder die wieder aufgebaute Säge zu besuchen. Der Wanderweg verläuft weiterhin am rechten Ufer des Rychenbachs bis Schwandboden (1617 m). Nun folgt der lange Aufstieg zur Grossen Scheidegg (1882 m) mehr oder weniger im Hör- und Sichtbereich der Autostraße (nur Postauto und Fahrräder). Schöne Flora und Hochmoorlandschaft mit Seelein und erstklassige Aussicht.

Variante
Vom Hotel Zwirgi (971 m) aus der Fahrstraße Richtung Rosenlaui ca. 500 Meter folgen, dann nach rechts in den Wanderweg abbiegen, der nun steil durch den

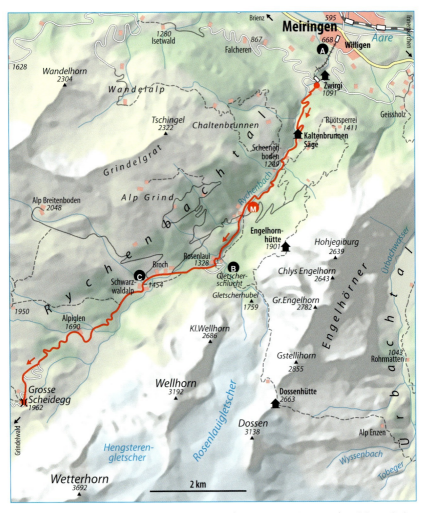

Falzenwald und durch zwei Felsbänder (höchster Punkt 1371 m) auf die Seilialp (1356 m) führt. Von der Seilialp senkt sich der Wanderweg und führt stetig abfallend durch den Dürrenschwandwald bis Torblätz (1223 m). Hier überquert man den Rychenbach und steigt ca. 20 Meter oberhalb des Restaurants Kaltenbrunnen in die klassische Route (siehe oben) ein.

Gehzeit: 5 h 20.
Höhendifferenz: ↗ 400 m, ↘ 148 m zu Beginn, dann ↗ 470 m

Rasten und Ruhen

Gasthaus Zwirgi, 3860 Meiringen, Tel. 033 971 14 22, www.zwirgi.ch.

Berggasthof Kaltenbrunnensäge, 3860 Meiringen, Tel. 033 971 19 08, www.sageli.ch.

Hotel Rosenlaui, 3860 Rosenlaui, Tel. 033 971 29 12, www.rosenlaui.ch.

Hotel Chalet Schwarzwaldalp, 3860 Meiringen, Tel. 033 971 35 15, www.schwarzwaldalp.ch.

Berghotel Grosse Scheidegg, 3818 Grindelwald, Tel. 033 853 67 16.

Informationen

Tourist Information Meiringen, Bahnhofstrasse 22, 3860 Meiringen, Tel. 033 972 50 50, www.haslital.ch.

Vierbeiniger Gast beim Restaurant Schwarzwaldalp.

Plinio Colombi

9 | Innertkirchen–Aareschlucht–Meiringen

Vor Höllenpforten

Plinio Colombi, *Meiringen-Reichenbach-Aareschlucht,* **1914**

Durch diese Felswände hat sich die Aare einen Durchfluss geschaffen.

»Etwas behutsam durch viele Nesseln und auf lockerem Grunde wagt man sich der Tiefe zu. Kein Dichterwort vom Zutritt der Unterwelt wäre hier unrecht angewendet. Bald wird der Boden steiniger, die Höhlung finsterer, und über dem Haupte, da zuerst eine Linde und ein paar andere Bäume freundlich herabgeblickt, rückt nun von beiden Seiten eine Felswand zusammen. Faulende Holzstämme, vermuthlich von oben herabgestürzt, liegen unbehauen in der Schlauche; Nichts Lebendiges regt sich; das eintönige Klatschen von niederfallenden Wassertropfen und ein dumpfes Rauschen der Aar von unten herauf unterbrechen allein die schauerliche Stille. [...] Nach ungefähr 200 Schritten durch die Dämmerung der schauerlichen Gruft kömmt man einigermaßen wieder ins Freie.« Eindrücklich schildert Johann Rudolf Wyss den Abstieg

Innertkirchen–Aareschlucht–Meiringen | **201**

An vielen Stellen dringt kaum Tageslicht bis zum Grund der Schlucht.

vom Talriegel Kirchet durch die Finstere Schlucht, damals Schlauche genannt, in die Aareschlucht. (Wyss 1817)

Heute muss man nicht mehr halsbrecherisch in die Schlucht klettern. Eine angenehme und eindrucksvolle Annäherung ist der Fußweg von Innertkirchen her zum Osteingang. Die Aare schäumt und eilt, aber auf den Matten am Ufer weiden Kühe, stehen Campingwagen, und es überwiegt die ruhige Alltagsstimmung eines bescheidenen Tourismusortes. Aber es zeichnet sich schnell ab, dass dieses Idyll sich ändern wird, denn mächtig erhebt sich vor einem ein Felsriegel, der den Fluss zu verschlingen scheint: der Kirchet. Dieser scheinbar geschlossene Bergklotz aus horizontal geschichtetem hartem Kalkfels, durch den sich die Aare ihren Weg gebahnt hat, ist keine Endmoräne, durch Gletscherschutt entstanden, sondern stellte sich schon in der Eiszeit den Gletschern in den Weg. Wegräumen konnte ihn die Kraft der Eismassen nicht, aber unter dem enormen Druck des Gletschers und durch die Kraft von Wasser und Eis entstanden tiefe Rissen, Spalten, Mulden, Kavernen und Einschnitte. Als das Eis schmolz und die Gletscher sich zurückzogen, stand der Riegel immer noch da. Nun suchte sich die Aare den einfachsten Weg durch dieses Hindernis. Geologische Untersuchungen beweisen, dass die Aareschlucht nicht die einzige tiefe Furche im Kirchet ist. Die anderen Schluchten wurden jedoch im Laufe der Zeit aufgefüllt mit Moränenschutt, sodass immer größere Wassermassen durch die übrig gebliebene Öffnung drängten, die Seitenwände ausschliffen und das Flussbett vertieften.

An einem Beispiel wird gezeigt, wie in den Anfängen der Steg gebaut wurde.

Blick in den Feuerschlund

Bis zum Bau eines Steges im Jahr 1888 galt die 1,4 Kilometer lange Schlucht als unpassierbar – und dies zu einer Zeit, als eine regelrechte Schluchteneuphorie herrschte und eine Schlucht nach der anderen begehbar gemacht wurde! Diese Tatsache ließ den im Fremdenverkehr gewieften Haslitalern natürlich keine Ruhe. Die Schlucht sollte nicht mehr bloß Tummelfeld einiger verwegener Abenteurer sein, die versuchten, sich mit Booten bei Niedrigwasser zwischen die Felsen treiben zu lassen – Pioniere des River-Rafting. Das Naturspektakel vor der Haustür sollte die Fremden ins Tal bringen. 1887 beantragte die Gemeinde Willigen, zu der die Schlucht gehört, eine Konzession für die Anlage von »Galerie

---

Folgende Doppelseite: Plinio Colombi, Plakat *Meiringen-Reichenbach-Aareschlucht,* 1914, Schweizerische Nationalbibliothek, Bern.

und Fußweg«, 1888 wurde gebaut, und bereits im ersten Jahr besuchten an die 12 000 Neugierige die Aareschlucht. Zehn Jahre später waren es 50 000. 1912 wurde eine Trambahnlinie zwischen Meiringen und der Aareschlucht gebaut sowie die nächtliche Beleuchtung eingeführt. Kurze Zeit später beauftragte die Aareschlucht-Gesellschaft den Plakatkünstler Plinio Colombi, Fahrplan und Schlucht ins richtige Licht zu rücken: diabolisch, unheimlich, spannungsvoll. Das Plakat hat es uns angetan. Der einsame Mensch über dem Abgrund, der in einen Feuerschlund zu blicken scheint. Was verbirgt sich hinter der Felsnase?

Plinio Colombi ist ein Name, der heute fast nur noch mit den Anfängen der Plakatkunst in der Schweiz verbunden wird. Doch Colombi war in erster Linie Kunstmaler, ein Mitglied des unverbindlich-lockeren Bundes der Berner Schule, zu der unter anderen Emil Cardinaux, Albert Trachsel oder Victor Surbek gehörten. Vorbild und Mentor dieser Berner Maler war Ferdinand Hodler. Mit ihm wurde eine neue Epoche in der Schweizer Kunst eröffnet; er und die Künstler der Berner Schule schufen einen »Nationalstil« – einen Stil, der nicht nur auf Leinwänden Erfolg haben sollte, sondern als Druckgrafik auf Plakaten einem breiten Publikum zugänglich gemacht wurde. In Frankreich, England und in den USA hatte man bereits in den letzten Jahrzehnten des 19. Jahrhunderts die Breitenwirkung des Künstlerplakates erkannt, als auf Schweizer Plakatwänden noch künstlerische Wüste in der Nachfolge der Kleinmeister-Idyllen herrschte: »Wir erinnern uns alle noch der unglaublich geschmackverlassenen Landschaftsplakate, die aus Edelweiß, Oberländerhäuschen, schneeigen Berggipfeln, Rokokozierrat, Alpenrosen, unsäglich gequälten Schriften, Kursaalkellnerinnen in Schweizertracht, fünfzehn unabgestimmten Grund- und Deckfarben, Hochglanz und weitern Greueln zusammengesetzt waren.« Mit diesen vernichtenden Worten beurteilte der Schriftsteller und Kunstkritiker Carl Albert Loosli um die Wende zum 20. Jahrhundert die aktuelle Ausbeute der schweizerischen Werbeplakate. (Loosli 2008)

Bald sollte sich das ändern. Der von Hodler praktizierte Malstil bildete die ideale Voraussetzung für die Plakatkunst. Er engagierte sich als einer der ersten namhaften Maler in der Plakatkunst. 1900 wurde die Allgemeine Plakatgesellschaft (APG) in Genf gegründet, und von

Demonstration der Wasserkraft: Geschliffener Fels.

diesem Zeitpunkt an war das Plakat aus der Umwelt nicht mehr wegzudenken. Das von Hodler 1904 gestaltete Ausstellungsplakat für die Wiener Secession setzte den Maßstab und legte den Stil fest für alle zukünftigen Plakatgestalter.

Lichtspiel im Dunkeln.

Colombi, gelernter Dekorationsmaler, tief beeindruckt von Hodler und der Ästhetik des Jugendstils, war einer der Pioniere der Schweizer Plakatkunst. Mit namhaften Künstlern als Plakatgestalter eröffnete sich eine neue Ära der Werbung. Das Plakat warb nicht nur für ein Produkt, sondern wurde zur Plattform der ästhetischen Erziehung des Volkes und zum Vorreiter der modernen Kunst im öffentlichen Raum: Kunst für alle.

Gang in die Finsternis

Von Plakatkunst (oder Postkartenkunst) als Mittel zur ästhetischen Erziehung der breiten Massen ist jedoch am Eingang der Schlucht, den man nach einem kurzen Anstieg erreicht, nicht viel zu spüren. Die Ausbeute an Souvenirs lässt an die oben zitierten Worte von Loosli denken. Doch das ist Nebensache. Denn was die Natur hier bietet, lässt sich weder verkitschen noch verniedlichen. Es ist ganz einfach gewaltig.

Dann ist man in der Schlucht. Über Stufen erreicht man den am linken Ufer befestigten Steg. Duster ist es, feucht, das Wasser rauscht in dem sich teilweise bis auf einen Meter verengenden Durchgang. Kaum ist der Himmel zu sehen. Gewaltige Felsüberhänge blockieren den Blick nach oben. Konkave Auswaschungen in den glatten Wänden zeugen von der Erosionskraft des Wassers. Ein bisschen unheimlich. Kein Wunder, kursierten während Jahrhunderte Sagen über Drachen oder Tatzelwürmer, die in der Schlucht hausten. Eine Beschreibung stammt aus dem 19. Jahrhundert von einem Einheimischen: »Ich habe mich [...] auf ein Mäuerchen gesetzt und ließ meine Augen über die nähere Umgebung schweifen. Da auf einmal sah ich in etwa 10 Meter Entfernung ein merkwürdiges Geschöpf sich aus einem Steinhaufen herausarbeiten. Es war ein dickleibiger Wurm, braungelb mit dunklen, runden Flecken und zwei Stumpenbeinen an der Brust. Ein Stollenwurm!«

Es existiert sogar ein Foto: 1935 war das ganze Oberhasli in hellste Aufregung geraten; ein Berliner Fotograf hatte oberhalb der Schlucht ein seltsames Wesen fotografiert, eine Art dicke, beschuppte Schlange mit kurzen Beinen. Ein Team der *Berliner Illustrierten Zeitung* reiste, aufmerksam gemacht durch den Bericht des Fotografen, nach Meiringen. Zwei groß angelegte Suchaktionen wurden durchgezogen, aber der Wurm zeigte sich nie

Farbspiele: Schwarzer Fels, türkises Wasser.

mehr. Dafür kamen die Touristen in Scharen. Vielleicht halten ihn heute die vielen Besucher – inzwischen sind es jährlich um die 140 000 – davon ab, sich zu zeigen?

Ein Stück weiter blicken wir hoch in die Finstere Schlucht, früher der einzige Zugang zur Schlucht und bis zum Gesamtausbau 1898 auch der Ausstieg. Hier finden sich größere Gletschermühlen. Eine Tafel informiert nicht nur über ihre Entstehung, sondern auch über ein verborgenes Bauwerk in der Schlucht: Hinter einer leicht verrosteten Eisentür versteckt sich eine Militärkaverne mit Zugang vom nördlich durchführenden Bahntrassee. Diese Kaverne, so der Text, wurde nie benutzt, denn kaum war sie fertiggestellt, wurde die Armeeeinheit abgezogen und nie durch eine andere ersetzt. Küche, Wohnraum, Kommandoraum, Schlafzimmer sollen sich, bestens eingerichtet, im Fels des Kirchet befinden. Auf der gegenüberliegenden Seite öffnet sich der Blick in die Trockene Lamm, eine Seitenschlucht, durch die kein Wasser

Licht am Ende der Schlucht.

mehr fließt. Brücke und Treppen von 1899 wurden 1940 gesperrt und 1955 endgültig abgebrochen, aber noch sind Überreste der Brückenaufhängung zu sehen.

Nach rund 400 Metern weitet sich die Schlucht zu einem etwas offeneren Kessel. Mächtig schießt der Schräybachfall von oben in die

Schlucht. In trockenen Sommern versiegt er beinahe, doch nun trägt er bei zum imposanten Wasserschauspiel. Verwitterung und Felsstürze haben an den Felsen genagt, die Schleifspuren sind teilweise verschwunden, dafür lässt sich die Schichtung des Kalkgesteins besser erkennen. Wieder wird der Durchlass ganz eng, steigen die Felswände senkrecht in die Höhe. Es wird noch dusterer: In der Grossen Enge versperren überhängende Felsen den Blick nach oben. Hier dringt kein Sonnenstrahl herein. Dies ist auch die Stelle, der das Plakat von Plinio Colombi am ehesten zu entsprechen scheint: die auf beiden Seiten auskragenden Felsen, der kühn über dem Wasser hängende Steg. Wird die Schlucht für spezielle Anlässe nachts beleuchtet, entsteht genau die Wirkung wie auf dem Plakat: diabolisch, ein Besuch in der Hölle. Mit garantiertem Entkommen.

1912 hatten die Schluchtbesitzer mit den nächtlichen Führungen angefangen, und im gleichen Jahr nahm die Trambahn von Meiringen her ihren Betrieb auf. Die Voraussetzungen für das Plakat von Colombi waren geschaffen. Doch als es publiziert wurde, sahen die Zeiten dramatisch anders aus. Während die Aareschlucht-Gesellschaft 1913 mit 75 740 Besuchern ein Rekordergebnis aufweisen konnte, stoppte im August 1914 der ganze Betrieb: Der Erste Weltkrieg veränderte die Aus-

Bunte Muster auf Stein: Flechten gehören zu den wenigen Pflanzen, die das feucht-dunkle Schluchtenklima schätzen.

Das durch die enge Schlucht strömende Wasser zieht nach wie vor Besucherströme an.

gangslage auch für die neutrale Schweiz. Die Beleuchtungsscheinwerfer wurden abgebaut und der Armee übergeben. In den folgenden Kriegsjahren wurde der Tramverkehr praktisch eingestellt, und trotz der Abgabe von Freikarten an internierte französische, belgische und britische Soldaten versiegte der Besucherstrom zu einem Rinnsal. Erst ab 1919 stiegen die Besucherzahlen wieder, doch dauerte es fast zehn Jahre, bis die Vorkriegswerte wieder erreicht wurden.

Höhepunkte der Plakatkunst

Die Kriegsjahre bedeuteten auch in der Schweizer Kunst eine einschneidende Zäsur. Die Künstler der Berner Schule, noch zehn Jahre zuvor die Hoffnungsträger einer neuen, modernen Nationalkunst, wurden in die zweite Liga zurückgedrängt, Colombi und Cardinaux nicht mehr in erster Linie als Kunstmaler, sondern als Plakatkünstler wahrgenommen. Eine Neuorientierung hatte bereits vor Hodlers Tod stattgefunden. Man blickte nach Frankreich, Impressionismus und Postimpressionismus und die internationale Avantgarde waren nun bei den Sammlern gefragt. Sehr bezeichnend für diesen Sinneswandel sind die Eröffnungsausstellungen zweier renommierter Kunstmuseen. 1910 fand zur Einweihung des Kunsthauses Zürich eine große Hodlerausstellung statt. Als das Winterthurer Kunstmuseum 1918 eröffnet wurde, wurden ausschließlich

Am Westeingang zur Aareschlucht.

französische Maler gezeigt. Der Stil der »Hodlerianer« war nicht mehr so gefragt. Die Namen der Künstler der Berner Schule verblassten, ihre Werke wanderten in die Depots, und wer als Schweizer Künstler bestehen wollte, musste sich der neuen Zeit anpassen, in Paris oder München arbeiten wie Amiet oder Giacometti.

Ganz anders aber sah es in diesen Jahren in der Plakatkunst aus. Hier experimentierten Künstler mit neuen Tendenzen und Darstellungsweisen, und die schweizerische Plakatkunst übernahm international eine Vorreiterrolle. Heute sind die Plakatgestalter der Frühzeit fast nur noch in dieser Funktion bekannt. Während in einer Biografie des Malers Plinio Colombi aus dem Jahre 1948 das Wort Plakat nur ein einziges Mal, und zwar auf der letzten Seite vorkommt, sucht man den Maler Colombi in neuern Monografien zur Schweizer Kunst meist vergeblich.

Kehren wir nach diesem Abstecher in die Kunstgeschichte zurück in die Gegenwart, zurück zur Wanderung. Die Schlucht entlässt ihre Besucher in helles Tageslicht. Durch das neue Aare-Bistro im Schatten einer hohen Felskuppe am Westausgang gelangt man auf eine schnurgerade Allee entlang der Aare. Gerade verläuft hier auch der Fluss, und in einem engen Korsett wird er bis in den Brienzersee geleitet. In der zweiten Hälfte des 19. Jahrhunderts wurde der Aare dieses Streckbett verpasst. Bis dahin war Meiringen immer wieder von Überschwemmungen heimgesucht worden. Ebenso verheerend wütete der »älteste

Immer schön lässig: Sherlock Holmes vor der ehemaligen Englischen Kirche in Meiringen. Skulptur geschaffen vom englischen Bildhauer John Doubleday

Hasler«, der Föhn. 1632, 1879 und 1891 wurde der Ort fast gänzlich zerstört durch Feuersbrünste.

So ist es auch nicht verwunderlich, dass Meiringen nicht dem typischen Bild eines Oberländer Dorfes entspricht. Steinbauten überwiegen, die Straßen sind breit. Größere und kleinere Hotels zeugen von der Bedeutung des Hauptortes des Bezirks Oberhasli in den Zeiten der Belle Epoque, als Arthur Conan Doyle hier Ferien machte und versuchte, sich von seinem Helden Sherlock Holmes zu befreien. Beide sind noch äußerst präsent im Zentrum Meiringens. Die Skulptur von Holmes, das Museum, in dem das fiktive Arbeitszimmer des Meisterdetektivs, detailgetreu aufgebaut und eingerichtet, zu bestaunen ist, die Englische Kirche, das Hotel du Sauvage. Hier könnte eine andere diabolische Geschichte beginnen – der Kampf Holmes' mit seinem Gegner Moriarty am Reichenbachfall.

Weiterlesen
Werner E. Aeberhardt, *Plinio Colombi. Ein Schweizer Gebirgs- und Landschaftsmaler,* Solothurn 1948.

Bruno Margadant, *Das Schweizer Plakat 1900–1983,* Basel 1983.

Hans Maurer, *Die »Berner Schule«. Eine Privatsammlung,* Bern 2008.

Plinio Colombi (1873–1951)

Am 14. Februar 1873 in Ravecchia (Tessin) geboren. Nach seiner Schulzeit in Bellinzona und Lausanne studierte Colombi am Technikum in Winterthur Architektur. Später wechselte er in die Abteilung Kunstgewerbe, wo er speziell Unterricht erhielt in Landschaftszeichnen und -malen. Danach besuchte er die Kunstgewerbeschule in Zürich. Auf Wunsch seines Vaters sollte er den »bürgerlichen« Beruf Dekorationsmaler erlernen. Nach einem kurzen Aufenthalt in Paris landete er 1898 total mittellos in Bern. Hier schlug er sich vorerst mit verschiedenen Malaufträgen, unter anderem bei der Ausschmückung des Kornhauskellers, durch. Später machte er sich als freier Kunstmaler selbständig.

Es folgten erste erfolgreiche Ausstellungen und viele Malausflüge ins Berner Oberland und auf den Jaunpass. 1904 heiratete er und ließ sich in der Nähe von Bern nieder. 1910 bis 1924 lebte er in Wichtrach, danach Umzug nach Spiez. Neben vielen vom Stil Hodlers beeinflussten Landschaftsbildern – Hauptmotiv Thunersee – fertigte Colombi Radierungen, Aquatintablätter und Lithografien an. Zusammen mit Emil Cardinaux war Colombi einer der Pioniere der Schweizer Plakatkunst. Plinio Colombi starb am 22. September 1951 in Spiez.

Tourinfos 9

Einstufung:
Gehzeit: 1 h 30
Höhendifferenz: Flach, nur kurzer Aufstieg zum Osteingang Aareschlucht.
Beste Jahreszeit: Mai bis Oktober.
Karten: Swisstotpo 1:25 000, Blatt 1210 Innertkirchen.
Anreise: Zentralbahn bis Meiringen, von Meiringen mit der Meiringen-Innertkirchen-Bahn bis Innertkirchen.
Rückreise: Zentralbahn ab Meiringen.

Sehenswertes
A Meiringen: Reformierte Kirche Sankt Michael von 1684, mit Ursprüngen im 13. Jh., mit frei stehendem spätromanischem Glockenturm mit der ältesten datierten Glocke (1351) des Kantons Bern.
B Museum der Landschaft Hasli, Meiringen, www.haslimuseum.ch.
C Sherlock-Holmes-Museum im Untergeschoss der Englischen Kirche Meiringen, mit Originalnachbau von Holmes' Wohnzimmer an der Baker Street in London, Tel. 033 971 41 41, www.sherlockholmes.ch, Öffnungszeiten: Sommer Mai–Sept., Winter Okt.–April).

Wanderroute
Vom Bahnhof Innertkirchen aus (625 m) südlich Richtung Aare gehen, diese überqueren, der Aare Richtung Nordwesten folgen bis zur ARA, danach kurzer Aufstieg zum Eingang Ost der Aareschlucht. Die Aareschlucht durchwandern, beim Ausgang Sandey Straße folgen bis zur Brücke über die Aare, dann entlang der Sandstraße durch Wohnquartiere bis zur Kreuzung mit der Alpbachstrasse, weiter geradeaus entlang Rudenz und Bahnhofstrasse bis zur Englischen Kirche, hier links abbiegen zum Bahnhof Meiringen.

Talmuseum und reformierte Kirche von Meiringen.

Mittelalterliches Fresko des Christophorus am Turm der Kirche.

Rasten und Ruhen

Restaurant in Innertkirchen:

Aare-Bistro, Osteingang Aareschlucht und Restaurant beim Westeingang Aareschlucht, Tel. 033 971 32 14, www.restaurant-aareschlucht.ch.

Restaurants in Meiringen:

Park Hotel du Sauvage, Bahnhofstrasse 30, 3860 Meiringen, Tel. 033 972 18 80, www.sauvage.ch (sehr schön renoviertes Jugendstilhotel).

Hotel Alpbach, 3860 Meiringen, Tel. 033 971 18 31, www.alpbach.ch.

Informationen

Tourist Information Meiringen, Bahnhofstrasse 22, 3860 Meiringen, Tel. 033 972 50 50, www.haslital.ch.

Aareschlucht AG, 3860 Meiringen, Tel. 033 971 40 48, www.aareschlucht.ch.

Gabriel Lory fils

10 | Grimselhospiz–Guttannen

Die Veduten-Landschäftchen-Fabrikanten

Gabriel Lory fils, *Blick auf das Grimselhospiz*, 1822

Nebelschwaden verhüllen Oben und Unten. Man könnte auch auf dem Mond gelandet sein und nicht auf der Grimselpasshöhe. Wäre da nicht das übliche touristische Inventar: Hotel, Restaurant, Kiosk, eine Kristallgrotte und ein Bären-Eulen-Murmeltier-Park. Alles gekrönt von einem mächtigen Strommast, dessen Spitze in den Wolken verschwindet. Frei ist nur die Sicht auf den Parkplatz, wo ein Trupp Töfffahrer die Motoren

Töffskulptur vor Töffparkplatz auf der Grimselpasshöhe.

Der auch im Sommer von Eisschollen bedeckte Totensee.

aufbrüllen lässt und dann doch recht vorsichtig durch die Nebelwand Richtung Wallis davonfährt. Der Totensee liegt eisgrau und so wenig einladend da, wie der Name es vermuten lässt. Er heißt so, ist in heutigen Reiseführern nachzulesen, weil die Österreicher und Franzosen, nachdem sie sich im Jahre 1799 auf der Grimsel blutige Gefechte geliefert hatten, ihre Toten im See entsorgten. Seltsam nur, dass in Reisebüchern aus jener Zeit der Name anders erklärt wird. Totes Wasser, so Johann Rudolf Wyss in seinem Berner Oberländer Reiseführer von 1817, habe man Gewässer genannt, die keinen sichtbaren Ab- oder Zufluss besaßen, daher der Name. Auf jeden Fall passt er zu dieser grau-braun-grünen Urgesteinswelt hier oben auf 2165 Meter, an der Grenze zwischen Wallis und Bern, an der Wasserscheide zwischen Mittelmeer und Nordsee. Mächtige Granitblöcke und rund geschliffene Granitplatten lassen wenig Platz für Vegetation. Zwischen Rundhöckern wachsen kurzes zähes Gras, Zwergsträucher, Heidekraut und Kratzdisteln.

Wir verlassen den Pass und die Passstraße und wandern auf steilem Pfad, der immer wieder die Autostraße kreuzt, hinunter zum Grimselstausee. Der Nebel hat sich gelichtet, die Sonne kommt durch und der Blick wird frei. Nach Nordwesten öffnet er sich über den Grimselsee und die schroffen Grate von Juchlistock bis Bächlistock. Talauswärts schiebt sich Bergflanke vor Bergflanke, und direkt gegenüber erhebt sich der düstere Felsbuckel des Nollen. Darauf, farblich absolut eingepasst, das Grimselhospiz.

Wir sind mitten in der Grimselwelt – eine gewaltige Landschaft, geprägt von Granit und Schiefer, Gletscher und Schnee, Stauseen und Hochspannungsmasten, Kraftwerksanlagen und Transportbahnen. Mit Bildern wie »ein tosendes Kraftwerk der Natur«, eine »Symbiose aus Natur und Technik«, »eine Landschaft voller Spannung und Kontraste, aber auch voller Harmonie und Schönheit«, so preisen die Kraftwerke Oberhasli (KWO) ihr Reich an. Die Broschüren der KWO zeigen auf Hochglanz gebrachte technische Einrichtungen, Staumauern und Kavernen, idyllische Bergseen, Wanderwege durch Alpenflora, Wasserfälle, spektakuläre Bahnen und fröhliche Wanderer auf schwindelerregenden Hängebrücken. Schein und Sein, Stereotypen der Erwartungen an die – leicht zugängliche – Hochgebirgswelt, fertige Naturvorstellun-

Blick auf Grimsel Hospiz und Stausee bei tiefem Wasserstand.

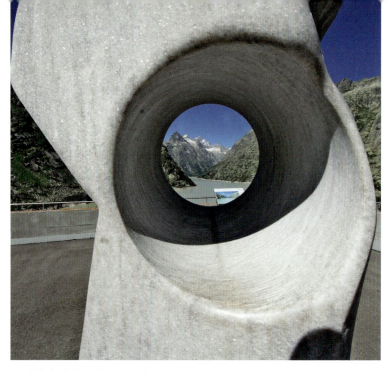

Durchblick: Skulptur beim Hotel Grimsel Hospiz.

gen, die auf die bestehende Landschaft unter Ausblendung aller nicht passenden Requisiten übertragen werden: Auf dem Wanderweg zwischen Passstraße, Hochleistungsmasten und Staumauern kommt man fast nicht darum herum, sich Gedanken über Nutzung und Darstellung der Bergwelt zu machen. Und was passte da besser als das Bild eines Schweizer Kleinmeisters jener Malschule, die sich auf die Fabrikation von Idyllen und Erinnerung spezialisiert hatte, unter Ausblendung aller störenden Elemente?

Fabrik der Erinnerung

1822 hat Gabriel Lory fils den nächtlichen »Blick auf das Grimselhospiz« gemalt, dessen Farbensprache – viel Blaugrün, Türkis im Kontrast zum Grün, Braun und Gelb der Felsen im Vordergrund, gekrönt von weißen Gipfeln und Wolken – Pate gestanden haben muss für die Prospekte der Grimselwelt von heute. Es ist ein Nachtbild, der Vollmond spiegelt sich im See, was eine enorme Spannung ins Bild bringt. In warmem Orange leuchten die Fenster des Hospizes und Rauch steigt auf aus dem Kamin: Willkommen in dieser ungastlichen Gebirgswelt! Hier finden Menschen Halt und Schutz. Ein realistisches Abbild, glaubt man, und doch ist es eher eine Wunschvorstellung. Das Bild fasziniert durch seine Widersprüchlichkeit. Man ist im einsamen Hochgebirge bei Nacht, und dennoch fühlt man sich geborgen. Lory hat es in diesem ungewöhnlichen Sujet geschafft, in eine Idylle zu verwandeln, was nicht idyllisch ist – und vertritt damit den typischen Stil der Kleinmeister. Denn aus der gleichen Zeit stammt die Beschreibung von Johann Rudolf Wyss: »Kaum aber erkennt man das wirthliche Gebäude, welches Grau in Grau, oder Stein in Stein, gleich einem größeren Felsenblocke düster zwischen kleineren steht, und es möglich macht, von Kurzsichtigen gänzlich verfehlt zu werden. […] Die wenigen Fenster deuten auf die Kälte der umgebenden Luft. Man würde mehr einen Kerker als einen Gasthof erwarten.« (Wyss 1817)

Nur Spott hatte der Maler Joseph Anton Koch, Zeitgenosse von Lory, übrig für die Kleinmeister, die er als »seelenlose Veduten-Landschäftchen-Fabrikanten en Aquarelle«, bezeichnete, die wie »ästhetische Zugvögel im Sommer die Landschaft durchkäfern« und die Natur stutzten und putzten, bis sie eher einem Garten als einem einsamen Gebirge glich. (Flüeler 1982)

Eine Kritik, die sicher ihre Berechtigung hat. Das ausgehende 18. und die ersten Jahrzehnte des 19. Jahrhunderts war die große Epoche der sogenannten Kleinmeister, routinierten Malern, die in Gemein-

---

Folgende Doppelseite oben: Gabriel Lory fils, *Blick auf das Grimselhospiz,* 1822, Schweizerische Nationalbibliothek, Bern.

Unten links: *Grimsel Hospiz II* – im wahrsten Sinne abgekupfert: Rudolf Dikenmann, kolorierte Aquatinta, ca. 1860.

Fotostrecke: Bei extrem tiefem Wasserstand tauchen der alte Saumpfad mit Brücke und der Standort des alten Hospizes aus dem Wasser auf.

schaftsateliers und Familienunternehmen am Laufmeter Ansichten der Schweiz produzierten, die auf dem Souvenirmarkt guten Absatz fanden – Vorläufer der Postkarten mit Alpenrosen, Edelweiß und Geißenpeter. Es gab einen festen Bestand von Requisiten, die zur immer lieblichen, sonnigen, idyllischen Landschaft addiert werden mussten: Bäume, Wasserfälle, Felsblöcke, Bauernhäuser. Zwar wurde Wert gelegt auf topografisch korrekte Wiedergabe der Landschaft, diese musste aber dekorativ und gefällig wirken. Das Abbild musste auch ein heiteres Stimmungsbild sein, als Souvenir geeignet, das die Erinnerung an etwas, das es nie gegeben hat, wachhält. »Fabrik der Erinnerung« nennt die Autorin Françoise Jaunin in ihrem Buch *Schweizer Alpen. 500 Jahre Malerei* diese Massenproduktion von Schweizer Ansichten, sogenannten Veduten, zu deren typischen Produzenten auch die beiden Lory, Vater und Sohn, gehörten.

Reaktion auf die Unbill der Zeit, in der eine Welt zusammengebrochen und eine neue noch nicht auszumachen war? Nichts ist in den Bildern der Kleinmeister zu sehen von der Besetzung der Schweiz durch französische Truppen, vom Zusammenbruch der alten Eidgenossenschaft und der Unsicherheit, wie die Zukunft des Landes zu gestalten sei. Nichts von der Hungersnot von 1816/17, der miserablen Wirtschaftslage, der extremen Teuerung. Aber vielleicht waren diese heilen Landschaften, diese Paradiesgärtlein genau das, was das Publikum sehen wollte. Das eigene Elend hatte man vor den Augen, an der Wand sollte das Versprechen einer besseren Welt hängen. Das ist im Prinzip heute gar nicht so anders. Ersetzt man Idylle durch Event, kommt man der Sache sehr nahe. Auch in der Grimselwelt. Steilste Seilbahn, längste Hängebrücke, Kristallweg sollen die Leute in die Berge locken und darüber hinwegtäuschen, dass die Berge hier eigentlich bloß Unterlage für kommerzielle Nutzung sind. Naturlandschaft Alpen verkauft als Vergnügungspark und Spielplatz.

Kristalle und Staumauerkronen

Wir stapfen der Autostraße entlang und stellen fest: Die Suche nach dem Malstandort und dem abgebildeten Objekt ist vergeblich: Der ehemalige Saumpfad verschwindet im See, das alte Grimsel Hospiz liegt 37 Meter unter der Wasseroberfläche. Wir erreichen die Staumauerkrone, über die der Weg zum neuen Grimsel Hospiz auf dem Nollen führt, welches das versunkene Gasthaus ersetzte.

Es war ein Gasthaus mit wechselvoller Geschichte. Erste Berichte über ein Hospiz als Unterkunft für Säumer über die Grimsel gibt es aus dem 14. Jahrhundert. Im Spittel, wie es genannt wurde, fanden nicht nur Säumer, Wandergesellen und umherziehende Soldaten Schutz und Unterkunft auf ihrem beschwerlichen Weg über die Pässe. Der Wirt hatte auch die Aufgabe, sich um Mittellose zu kümmern: »Die Landleut von Hasle erhaltend disen Spital, setzend ein würt und Spitalmeister dahin; der hat besonders nutzung davon, der gibt den wandelnden essen und trinken umb ir gelt, und die es nit ze bezalen vermögend, gibt er brot und spyss durch Gott. Ein schlechtes herberg ists, aber da findet man gemeinlich gut weyn, den bringend die säumer übers gebirg aus Eschental und Wallis.« (Stumpf 1544)

Das neue Grimsel Hospiz auf dem Nollen, erbaut, nachdem das alte Hospiz in den Fluten des Stausees untergegangen war.

2010 stilvoll renoviert: der Speisesaal im Hotel Grimsel Hospiz.

Immer wieder wurde das Hospiz um-, aus- und neu gebaut: 1557, 1734, 1799, nachdem die österreichischen Truppen alles, was aus Holz war, verfeuert hatten, 1838, nach einer Beschädigung durch Lawinen, 1836, 1853, nach einem Brand. Das Hospiz kannte Hochs und Tiefs, hier wurden Gäste ausspioniert, es wurde eingebrochen, die Wintervorräte wurden geklaut. Es kehrten auch hohe Gesandte auf dem Weg nach Bern ein. Um 1740 war der Handel mit Kristallen im Hospiz so bekannt, dass zur Strahlerbörse Händler aus aller Welt eintrafen. Rund hundert Jahre später kam die große Zeit der Wissenschaftler. Mehrere Sommer nacheinander wohnte eine Gruppe von Naturforschern aus Neuenburg zum Teil im Hospiz, zum Teil auf dem Gletscher im Hôtel des Neuchâtelois. In dieser Zeit wurde das Hospiz nochmals aufgestockt und bot nun hundert Betten an. Zu Ende des 19. Jahrhunderts sollen bis zu tausend Gäste jährlich hier eingekehrt sein, nun vor allem Touristen auf der Grand Tour. Seit seiner Gründung um 1380 war das Hospiz den Forderungen der Zeit und den Ansprüchen der Gäste angepasst worden. Die Saumknechte begnügten sich mit einer Unterkunft auf dem Heuboden; die gelehrten Herren aus Deutschland wünschten Zimmer und die Touristen des ausgehenden 19. Jahrhunderts forderten Table d'hôte und warmes Wasser. Und die wechselvolle Geschichte des Hospizes dauert an: Im Juni 2010 wurde das Hotel nach anderthalb Jahren Bauzeit als Historisches Alpinhotel

Grimsel Hospiz wieder eröffnet, modernisiert nach den heutigen Bedürfnissen, aber mit Respekt vor der einmaligen Geschichte des Hauses und seiner speziellen Lage in einer hochalpinen Landschaft.

Wir sagen Nollen und Hospiz Adieu. Direkt am Beginn der Staumauerkrone führt eine Eisentreppe in die Tiefe. Hier machen sich Straße, Wanderweg und Kraftwerksbauten den engen Raum streitig. Der Wanderweg quert in einer Kurve die Straße, dann geht es durch eine Unterführung unter der Straße weiter. Bald sieht man die große Bogenstaumauer im Spittellamm in ihren ganzen Ausmaßen – beeindruckend. Beim Bau der Grimselsperren haben die Ingenieure die natürlichen Gegebenheiten perfekt ausgenutzt. Der Grimselnollen, auf dem heute das Hospiz steht, bildet einen natürlichen Riegel am Ende des obersten Teils des Haslitals zwischen Nägelisgrätli und Juchlistock. Mit zwei Staumauern konnte so ein See mit hundert Millionen Kubikmeter Fassungsvermögen, das Herzstück der Grimselkraftwerke, geschaffen werden.

Im Räterichsboden trennen sich Autostraße und Wanderweg. Man quert ein Stück des alten

Vielfach genutzte Landschaft: Straße, Strom und Wanderpfad, Natur und Technik.

Die Granitplatten am Räterichsbodensee sind beliebte Ziele für Plaisirkletterer. Andere ziehen den in den Fels gehauenen Wanderweg vor.

Saumpfads, betritt im Chessibidmer ein Flachmoor, das typisch ist für diese von Gletschern geschaffene Landschaft, und wandert auf dem in den Felshang über dem Räterichsbodenstausee gesprengten Weg, Ersatz für die Route durch die unter Wasser gesetzte Alp. Der Wegabschnitt ist spannend. Auf der Seeseite geht es steil ins Wasser, mit kleinen Kindern – dieser Weg wurde extra für Familien angelegt – sicher ein spezielles Abenteuer! Die Granitwände über dem See gehören den Plaisirkletterern, überall sieht man Zweier- und Dreierseilschaften wie Insekten über den Fels krabbeln.

Oben an der Räterichsboden-Staumauer gibt es einen Picknickplatz und verschiedene Attraktionen für Familien, alles unter dem Thema Kristall. Denn am Fuß der Mauer befindet sich die Einfahrt zur Kristallkluft Gerstenegg, eine der beeindruckendsten Kristallklüfte der Alpen. 800 Meter unter der Erdoberfläche und rund anderthalb Kilometer im Berg zeugt sie von Vorgängen während der Alpenfaltung. Sie wurde beim Vortreiben eines Stollens 1974 zufällig von Mineuren entdeckt und noch im gleichen Jahr unter Schutz gestellt. Rund drei Meter breit und neun Meter lang ist die Kluft, die, geschützt hinter solidem Glas, so ausgeleuchtet wird, dass die außerordentlich großen und schönen Bergkristalle voll zur Geltung kommen. Auf Anmeldung hin kann man, nach einer spannenden Fahrt durch den Stollen, die Kristallkluft besichtigen.

Protest und traurige Nymphen

Aber nicht nur die Natur zeigt hier ihre Kunst. Das Grimselgebiet mit seinen intensiven Reibungsflächen von großartiger Naturlandschaft und gigantischen Kraftwerksanlagen fordert Künstler zum Dialog heraus. Seit 1992 wehrt sich die Gruppe L'art pour l'aar – teils zusammen mit dem 1987 gegründeten Grimselverein – mit jährlich wechselnden Kunstinstallationen gegen die weitere Vereinnahmung der Landschaft durch die Kraftwerksbetreiber. Sie setzen politische Zeichen, weisen auf die Verletzlichkeit der Natur hin und verstehen ihre Kunst als Protest.

Ein ganz anderer Ansatz als bei Alpenmalern wie Lory, der die Schönheit der Landschaft in den Vordergrund stellte. Einen wiederum anderen Ansatz wählte der zeitgenössische Künstler Pierre Mettraux mit seiner *Mélisande*. Geplant war ein Riesenfresko von 15 000 Quadratmetern mit gigantischen Wassernymphen in Blau und Grün auf der Staumauer Räterichsboden. Ausgeführt wurden schließlich 2754 Quadratmeter, und seit 2007 blicken nun die traurigen Wasserschönheiten den Grimselreisenden entgegen.

Die Wanderer zieht es weiter. Wanderweg und ehemaliger Saumpfad, ausgelegt mit Platten, sind nun für eine ganz Weile deckungsgleich – eine gute Gelegenheit, einen etwas genaueren Blick auf die Säumerei an der Grimsel zu werfen. Bereits zu Römerzeiten war der Grimselpass eine wichtige Nord-Süd-Verbindung. Von 1300 an wurde sie intensiver genutzt, und ab 1397 gab es eine detaillierte Säumerordnung. Außerge-

Glashaus, ein Projekt der KünstlerInnengruppe l'art pour l'aar. Das Glashaus steht während des Sommers 2010 sinnbildlich für die Zerbrechlichkeit der Natur im Gebirge. (Fotomontage)

Unten: Fresko *Mélisande* an der Räterichsboden-Staumauer – Symbol der Vergänglichkeit, die Farbe löst sich auf.

wöhnlich für die damalige Zeit waren die Festlegung gleicher Gewichtswerte und eine Zolleinheit zwischen Bern und Mailand. Es gab Abmachungen über Säumerlöhne und den Unterhalt der Wegabschnitte, für die jeweils eine Säumergenossenschaft zuständig war. Während die Säumer nur von einer Sust zur nächsten die Waren transportierten, zogen Händler, Söldner, Pilger, Bauern, Gesindel und Gelehrte über den Pass. In den Susten trafen Reisende mit Saumknechten von Norden und Süden, italienischer, französischer, deutscher Muttersprache aufeinander: Die Pässe waren immer eine Schnittstelle vieler Kulturen.

Der Warentransport – Vieh, Käse, Wolle, Leder, Getreide in die Lombardei, Wein, Reis und Gewürze in den Norden – wurde an den Susten von Obmännern genauestens überwacht. Bis zu zweihundert Saumtiere pro Woche, jeweils ein Saumknecht pro zwei oder vier Tiere, trugen Waren hinauf und hinunter. Im Winter wurden sie abgelöst von den Lägelträgern, Männern, die hölzerne Rückentragen mit rund fünfzig Kilogramm Gewicht durch Schneewehen und über vereiste Felsblöcke hochschleppten.

Vergangene Mühen. Heute reist man mit leichterem Gepäck, zum Vergnügen. Bei Chüenzentennlein überquert man zweimal die Aare, die sich hier bereits tief in den Felsen gefressen hat. Die erste der beiden Brücken, eine alt wirkende Steinbrücke, ist eine Kopie, das Original wurde 1986 von einer Lawine weggerissen. Die zweite Brücke, die Böglisbrücke, stammt aus dem 18. Jahrhundert und hat allen Stürmen getrotzt. Dann erreicht man die ehemals am meisten gefürchtete Stelle des Saumpfades, die Häällen Blatten oder Hälen Platten Es gibt etwa so viele Deutungen des Namens wie Schreibweisen. »Helle Platten« interpretieren die einen, »böse Platten« die andern. Das Wort »häl« bedeutet »glatt«, vom Gletscher geschliffen,

Referenz an alte Zeiten: Fresko des Meiringer Malers Arnold Brügger im Arvensaal des Hotels Grimsel Hospiz.

was passt. Die Querung dieser abschüssigen Felsplatte war furchteinflößend, eine echte Herausforderung. Auch wenn Rinnen und Stufen die Querung sicherer machen sollten, bestand immer die Gefahr, in die Tiefe zu stürzen.

Es war einmal der Handegg-Fall

Die Rinnen sind immer noch zu sehen, Zeugen einer lang vergangenen Zeit. Denn mit dem Ausbau der Fahrstraße über den Pass 1895 kam das endgültige und schnelle Aus für die Säumerei. Dies bedeutete einen gewaltigen wirtschaftlichen Einbruch. Er wurde zum Teil aufgefangen durch die Pferdepost und den Tourismus. Später schuf der Bau der Kraftwerke Oberhasli viele neue Arbeitsplätze.

Die aus dem 18. Jahrhundert stammende Bögelisbrücke über die junge Aare bei Chünzentennlen.

Die Häällen Blatten, die die Säumer mithilfe von Stufen überwanden.

Die Vegetation wird dichter, Erlen, Legföhren, Eisenhut, dunkle Fichten lockern die Steinwüste auf. Oben am sanft abfallenden überwachsenen Schuttkegel der Handegglauenen trifft man auf den sogenannten Säumerstein, einen mehrere Meter hohen Granitblock. Hier sollen früher die Säumer Pause gemacht und sich auf die Überquerung

Der Säumerstein auf Handegglauenen, beliebter Rastplatz einst und jetzt.

der Hälen Blatten vorbereitet haben. Zu einer Pause lädt der mit Tischen und Bänken, einer Grillstelle, Brennholz und Abfalleimer eingerichtete Platz beim Säumerstein auch heute noch ein. Von hier ist es ein kurzer Weg bis zum Hotel Handegg.

Handeck (oft auch Handegg) – ein Name, der den Landschaftsmalern der Romantik fast die Tränen in die Augen trieb, denn einstimmig heißt es in allen alten Reiseführern, der Handegg-Fall sei einer der großartigsten der Alpen. Es gibt unzählige künstlerische Darstellungen, garniert mit windzerzausten Tannen und Sturmwolken – eines der beliebtesten Sujets der Romantiker.

Davon ist heute nichts mehr zu sehen. Die Wassermassen sind zur unspektakulären Restwassermenge geschrumpft, die Aussichtsplattformen verschwunden und die Straße verläuft im Tunnel. Dafür gibt es eine neue Attraktion: Hinter dem Hotel Handeck mit seinem Alpenblumengarten und Tiergehege gelangt man zu einer filigranen Hängebrücke über den ehemaligen Handegg-Fall. Von hier ist der Blick in die Tiefe ebenso schwindelerregend wie der in die Höhe. Am anderen Ufer liegt die Talstation der Gelmerbahn, mit 106 Prozent Steigung die steilste Standseilbahn Europas.

Im folgenden Abschnitt verläuft der Wanderweg in der Nähe der Straße. Man wird Zeuge des nach wie vor lebhaften Transitverkehrs.

Nur für Schwindelfreie: Die Hängebrücke Handegg und die Gelmerbahn.

Auch wenn es heute nicht mehr Saumknechte mit Nagelschuhen und Filzhüten sind, sondern Motorräder, Autos und Lastwagen. Von Tschingelbrigg an gehört jedoch wieder ein größeres Stück den Fußgängern. Der Wanderweg verläuft am rechten Aareufer, während die Passstraße links geführt wird. Nach der Traversierung des Schuttkegels des Rotlauibaches hat man Guttannen erreicht. Eine höchst aufschlussreiche Wanderung durch Erd-, Transport- und Technik- sowie Kunstgeschichte ist zu Ende.

Weiterlesen

Marie-Luise Schaller, *Annäherung an die Natur. Schweizer Kleinmeister in Bern 1750–1800,* Bern 1990.

Heinz Stähli (Hrsg.), *L'art pour l'aar. Kunst für die Grimsellandschaft,* Meiringen 1995.

Gabriel Lory, genannt Lory fils (1784–1846)

Gabriel Lory arbeitete von Kindsbeinen an mit im Atelier seines Vaters Gabriel Ludwig Lory, ebenfalls Landschaftsmaler. Gemeinsam mit seinem Vater erstellte Lory in Herisau eine Serie von Ansichten von Moskau und St. Petersburg. 1805 ließ er sich in Neuchâtel nieder, wo er sich mit dem Maler Maximilien de Meuron anfreundete. 1812 Heirat und Anstellung als Zeichenlehrer an der Stadtschule in Neuenburg. Nach dem Tod der beiden Kinder 1819 lebte das Paar abwechselnd in Neuchâtel und Bern. Lory gab mehrere Mappen und Sammlungen mit Schweizer Trachten und Abbildungen des Berner Oberlandes heraus. 1832 siedelte er ganz nach Bern über, während der Sommermonate war er jedoch viel unterwegs: Paris, Italien, verschiedene Regionen der Schweiz.

1834 bis 1836 verbrachte Lory die Winter in Berlin, wo er mit dem Titel eines Außerordentlichen Professors der Akademie der Künste geehrt wurde. Es folgten Reisen nach Nizza, nach Frankfurt am Main. 1846 starb er in Bern. Lory gehörte zu den erfolgreichsten Alpenmalern in der ersten Hälfte des 19. Jahrhunderts. Er war versierter Vedutenproduzent, hielt sich in seinen Darstellungen aber mehr an die Realität als seine Vorgänger.

Tourinfos 10

Einstufung: 🖉
Gehzeit: 4 h
Höhendifferenz: ↘ 1100 m
Beste Jahreszeit: Ende Juni bis Ende September (Pass schließt Anfang Oktober).

Karten: Swisstopo 1:25 000, Blatt 1250 Ulrichen und Blatt 1230 Guttannen.

Anreise: Postauto von Meiringen oder Andermatt.

Rückreise: Postauto von Guttannen nach Meiringen, Bahnanschluss nach Interlaken oder Luzern.

Sehenswertes

A   Kristallkluft Gerstenegg und Produktion Grimselstrom. Infos: KWO, Tel. 033 982 20 11, www.grimselstrom.ch.
B   Gelmerbahn, Infos: www.grimselstrom.ch.
C   Alpkäserei Handeck, beim Hotel Handeck.
D   Kristallmuseum Guttannen, 3864 Guttannen, Tel. 033 973 12 47.
E   Kristella Guttannen, Tel. 033 973 11 61.

Wanderroute

Der Wanderweg von der Passhöhe bis zum Grimselsee schneidet die erste große Kurve der Passstraße und führt, die Autostraße zweimal kreuzend, relativ steil zur weit nach Westen ausholenden letzten Haarnadelkurve. Von hier aus führt der Wanderweg direkt entlang der Autostraße um den See zur Krone der Grimselmauer. Über die Mauer gelangt man zum Hospiz auf dem Nollen, ein Abstecher, den man nicht unterlassen sollte. Die Fortsetzung des Wanderwegs führt direkt am Beginn der Staumauerkrone über eine Treppe in die Tiefe. Auch jetzt bleibt der Weg noch in direkter Nähe der Autostraße, die er einmal unter- und einmal überquert. Im Talboden überquert man die Aare und folgt dem neu geschaffenen Weg am linken Ufer des Stausees, der teilweise ziemlich exponiert in der Felswand verläuft. Über offene Weiden geht es weiter, zweimal wird die Aare überquert, dann folgt wieder eine exponierte Passage hoch über dem linken Aareufer. Ungefähr eine Wegstunde unterhalb des Hospizes erreicht man die Hälle Platten, vom Gletscher glatt geschliffene Felsplatten, in die Stufen geschlagen worden sind.

Danach wird das Gelände flacher. Beim Säumerstein gibt es einen Picknickplatz. Bei der Handegg erreicht man die Waldgrenze. Der Fußweg führt im Zickzack auf der linken Aareseite zum Hangholz hinunter. Von nun an verläuft der Weg, teilweise auch wieder der Trasse des alten Saumpfades folgend, mit wenig Gefälle mal links, mal rechts von Aare und Passstraße bis Tschingelmad, von wo aus der Wanderweg (z. T. asphaltiert) etwas erhöht am rechten Ufer der Aare via Rotlaui und Sunnsyten nach Guttannen führt.

Varianten
– Wanderung in umgekehrter Richtung (1 h länger).
– Wanderung bereits in Innertkirchen beginnen (bis Passhöhe 8 h, Höhendifferenz 1543 m).

Rasten und Ruhen

Hotel Grimselblick, Grimselpasshöhe, 3999 Oberwald, Tel. 027 973 11 77.

Hotel Grimsel Hospiz, Am Grimselstausee, 3864 Guttannen, Tel. 033 982 46 11.

Hotel Handeck am Grimselpass, 3864 Guttannen, Tel. 033 982 36 11, www.grimselhotels.ch.

Restaurants und Hotels in Guttannen und Innertkirchen.

Informationen

Tourist Information Meiringen, Bahnhofstrasse 22, 3860 Meiringen, Tel. 033 972 50 50, www.haslital.ch.

Grimselwelt, KWO Besucherdienst, 3862 Innertkirchen, 033 982 26 26, www.grimselwelt.ch.

Grimselverein, 3860 Meiringen, www.grimselverein.ch (siehe auch www.lartpourlaar.ch).

Barthélemy Menn

11 | Hasliberg/Planplatten–Meiringen

Ein Bild erregt Anstoß

Barthélemy Menn, *Le Wetterhorn, vue prise depuis le Hasliberg*, Studie, 1845

»Un affreux barbouillage!«, eine schreckliche Schmiererei sei dieses Gemälde, ereiferte sich im Herbst 1845 die Gilde der Schweizer Kunstkritiker. Unfertig sei es, zu wenig naturgetreu, unharmonisch, nachlässig gemalt. Der Gletscher drohe auf den Betrachter zu fallen, die Distanzen zwischen den verschiedenen Ebenen würden nicht stimmen, und wenn auch der Vordergrund nett sei, fehle doch der letzte Schliff, die Finesse: dies das niederschmetternde Urteil zum Gemälde *Le Wetterhorn, vue prise depuis le Hasliberg* von Barthélemy Menn.

Vom Gemälde *Wetterhorn* gibt es die Studie auf Karton (das gewählte Kapitelbild) und die doppelt so große Komposition auf Leinwand, in die Menn, um dem Geschmack der Zeit und dem Wohlwollen der obersten Kunstgilde Genfs entgegenzukommen, einen Vordergrund mit Kühen, Bäuerin, Kind und Baumstrunk eingefügt hatte. (Dieses Gemälde, auf das sich vor allem die negativen Kritiken bezogen, scheint wie vom Erdboden verschwunden, es ließ sich nur eine Schwarz-Weiß-Kopie finden.)

Die Studie, die all diese Dekorationselemente nicht enthält, zeugt von großer Klarheit und Harmonie – ein Bild, das den heutigen Betrachter sofort anspricht. Dieses Bild wird heute als das erste moderne Landschaftsbild der Schweiz angesehen.

Barthélemy Menn, *Le Wetterhorn, vue prise depuis le Hasliberg,* 1845, Privatbesitz.

Die gängige Malweise, das typische Alpenbild damals: François Diday, *Der Rosenlaui-Gletscher* (siehe Kapitel 8).

Nicht so damals. Denn im Genf von 1845 herrschten klare Regeln. Das Feld wurde angeführt von den beiden Päpsten der Alpenmalerei, Alexandre Calame und François Diday. Sie hatten die schweizerische Kunstszene fest im Griff, von ihrem Urteil hing ab, was »in« war und was nicht. Sie bestimmten und trafen weitgehend den Publikumsgeschmack, nach wie vor behaftet in der Maxime von Wolfgang-Adam Töpffer, der 1816 die Losung ausgegeben hatte: »Notre pays [...] est célèbre par ses montagnes, il faut le peindre du coté qu'il plaît aux étrangers.« (Brüschweiler 1960)

Das Erhabene der Bergwelt musste romantisch-pathetisch in Szene gesetzt und der Mythos der heroischen Nationalgeschichte propagiert werden. Denn zum einen befand sich die Schweiz in einer Phase permanenter, auch mit Waffen ausgetragener Konflikte. Liberale Kräfte strebten einen modernen Bundesstaat an mit dem Ziel, das Land für das industrielle Zeitalter zu öffnen. Als Gegenkraft versuchten die Konservativen das Rad der Zeit zurückzudrehen. Zum andern besann man sich im Zuge des aufkommenden Nationalstaats auf eine heldenhaft-patriotische Vergangenheit, zu deren Inszenierung die Berge als Wurzel des Schweizertums gehörten.

Und nun wagte es ein Künstler, eine revolutionär andere Sichtweise zu präsentieren. Nicht mehr der Kampf der Elemente in unwegsamen Gegenden, Abgründe und Wasserfälle, Steinschlag und Gewitter in dramatisch geführtem Licht und Schatten waren Träger großer Gefühle, sondern eine klar geordnete Komposition ohne theatralische Überzeichnung, nach der Natur modelliert. Barthélemy Menn hatte zwar mit seinem *Wetterhorn* versucht, thematisch den Anschluss an die herrschende Kunstrichtung zu finden, scheiterte aber trotzdem an den Regeln der Genfer Schule. Vielleicht hatte er auch einfach ein zu delikates Sujet gewählt, denn das Wetterhorn war eines der Lieblingsmotive von Calame und Diday, die es immer wieder aus unterschiedlichen Blickwinkeln darstellten (siehe Route 8). Menn entdramatisierte den berühmten Oberländer Gipfel, er befreite ihn von drohenden Adlern, Sturmwolken, entwurzelten Bäumen und all den Bildelementen, mit denen die akademischen Alpenmaler ihre großen Gemälde bestückten.

Bergstation Planplatten mit Blick Richtung Westen über den Brienzersee und Richtung Süden ins Reichenbachtal mit den Wetterhörnern.

Wo Wildgärst, Axalphorn und Oltschiburg sich erheben

Menn war ein Anhänger der Pleinair-Malerei der Künstlergruppe von Barbizon, wie auch Gustave Courbet, Camille Corot, Théodore Rousseau. Diese Maler fertigten ihre Landschaften nicht im Atelier nach Skizzen, sondern malten in der freien Natur. Diese Vorgehensweise wählte auch Menn.

Und er hatte den Malstandort relativ genau angegeben, *Das Wetterhorn von Hasliberg aus gesehen*. Wobei Hasliberg ein weiter

Begriff ist, denn die Gemeinde auf der Sonnenterrasse über Meiringen zieht sich von Planplatten im Osten rund neun Kilometer bis zum Brünig im Westen, von rund 700 Meter über Meer bei Reuti bis zum 2534 Meter hohen Glogghüs. Die Bergstation Planplatten (2232 m) bietet sich für unsere Standortsuche an. Von hier geht es nur noch abwärts, immer die gegenüberliegende Talseite im Blick. Irgendwann, so unsere Spekulation, würden wir die passende Perspektive entdecken.

Bahnen tragen uns hinauf. Nach mehrmaligem Umsteigen, zuletzt in den Eagle-Express, ist der Ausgangsort erreicht, das 1999 eröffnete Panoramarestaurant Alpen Tower. Wie wenig sich letztlich geändert hat: Hießen die vornehmen Hotels im 19. Jahrhundert Victoria oder Palace nach britischem Vorbild, so tragen heute Alpenrestaurants

Bergweg von Planplatten hinunter nach Tschuggi.

Der weite Alpkessel der Mägisalp.

ebenso modisch englische Namen. Der Bau ist schön und ein gelungenes Beispiel der neuen Bergarchitektur mit viel Holz, klaren Linien und fast ohne Kitsch. Der Versuch von Menn, die Alpenmalerei von drohend die Flügel ausbreitenden Adlern zu befreien, ist vielleicht in der Kunst gelungen, aber nicht bei Tourismusnebenprodukten. Im Showroom kann man den »größten Kristalladler der Welt« bestaunen, mit einer Flügelspannweite von 2,5 Metern. Ob Calame sich davon hätte begeistern lassen?

Vom Bergrestaurant sind es nur wenige Schritte bis zu einer Aussichtskanzel auf 2245 Meter Höhe. Der Blick ist großartig und Panoramatafeln helfen, sich zwischen Gipfelgewirr und Taleinschnitten zurechtzufinden. Im Uhrzeigersinn wandert der Blick über das Gental zu Tällistock und Gadmertal, zu Bänzlauistock und Ritzlihorn, dazwischen in tiefen Schatten das Haslital. Hinter dem Hangendgletscher-

Auf Hääggen: Sympathisches Bergbeizli. Gäste wie Ziegen schätzen das kühle Quellwasser aus dem Brunnen!

horn tauchen Finsteraarhorn, Lauteraarhorn und Schreckhorn auf, angeführt von Rosenhorn und Wetterhorn. In der dritten Reihe staffeln sich Blüemlisalp und Schilthorn, dann geht die Augenreise weiter zu Wildgärst, Axalphorn und Oltschiburg über dem Brienzersee. Im Nordwesten dann Stockhorn, Niederhorn, Hohgant und Brienzer Rothorn.

Die Bildkopie vom *Wetterhorn* in der Hand, machen wir uns auf den Weg. Es läuft sich angenehm, der Weg ist gut ausgebaut, fällt, von einem kurzen Stück abgesehen, sanft ab – und bietet bis zur Alp Hääggen nur den Ausblick auf die grünen Flanken des Hohmad, mit ab und zu einem kurzen Durchblick auf Well- und Wetterhorn.

Auf Hääggen laden Tische vor der Alphütte zu einer Pause, im Brunnen sind Getränke kühl gestellt, und vor einem Nebengebäude wirbt eine Tafel keck für das schönste Alp-WC in Mitteleuropa.

Drei junge Bauernfamilien betreiben das Hääggenstubeli gemeinsam. Es sind typische Vertreter der »neuen« Bergbauern. Knapp sieb-

Kartenstudium mit dem ortskundigen Senn: Er weiß sofort, von wo aus Menn sein Wetterhorn gesehen hat, nämlich rund tausend Meter tiefer!

zig Landwirtschaftsbetriebe kümmern sich heute um eine Fläche, die noch vor dreißig Jahren von über hundertzwanzig Landwirten bewirtschaftet wurde, gleichzeitig macht der Nebenverdienst inzwischen etwa die Hälfte des Einkommens aus. Es sind vor allem Nebenverdienste im Tourismus: Arbeit bei Bergbahnen, in der Gastronomie und Hotellerie.

»... und weis nicht wan«

Immer noch verbirgt sich die gegenüberliegende Talseite hinter einzelnen Hubeln und Felsbändern. Erst auf Käserstatt öffnet sich das Gelände. Die Bergstation der Gondelbahn von Wasserwendi her wirkt futuristisch. Es ist ruhig. So richtig Betrieb kommt erst im Winter auf. Damit aber auch im Sommer etwas läuft, haben sich die Touristiker viel einfallen lassen. Unter einem Tor hindurch gelangt man auf den »Zwergenweg zum Bannwald« und ins Reich von Zwerg Muggenstutz,

Wanderspaß für Wanderknirpse: Der Zwergenweg Muggenstutz.

ein Tourismusnebenprodukt für Familien. Wer sich von Zwergen weniger angesprochen fühlt, kommt auf dem Moorweg auf seine Rechnung. Er führt durch die Moorgebiete Hinder der Egg und Wolfentenndli bis zur Zwischenstation Lischen.

Nach Lischen wandern wir einem Wiesenbach entlang abwärts Richtung Goldern, vorbei an frei stehenden Häusergruppen und Einzelhäusern, der typischen Siedlungsweise am Hasliberg. Die Häuser sind Prototypen des zu Weltruhm gelangten Chalets: weiß getünchte gemauerte Sockel, darüber ein Blockbau mit zwei Geschossen und breiten Fensterfronten nach Süden, die Stirnseite oft verziert mit Schriftbändern und geschnitzten Friesen und Balken, alles noch ergänzt durch ein Farbenmeer von Pflanzen in Kisten und Kübeln. Diesen Hasliberger Häusern ist ein spezieller Lehrpfad gewidmet. Hervorragende Beispiele trifft man in Goldern an, unter anderem den prachtvollen Gasthof zur Post, ursprünglich ein Wohnhaus aus dem 18. Jahrhundert. Am Giebel prangt neben tatzendem Berner Bär ein mächtiger schwarzer Adler, das Wappentier des Oberhasli. Nach alter Sage soll ein deutscher Kaiser den Haslern dieses Feldzeichen als Anerkennung für geleistete Dienste geschenkt haben. Darunter mahnt eine Inschrift: »Ich leben hier weis nicht wie lang und stirben hin und weis nicht wan.«

In Goldern stößt man auf die Autostraße, die, zu Beginn des 20. Jahrhunderts erstellt, die schnelle Verbindung der Hasliberger »Bäuerten« zum Brünigpass ermöglichte und damit den Anfang setzte für die touristische Entwicklung. Der zweite touristische Boom setzte ein mit dem Bergbahnbau ab 1960, und ab Mitte der Achtzigerjahre nahm die Zahl an Ferienwohnungen stetig zu, während das Bettenangebot in der Hotellerie sich in den letzten dreißig Jahren wenig verändert hat. Hasliberg positionierte sich klar als Familienferienort, in dem in erster Linie Ferienwohnungen gefragt sind.

Im Dorfzentrum von Goldern.

Hier wird Wert gelegt aufs kleinste Detail: Hauseingang in Reuti.

Bald haben wir das Schrändli erreicht, am Abstieg nach Meiringen. Ein Blick hinüber zum Rosenlauigletscher zeigt: Ja, das scheint Menns Standort zu sein. Lange vergleichen wir die Kopie der kleinen Ölskizze mit dem direkten Blick und mit dem Blick durch das Kameraobjektiv. Passt. Man muss nur den Baumbewuchs wegdenken. Aber damals, in der Mitte des 19. Jahrhunderts, waren die Hänge des unteren Haslitals weitgehend abgeholzt. Auch die gegenüberliegende Talseite, Schattenhalb, Kaltenbrunnen, Reichenbachtal, ist heute viel dichter bewachsen.

Der Versuch jedoch, das ausgeführte, großformatige Ölgemälde, das Menn garniert hatte mit bäuerlicher Szene, in der Landschaft wiederzufinden, scheitert. Der Vordergrund ist komplett anders. Das war einer der Kritikpunkte: »Die ungewöhnliche Wirkung dieses Bildes beruht nach unserer Meinung auf dem Mangel an Harmonie zwischen den verschiedenen Ebenen. Jede einzelne für sich genommen ist eine gute und gewissenhafte Arbeit, die junge Frau auf dem Pfad eine charmante Figur und der Sonnenstrahl, der sie beleuchtet, ist fein gemalt. Der Hintergrund der rechten Bildseite ist bemerkenswert in Perspektive gesetzt; das grüne Gebirge ist gut ausgearbeitet, der Dunst und die bläulichen Schatten wahrheitsgetreu, die weißen Gipfel entsprechen der Natur, aber die Bäume links wurden sehr nachlässig gemalt. Was aber wirklich schockiert, ist der Mangel an Fläche zwischen den einzelnen Ebenen. Das Gebirge scheint zu kippen […], der Gletscher den Betrachter zu treffen.« (Brüschweiler 1960)

Malen nach der Daguerreotypie

Aus heutiger Sicht würde man Menns Vorgehen etwas anders beurteilen: Er hatte ganz einfach keine Lust auf diese akademische Fingerübung und setzte deshalb die Figurenstaffage relativ lieblos ins Bild. Der Versuch, seine Sicht der Berge mit der akzeptierten Schul-Sehweise in Übereinstimmung zu bringen, musste scheitern. Die Unstimmigkeit, die den damaligen Kritikern aufgefallen ist, sticht auch heute noch ins Auge. Ganz anders aber der Eindruck der Studie, die mit ihrer Leichtigkeit und Klarheit und mit ihrem unspektakulären Sujet die Moderne vorwegnimmt – und deshalb auch den heutigen Betrachter anspricht. »*Das Wetterhorn*, mit dem Menn die Genfer Alpenmalerei reformieren wollte, kann man [...] das erste moderne Landschaftsbild der Schweiz nennen«, urteilte der Kunsthistoriker Jura Brüschweiler. Zu einer ungewöhnlichen Schlussfolgerung gelangte der Kunsthistoriker Alberto de Andrés, der Menn an die Nahtstelle platziert zwischen im Atelier komponierten Landschaftsgemälden (alte Schule) und durch die frühe Fotografie – die ersten Daguerreotypien entstanden 1839 – beeinflusster Moderne. »Der Vergleich mit der Fotografie drängt sich auf. Wir selbst sind davon überzeugt, dass der Maler eine Daguerreotypie – vielleicht sogar eine von ihm selbst gemachte – als Arbeitsvorlage verwendete. Obwohl diese fehlt, spricht für unsere Hypothese die Wirkung des engen Bildausschnittes, die Aufmerksamkeit gegenüber den Lichtkontrasten und der konkret und durch den Titel präzisierte Blickpunkt.« (de Andrés 2000)

Wir blicken durch die Kamera auf den Ausschnitt, der vielleicht vor hundertsechzig Jahren ebenfalls durch das Objektiv einer Kamera bestimmt worden war. Alles passt, das Licht, die Weichheit der Konturen, die sich gegen den hellen Himmel fast nur noch als Schatten abzeichnenden weißen Gipfel. Wie hatten es die Maler von Barbizon formuliert: »Die Aufgabe bestand nicht mehr darin, ein Bild auf akademische

---

Folgende Doppelseite: Barthélemy Menn, *Le Wetterhorn, vue prise depuis le Hasliberg,* Studie, 1845, Musée d'art et d'histoire, Genève.

Ein Augenschmaus im Skulpturengarten Schrändli: *Sugus* von Ursula Hürlimann.

Art zu beleuchten, wie man es von Calame her kannte, sondern darin, die luftigen und leuchtenden Farbtöne einer Landschaft wiederzugeben.« (de Andrés 2000)

Dann steigen wir ab über einen steilen Zickzackweg, begleitet vom Tosen des Alpbachfalls und des Milibachs. Hier werden wir mit weiteren Aspekten der Kunstentwicklung konfrontiert: Im Schrändli werden seit mehreren Jahren in einem Skulpturengarten moderne Plastiken ausgestellt. Sie bilden einen spannungsvollen Kontrast zur Landschaft. Einige Wanderer werden vielleicht angesichts der Skulpturen etwas von »unverständlicher neuer Kunst« murmeln. Das Unverständnis gegenüber neuen Sehweisen und Darstellungsformen verjährt nie.

Installation *Tüten* von Ursula Hürlimann.

Weiterlesen

Jura Brüschweiler, *Barthélemy Menn 1815–1893*, Zürich 1960.

Alberto de Andrés, *Westwind/Vent d'ouest. Zur Entdeckung des Lichts in der Schweizer Landschaftsmalerei des 19. Jahrhunderts*, Pfäffikon 2000.

Alberto de Andrés, *Alpine Views. Alexandre Calame and the Swiss Landscape*, Williamstown MS 2006.

Barthélemy Menn (1815–1893)

Geboren am 20. Mai 1815 in Genf. Sein Vater war ein aus Scuol (Unterengadin) eingewanderter Zuckerbäcker, seine Mutter eine Bauerntochter aus der Waadt. Bereits mit zwölf Jahren nahm Menn Zeichenunterricht. Mit sechzehn wechselte er vom Collège de Genève ins Malatelier von Albert Lugardon, zwei Jahre später ging er nach Paris und wurde Schüler des Klassizisten Jean-Auguste-Dominique Ingres. Mit ihm reiste er in den folgenden Jahren nach Italien, wo er Gemälde von Raffael kopierte und erste Studien nach der Natur erstellte.

1838 kehrte Menn nach Paris zurück und schloss sich der Malschule von Barbizon an. In Paris verkehrte Menn im Salon von George Sand, lernte Frédéric Chopin kennen (der für ihn Leinwände kaufte) und traf mit dem Maler Eugène Delacroix, einem Kontrahenten seines Lehrers Ingres, zusammen. Da er in Paris keine Aufträge bekam, kehrte er 1843 nach Genf zurück, doch er scheiterte mit seiner Bewerbung für die Nachfolge von Lugardon an der Zeichenschule.

1845 reiste Menn ins Berner Oberland und versuchte sich als Alpenmaler, hatte jedoch auch damit keinen Erfolg. 1850 wurde er Direktor der Ecole de figure der Genfer Kunstgesellschaft, eine Position, die er bis 1892 innehatte. 1865 heiratete er Louise Bodmer, Witwe des Malers Jean Bodmer.

1857, 1859 und 1861 organisierte Menn in Genf Ausstellungen für seine französischen Künstlerfreunde, die zu den besten Malern der zweiten Hälfte des 19. Jahrhunderts gehörten. Doch die Genfer Presse beachtete die Ausstellungen kaum und gab den Künstlern nur den Rat, die Natur genauer zu beobachten. In der Folge stellte auch Menn seine Werke kaum noch aus. Erfolgreich war er als Lehrer. 1871 nahm er Ferdinand Hodler in seine Malklasse auf, der über seinen Lehrer sagte: »Menn! Ihm verdanke ich alles.«

Barhélemy Menn starb am 11. Oktober 1893 in Genf.

Tourinfos 11

Einstufung: 🥾🥾
Gehzeit: 4 h 40.
Höhendifferenz: ↘ 1626 m
Beste Jahreszeit: Juni bis Oktober.
Karten: Swisstopo 1:25 000, Blatt 1210 Innertkirchen
Anreise: Mit der Zentralbahn nach Meiringen, Bus zur Talstation der Meiringen-Hasliberg-Bahnen. Bergbahnen Meiringen–Reuti–Bidmi–Planplatten.
Rückreise: Fußweg durchs Dorf bis zum Bahnhof Meiringen, Anschluss an Zentralbahn Richtung Luzern oder Interlaken/Thun.

Sehenswertes
A Moorweg Hasliberg, Käserstatt–Lischen.
B Erlebnis Zwergenwege Muggenstutz Käserstatt–Lischen und Mägisalp–Bidmi.
C Hasliberger Dorfweg Hohfluh–Reuti, eine bauhistorische Wanderung durch die Hasliberger Dörfer.
D Alpbachschlucht, www.alpbachschlucht.ch.
E Skulpturengarten Schrändli.
F Burgruine Resti.

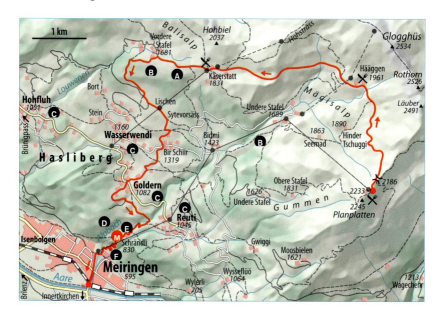

Wanderroute

Von der Bergstation Planplatten (2233 m) auf dem neuen, gut ausgebauten Wanderweg durch die weite Geländemulde der Mägisalp. Abstieg via Alp Hääggen (sehr sympathische Alpwirtschaft) bis Käserstatt (1838). Weiter wandern durch das Hochmoor bis Vorderer Stafel, dann weiter auf dem schmalen Pfad, der südlich in den Wald abfällt. Durch die offene Schneise absteigen. Bei Punkt 1584 Weg nach links Richtung Lischen, diesem Weg folgen bis Sytevorsäss. Hier abzweigen in den Pfad, der in südlicher Richtung durch die Wiesen bis zum Fahrsträßchen im Weiler Bir Schiir führt. Nach rechts einige Meter dem Sträßchen folgen, dann gleich wieder links in den Wiesenweg einbiegen, der durch offenes Gelände in südlicher Richtung bis nach Goldern führt. In Goldern Hauptstraße überqueren, weiter den Wegweisern des Hasliberger Dorfweges folgen und via Golderbiel zum Alpbachtobel absteigen. Den Alpbach überqueren und dem Fußweg folgen, der via Schrändli in immer steiler werdendem Zickzack zwischen Alpbach und Milibach zur Talstation der Meiringen-Hasliberg-Bahnen führt. Von hier zu Fuß ca. 5 Minuten bis zum Bahnhof.

Dieser Service ist hoch willkommen!

Rasten und Ruhen

Alpen Tower (Bergstation Planplatten), Tel. 033 972 53 26, www.alpentower.ch.

Hääggenstubeli, Familien Schild/von Bergen, Tel. 033 971 49 29, www.haeggen.ch.

Berghaus Käserstatt, Tel. 033 971 27 86, www.kaeserstatt.ch.

Restaurants und Hotels in Wasserwendi, Goldern und Meiringen.

Informationen

Tourist Information Hasliberg, Twing, 6084 Hasliberg-Wasserwendi, Tel. 033 972 51 51, www.haslital.ch.

Johann Peter Flück
Martin Peter Flück

12 | Brünigpass–Schwanden–Brienz

Flammend rot und tiefes Grau: Farbenspiele über dem See

Johann Peter Flück, *Brienzersee*, 1952
Martin Peter Flück, *Brienzersee Landschaft 2000*, 2000

Es gibt Ausblicke, die so überraschend wie überwältigend sind. Eben beschränkten noch dunkler Wald und Steilwände, Felsnasen und Gipfel die Sicht. Dann biegt man um eine Kurve – und plötzlich sieht die Welt ganz anders aus: Raum gibt es, Licht, eine spiegelnde Wasserfläche zwischen weiten Bergflanken und nur eine Ahnung von Horizont in der Ferne.

Der Brienzersee, eingerahmt vom Brienzergrat und Augstmatthorn rechts, Brienzerberg links und Niesenkette am Horizont.

So ergeht es allen, die den Brünig von der Innerschweiz her Richtung Berner Oberland überqueren und nach der ersten großen Kurve den Brienzersee erblicken, eine glitzernde, sich im Dunst verlierende Fläche zwischen den steilen Hängen des Rothorn- und Augstmatthorngrates auf der einen Seite, den dunkel bewaldeten Flanken der Faulhornkette auf der anderen.

Der Brienzersee – er war der erste Gebirgssee, der Gegenstand der Alpenmalerei wurde. Johann Ludwig Aberli, Caspar Wolf, Gabriel Lory fils, Heinrich Rieter, Franz Niklaus König, Alexandre Calame, Fran-

Oberschwanden ob Brienz, auf sanfter Geländeterrasse unter der Schwanderflue.

çois Diday, Maximilien de Meuron, Camille Corot haben ihn gemalt. Vorwiegend Ausblicke vom Bödeli her, von Goldiswil oder Iseltwald aus. Meistens garnierten Burgruinen, Kirchlein oder Schiff den See und das Ufer, während die Berge in der Distanz fein und klein wurden. Einzelne Künstler suchten allerdings einen anderen Blickwinkel. Sie wählten einen Standort oberhalb von Brienz, blickten von dort Richtung Südwesten über das Dorf, den See, hinüber zum Faulhorn, Richtung Niesen. Das waren Künstler wie Ferdinand Hodler oder Victor Surbek.

Der Heimat ein Gesicht geben

Aber erst im 20. Jahrhundert setzen sich zwei Maler intensiv und mit langer Konstanz immer wieder mit genau diesem Blick über den Brienzersee auseinander: Johann Peter Flück und sein Sohn Martin Peter Flück. Denn für sie war und ist dieser Blick nicht einfach attraktives Motiv, sondern direkte, persönliche Auseinandersetzung mit der nächsten Heimat. Beide sind geboren und aufgewachsen in Schwanden bei Brienz. Dieser Ausblick gehörte zu ihrem Alltag und wurde dadurch zum Außergewöhnlichen: Jede Jahres-, jede Tageszeit, jede Wetterlage hat ihre Farben, ihre Stimmungen, ihre Nuancen. Ob Vater oder Sohn, es ging und geht nicht darum, einfach ein nettes Abbild, eine Idylle mit See zu

Immer wieder öffnen sich im steilen Bergwald Ausblickfenster.

malen, sondern der Heimat ein Gesicht zu geben.

»Von der unmittelbaren Nähe des Sees abgerückt, ging es ihm nicht um die Schau des Wasserbeckens im Gebirge«, schrieb der Kunsthistoriker Max Huggler über den 1954 verstorbenen Johann Peter Flück, »es beschäftigten ihn weniger Gräte und Gipfel als das Bergsturzgebiet, Hang, Mulde und Schwemmland, an denen der See seinen Anfang nimmt. Auch gab er die Gegend nicht vertraut im hellen Licht des Tages wieder: im dämmernden Morgen, im Zwielicht des Abends, in Gewitter und Sturm ist die Landschaft nicht mehr Genuss und freudiger Anblick – als Lebensraum überwältigt sie das menschliche Dasein.« (Huggler 1980)

Föhnwolken, Sturm, gedämpfte Farben, viel Grau und dunkles Blau herrschen vor in Johann Peter Flücks Brienzerseebildern. Eine ganz andere Farbpalette zeigt sich in den Bildern des 1935 geborenen Sohnes Martin, der von den gleichen Eindrücken, Landschaftserfahrungen und Stimmungen geprägt wurde wie sein Vater: »Hellviolette Berge links und rechts, sonnenbeschienener See, hellgelber Himmel. Rote Büsche im Vordergrund oder dunkles Geflecht blätterloser Bäume. Der See unter wallender Nebeldecke. Der See grün-blau zwischen weißen Bergen. Und immer auch Musik in den Farben, vom sanften Pianissimo zum rasanten Furioso.« So beschreibt Alfred A. Häsler 1992 Martin Peter Flücks Landschaftsbilder, großformatige Werke mit explodierender Farbenvielfalt.

Die beiden Bilder, die das Thema dieser Wanderung sind, könnten ähnlicher – wenn man das Motiv betrachtet – und unterschiedlicher –

Und ständig droht der Fels: Das Anrissgebiet des Glissibachs.

wenn man Farbgebung und Technik anschaut – nicht sein. Deshalb ist eine langsame Annäherung angebracht, die Zeit gibt, sich genau mit den Charakterzügen der Topografie rund um das Bergdorf Schwanden und der Vielfalt der Ausblicke über den See auseinanderzusetzen.

Folgerichtig beginnt deshalb die Wanderung auf dem Brünig und führt in allmählicher Annäherung bis zum Malstandort, weiter zum Wohnort des Malers und endet schließlich in Brienz, an der Seepromenade. Der Brünig ist keiner der großen Alpenpässe, seine wirtschaftliche Bedeutung hielt sich in Grenzen, nicht zuletzt da die Passhöhe seit dem frühesten Mittelalter Grenze des Einflussgebietes der Berner auf der einen, der Innerschweizer auf der anderen Seite war. Immer wieder kam es zu Scharmützeln und Kämpfen um die Ausdehnung des Einflussgebietes. Truppen zogen siegreich über den Pass, um am nächsten Tag um einiges reduziert und geschlagen zurückzukehren. Richtig ungemütlich wurde es zur Zeit der Reformation, als Bern die Oberländer zum Konfessionswechsel verknurrte und die Obwaldner den Aufständischen im Haslital zu Hilfe kommen wollten. So wurde der Kopf des Haslitaler Landammans Hans Im Sand, der mit den Obwaldnern gegen die Reformation kämpfte, auf der Passhöhe auf einen Pflock gesteckt, um allen zu zeigen: Mit den Bernern ist nicht zu spaßen. Der Kopf blieb allerdings nicht lange auf dem Pflock, so weiß es die Legende. Die Obwaldner tauschten ihn heimlich gegen einen Katzenkopf aus, dem sie eine Berner Münze ins Ohr gesteckt hatten.

Erst mit dem Aufkommen des Tourismus erhält der Pass als die direkteste Verbindung zwischen Luzern und Interlaken größere Bedeutung. 1861 wird die Fahrstraße eingeweiht, 1888 fährt die erste Bahn über den Brünig.

Steinerner Wächter im Wald bei der Wacht am Brünig.

Aber neben Autostraße und Bahn existiert immer noch ein kaum sichtbares Netz von alten Wegen: Der Jakobsweg führt über den Brünig und hinunter nach Brienz, und Überbleibsel alter Saumpfade und Alpzugänge geben die Wegführung vor für Wanderwege abseits der Straße.

König der Berge

Der Einstieg zu dieser allmählichen Annäherung an die Gemälde von Johann Peter Flück und Martin Peter Flück hat vorerst noch wenig Beschauliches. Es geht ein Stück weit der Passstraße entlang, im Sommer eine beliebte Strecke für Motorräder, holländische Wohnwagen und Reisecars. Nach knappen 300 Metern betritt man jedoch eine andere Welt. Der Wegweiser – an dieser Stelle soll übrigens der Kopf des Hans Im Sand aufgepflockt gewesen sein – zeigt in die Höhe und weg von der Straße. Es geht vorerst hinauf durch den Wald, dann gemächlicher auf einer gekiesten Waldstraße bis zu einem großen Holzeinschlag. Von da an erweist sich eine gewisse Spurensuchfreudigkeit als nützlich, denn der Wanderweg ist stellenweise ziemlich überwachsen. Nach einer knappen Stunde erreicht man offenes Gelände. Es ist der Alpstafel Totzweg, auf einer Geländeterrasse gelegen, gekrönt vom Wilerhorn. Eine niedrige Hügelkuppe verhindert vorerst die freie Sicht auf den Brienzersee. Wir steigen durch die Wiese auf die Anhöhe – und erleben gleich eine doppelte Überraschung. Zum einen die Aussicht, zum andern mitten auf der Kuppe ein mächtiger, stabiler Thron, gesägt aus einem Baumstumpf. Wer hier sitzt, ist König der Berge, denn königlich ist die Aus-

Auf der Alp Totzweg.

Hier thront man über Bergen und Seen.

sicht. Im Süden das Haslital mit den Engelhörnern, über dem Reichenbachtal hoch aufragend die weißen Spitzen von Wetterhorn, Mittelhorn und Rosenhorn. Im Norden Wilerhorn und Rothornkette, zu Füßen das Aaretal, der Ballenberg, die Schwemm- und ehemaligen Bergsturzkegel von Schwanden und Brienz am Kopf des türkisblauen Sees, der eingerahmt wird von dunkel bewaldeten Flanken. Interlaken und das Bödeli erkennt man, den Morgenberggrat und, als Abschluss im Südwesten, die Stockhornkette und den Niesen über einer Handbreit Thunersee. Wer auch immer diesen Thron gezimmert hat, setzte eine geniale Idee in die Tat um!

Für den Abstieg bieten sich zwei Varianten an: Die einfachere führt auf dem Fahrweg durch den Tschingelwald Richtung Tal, die schwierigere, aber wegen alter Wegspuren historisch interessantere via Schafplätz, Chälen und Oberweng. Nach kurzem Aufstieg zum oberen Alpstafel des Wilervorsess, dem Schafplätz, steht man vor einem Wegweiser, der in einen auf den ersten Blick weglosen Bergwald tief unten im Steilhang zeigt. Dieser alte Zustieg zum Wilervorsess scheint seit Jahren kaum noch benutzt zu werden, die Wegspur ist zugewachsen. Soll mans wagen? Das Gelände ist steil und rutschig, von Rinnen und kleinen Schluchten durchfurcht. Es ist der Bergsturzhang des Wilerhorns. Trittsicherheit und etwas Abenteuerlust sind gefragt. Fast zugewachsene Abschnitte wechseln ab mit noch deutlich erkennbaren Spuren eines alten Saumpfades. Uralte Pflasterung, Wasserrinnen, Stützmauern aus grob gehauenen Steinquadern wechseln ab mit geteerten Waldstraßen, die sowohl den alten Saumweg wie den Wanderweg überdecken. Dann steht man plötzlich in einem Hohlweg: links und rechts mannshohe Trockensteinmauern, die breite, gepflasterte Trasse sauber erhalten. Ein typisches Stück des ehemaligen Alpweges, der Brienzwiler mit dem Vorsess verband. Dieser Wechsel von idyllischem Wanderpfad, alten Wegspuren, neuen Alperschließungs- und Waldsträßchen sowie geteerten Dorfverbindungsstraßen bestimmt über weite Strecken den Charakter dieser Wanderung. Schichten überlagern sich, Vergangenheit wird spürbar.

Dann werden die Wege sanft, das Gelände übersichtlich, die Zivilisation nah. Und mit einem leichten Aufatmen blickt man zurück auf die steilen, dicht bewachsenen Hänge, die durchzogen sind von Flühen. Gut, hat man das geschafft.

Oberhalb von Brienzwiler treffen wir auf den Jakobspilgerweg und folgen ihm hinein ins Dorf, in das nach dem Bau einer Umfahrungsstraße wieder eine angenehm schläfrige Ruhe eingekehrt ist. Man kann in Muße die schönen Oberländer Häuser und bunten Gärten bewundern. Der Bären am Weg lädt zu einer wohlverdienten Pause ein.

Dann folgt die nächste Etappe, die einen ganz anderen Charakter hat. Für das erste Wegstück von Brienzwiler nach Hofstetten gibt es leider keine Alternative: Fußgänger müssen auf einer Strecke von etwa einem halben Kilometer die schmale Autostraße benutzen. Erst nach dem Reitsportzentrum Bifing biegt nach rechts der Wanderweg ab, ein Stück Original-Jakobsweg, der in einer Talsenke hinter dem Ballenberg eben durch Wiesen und Waldstücke nach Hofstetten führt. Auch hier scheint die Zeit stehengeblieben zu sein: Üppige Gärten, an den Hauswänden Birnenspaliere und Reben, die Balkone kaum noch sichtbar hinter Blumenkisten.

Die Gewalt der Bergbäche ist auch heute noch eine ständige Bedrohung: Die Schneise der Zerstörung, die das Unwetter vom August 2005 ins Dorf Brienz geschlagen hat.

Durch den Ortsteil Schried und den Studenwald gelangt man zum Anfang der Louwenen, ein bis zum See sanft abfallender, sich allmählich verbreiternder Streifen Grasland. Der Flurname ist Referenz an die Naturgewalten. Immer wieder ist das Gebiet unterhalb der Anrisshänge des Rothorns von Murgängen, Steinschlag, Lawinen und Überschwemmungen heimgesucht worden. Volkssagen erzählen davon. So soll eine alte Bettlerin, der man im Dorf nichts gab, die Brienzer verflucht haben: »Oh weh! Brienz mues i See!« Die Erzählung endet mit den folgenden Worten: »Der Fluch des Weibleins ist noch nicht in Er-

füllung gegangen, aber er hallt in den Dorfleuten nach bis auf den heutigen Tag. Wenn am Rothorn ein Unwetter niedergeht, dann äugen sie beklommen nach dem Wangwald hinter ihren Häusern und den Flühen in den Höhen, von denen Unheil droht seit Jahr und Tag.« (Streich 1978)

Eine andere Sage erzählt, wie das Dorf Kienholz am Fuß der Louwenen von einem mächtigen Bergsturz aus dem Lammbachgraben zerstört und meterhoch von Schlamm bedeckt wurde: »Nichts war mehr zu sehen von dem schönen Dorf [...]. Eine breite Schlamm- und Steinwüste nur zog sich vom Berg her hinunter zum See, dessen Wasser weit und breit braun und trübe wurde für eine lange Zeit.« (Streich 1978) Aber man muss gar nicht so weit zurückblicken. Eine vergleichbare Katastrophe ereignete sich 1896, als das wieder aufgebaute Kienholz von den Schlammlawinen des Lammbachs verwüstet wurde, und 2005 in Brienz, als der Glyssibach und der Trachtbach große Teile des Dorfes zerstörten.

»Meine Arbeit ist eine mühselige«

Ruhig und friedlich liegen an diesem Sommertag die Matten vor uns. Kühe weiden unter dunkeln Tannen. In der Ferne glitzert der See. Ungetrübte Idylle. Wir haben den Malstandort der beiden Bilder erreicht. Hierhin, auf die Louwenen, zog es Vater und Sohn Flück immer wieder, hier stellten sie ihre Staffelei auf, hier malten sie ihre Seeansichten. Ein Feuerwerk an Farben, flammendes Gelb und Rot, leuchtendes Blau, helles Grün, dynamisch und schnell gesetzte Wolken und Wellen prägen die *Brienzersee Landschaft 2000* von Martin Peter Flück, dunkles Blaugrün und Grau und sich drohend auftürmende Wolken das *Brienzersee*-Bild von Johann Peter Flück. Das Leichte, Idyllische, Bunte neben dem Bedrohlichen, Schweren: In den Bildern spiegelt sich der Charakter dieser Landschaft, der weite Horizont, der helle See, die sanften Matten gegenüber den schroffen Felswänden, düsteren Hängen und immer drohenden Gefahren durch unberechenbare Wildbäche und Murgänge.

Darin spiegeln sich auch die unterschiedlichen Biografien von Vater und Sohn: Der Vater musste sich seinen Beruf gegen Familie und Dorfmeinung erkämpfen, die Ausbildung zum Lehrer absolvieren, der Sohn wurde in seinem Berufswunsch vom Vater unterstützt, gefördert und begleitet.

Überreste des historischen Alpweges von Hofstetten aufs Wilervorsess.

Typisch für Brienz und Umgebung: Blumenpracht und ein Birnenspalier an der Hauswand.

Seit dem Bau der Umfahrungsstraße ist es in Brienzwiler ruhig geworden.

»Wiese für Wiese, Acker für Acker hat mein Vater wegspülen sehen«, schrieb Johann Peter Flück in seinen Notizen *Aus meiner Jugendzeit.* »Er hat den Murgängen zugeschaut, die langsam wie Lavaströme aus den Schründen der Lamm hervorbrachen und sich auf die sanften Hänge oben am See legten. Die Buben brauchten nachher nur die oberen Dolden der Nussbäume abzubrechen. Ich verstand meine Onkel im Oberen Dorf, die sich unglaubliche Entbehrungen auferlegten, um das alte Erbe wieder neu zu schaffen. Und nun will der Letzte der Familie so einer werden wie der Girardet (d. h. Maler, Anm. RMR), der auf den

Folgende Doppelseite: Johann Peter Flück, *Brienzersee,* 1952, Privatbesitz.

Hofstetten bei Brienz: Die Uhren scheinen doch noch etwas langsamer zu gehen.

Straßen laut mit sich selbst redet, von seiner Heimatgemeinde unterhalten werden muss, der glücklich ist, wenn ein anderer Hudel ihm in der Wirtschaft eine Wurst bezahlt.« (Flück in: Ausstellungskatalog Kunstmuseum Solothurn 1946)

Dennoch – Johann Peter Flück, aus Bergbauern- und Holzschnitzerfamilie, konnte sich durchsetzen und Maler werden, in Schwanden. Trotz seiner Lehr- und Wanderjahre zu den Kunstzentren Europas, trotz seines zeitweiligen, geliebten Zweitwohnsitzes Paris ist er immer einer aus dem Dorf geblieben, auch wenn es nicht ganz einfach war, hier als Künstler akzeptiert zu werden. Im Katalog zur Gedächtnisausstellung 1978 in Schwanden meinte ein Schwandener: »Wenn er jeweils mit Staffelei und Malkasten gegen seine geliebte ›Lauene‹ marschierte, betrachteten ihn die Leute eher als einen, der einem Handwerk als einer Kunst nachging, und manch einer mag gedacht haben, Heuen oder Härdepflen sei gewiss eine sinnvollere Arbeit als das Malen.«

In den Vierziger- und Fünfzigerjahren erfuhr Johann Peter Flück als sehr geschätzter Porträtist nationale Anerkennung, aber seine eher dunkeltonigen, schwerblütigen Bilder entzogen sich den gängigen Kunstströmungen. Nicht, wie »man« malte, interessierte ihn, sondern wie er seinen Eindrücken, seinem Empfinden Form und Farbe geben

Begegnung unterwegs: Eine Bäuerin zeigt, wie aus Sumpfgras kunstvoll ein »Schmaleni«, ein kleiner Besen, geflochten wird: »Denn tuet me umhi flueche u denn brächi si nümme«.

konnte: »Meine Arbeit ist eine mühselige. Ich gehöre nicht zu den Malern, die mit drei Strichen eine fertige Landschaft oder einen Kopf zeichnen können.« (Häsler 1992) Auch der Freundschaft mit Cuno Amiet, der Johann Peter Flück oft auf der Oschwand zu Gast hatte und mit dem er am großen Wandgemälde im Gymnasium Kirchenfeld in Bern arbeitete, entzog er sich. Zu eigenwillig, zu unabhängig war er im Denken und Arbeiten, um sich unter die Fittiche eines noch bekannteren Malers zu begeben.

Auch der Sohn passt in keine Schublade

Wie der Vater entzieht sich auch der Sohn den gängigen Kunstrichtungen. Er malt farbsprühende Landschaften, Bäume, Blumen, immer und immer wieder, in einer Zeit, in der abstrakte Kunst und minimaler Farbeinsatz dominieren. Martin Peter Flück verinnerlichte in seiner Kunst Einflüsse von Kunstrichtungen wie dem Expressionismus, er

Folgende Doppelseite: Martin Peter Flück, *Brienzersee Landschaft 2000*, 2000, im Besitz des Künstlers.

Das Haus des Malers.

setzte sich mit Edward Munch, Franz Marc, Emil Nolde auseinander, zog für sich aber den Schluss, dass er mit abstrakten Darstellungsweisen die Welt nicht so abbilden konnte, wie es seinem Empfinden entsprach. »Martin Peter Flück lässt die Dinge sprechen. Landschaften, Blumen. Bäume. Weil er hören und sehen kann, nimmt er wahr und versteht, was sie ihm mitteilen wollen.« (Häsler 1992)

Die Bilder von Martin Peter Flück sind Bilder der Leidenschaft und der intensiven, eigenwilligen Auseinandersetzung mit der Natur. Sie wollen nichts sein, sie sind, und darauf basiert auch der konstante Erfolg der Kunst von Martin Peter Flück, die sich in keine Schublade und keine Kategorie einordnen lässt.

Wir stehen am Weg, der die Louwenen quert. Alles ist ruhig. Wir vergleichen die beiden Bilder mit dem, was vor uns liegt. Und wir sehen beide Erscheinungsformen. Die kräftigen leuchtenden Farben und das drohende Dunkel. Und wir sehen das Heitere im Dunkeln, das Schwarze im Bunten. Keine Postkartenidylle, sondern intensiv erlebte Landschaft.

Irgendwann heißt es weiterwandern. Ins Dorf Schwanden hinein, dann auf halber Höhe via Glyssen und Wellenberg bis zum Trachtbach, immer den See uns zu Füßen, eingebettet in Grün, gekrönt von Grau und Weiß, darüber der ungetrübt blaue Himmel. Von den Verheerungen des Unwetters vom August 2005 ist hier, 150 Höhenmeter über Seeniveau, nicht mehr viel zu sehen. Aber im Gedächtnis der Menschen, die erlebt haben, mit welcher Kraft die Natur Straßenzüge verwüstete, Menschen in den Tod riss und innerhalb von Stunden die liebliche Landschaft in eine Schlammwüste verwandelte, sind sie noch sehr lebendig. Und dabei präsentiert sich das Dorf mit seinen alten Oberländer Häusern, den Gärten, dem See so friedlich, als lebten hier die Menschen im Paradies – welches bekanntlich ewig ist.

Weiterlesen

Steffan Biffiger u. a., *Martin Peter Flück. Klang der Bäume*, Bern 2005.

Alfred A. Häsler, *Martin Peter Flück. Spiegelungen der Schöpfung,* Münsingen/Bern 1992.

Madeleine Schuppli, *Johann Peter Flück*, Thun 2002.

Hermann Wahlen, *Johann Peter Flück. Leben und Werk,* Burgdorf 1973.

Abendstimmung am See.

Johann Peter Flück (1902–1954)

Geboren am 29. Juni 1902 in Schwanden bei Brienz, Sohn eines Holzschnitzers. Nach dem Besuch des Lehrerseminars Muristalden in Bern (aus dieser Zeit stammt die intensive Freundschaft mit dem Musiker Willy Burkhard) ab 1922 längere Studienaufenthalte in Leipzig, München (Besuch der Kunstakademie) und Paris (Académie Juline, Académie de la Grande Chaumière). Zwischen 1924 und 1932 verbrachte er den größten Teil des Jahres in Paris, zweite Heimat und schöpferischer Gegenpunkt zu seiner Heimat im Berner Oberland, und nur die Sommer in Schwanden. Nach seiner Heirat mit Nelly Schild und der Geburt des Sohnes Martin Peter 1935 ließ er sich endgültig in Schwanden nieder. Freundschaft mit Cuno Amiet, den er 1946 porträtierte. Neben Landschaften malte Johann Peter Flück vor allem Bilder mit religiösen Themen wie *Die moderne Passion* und Porträts. Nach einer Lähmung im rechten Arm malte er seine letzten Gemälde mit der linken Hand.

Am 2. Februar 1954 starb er, erst 52 Jahre alt. Seine wichtigsten Themen waren religiöse Kompositionen, Landschaften, Porträts und die Sonnenblumen im heimischen Garten. Kunsthistorisch wird Johann Peter Flück dem schweizerischen Expressionismus zugeordnet.

*Martin Peter Flück (*1935)*

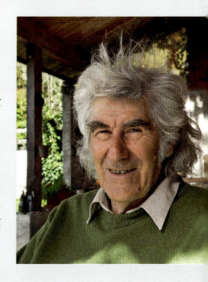

Geboren am 8. Februar 1935 in Schwanden bei Brienz. Sein erster Lehrmeister und sein Vorbild war sein Vater Johann Peter Flück. Nach dessen Tod verbrachte Martin Peter Flück immer wieder mehrere Monate in Paris, wo er an der Académie Julien und an der Académie de la Grande Chaumière studierte. Nach seiner Heirat 1962 ließ er sich wieder in Schwanden nieder, wo er heute noch lebt. Er beschäftigte sich intensiv mit abstrakter Malerei und expressionistischer Formensprache, doch er entschied sich für einen eigenen Weg der gegenständlichen Kunst. Zu einem seiner »Markenzeichen« wurden großformatige Landschaften von starker Farbintensivität, kraftvolle Porträts von Bäumen und von Sonnenblumen in allen Stadien des Blühens und Verwelkens.

Eine ganz andere Farbpalette zeigt sich in Flücks Gemälden und Aquarellen aus Norwegen, der Heimat seiner Frau Louise, und in Gemälden aus der Provence, wo er sich immer wieder längere Zeit aufhält.

Martin Peter Flück ist heute in fast allen wichtigen Sammlungen der neueren Schweizer Kunst vertreten und seine Werke werden in zahlreichen Ausstellungen gezeigt.

Martin Peter Flück ist Mitglied der Gilde Schweizer Bergmaler. Diese Künstlervereinigung wurde 1987 im Rahmen des UNESCO-Projektes »Mensch und Umwelt« in Grindelwald gegründet mit dem Ziel, die Bergmalerei zu fördern, ihre Bedeutung zu heben und die Tradition der Schweizer Bergmalerei weiterzuführen. Regelmäßig finden Ausstellungen statt und werden Bergmalkurse durchgeführt (Informationen dazu: www.gsbm.ch).

Tourinfos 12

Einstufung: ✎
Gehzeit: 4 h 20
Höhendifferenz: ↗ 444 m, ↘ 892 m
Beste Jahreszeit: Ende Mai bis Ende Oktober.
Karten: Swisstopo 1:25 000, Blatt 1209 Brienz.
Anreise: Bahn von Luzern oder Interlaken bis Brünig Passhöhe.
Rückreise: Ab Brienz Bahnhof Bahn Richtung Luzern oder Interlaken, Schiff nach Interlaken.

Sehenswertes

A Freilichtmuseum Ballenberg, 3855 Brienz, www.ballenberg.ch.
B Rothornbahn, die Dampfzahnradbahn auf den Rothorngipfel, Tel. 033 952 22 22, www.brienz-rothorn-bahn.ch.
C Wildpark Brienz.
D Strandbad Brienz, 3855 Brienz, Tel. 033 951 05 40, www.strandbadbrienz.ch. Sehr schön!

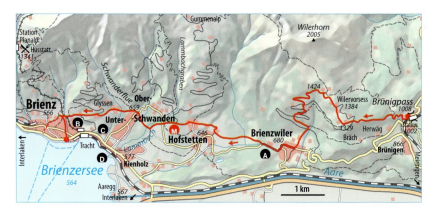

Wanderroute

Vom Bahnhof kurzes Stück auf der Passstraße Richtung Brienz, nach ca. 100 Metern rechts in Wanderweg abbiegen und in einigen Kurven relativ steil aufsteigen. Bei der Weggabelung Wacht Wegweiser Richtung Totzweg/Wilervorsess folgen. Nach etwa einem Kilometer kommt man zum Alpstafel Totzweg. Hier einen kurzen Abstecher auf die Anhöhe über den Hütten machen: lohnender Ausblick über den Brienzersee und das Haslital. Direkt unterhalb der Hütten anfänglich steil abwärts führender Fußweg Richtung Brienzwiler. Nach der Durchquerung eines Waldstreifens neues Alpsträßchen.

Diesem Weg durch den Tschingelwald und das Quellgebiet des Dorfbaches folgen bis zur großen Kurve in den Chälen. Steiler Zickzackweg, der einige Male ein Alpsträßchen kreuzt, via Obersboden bis zum Wegkreuz beim Dorfbach. Weg nach rechts Richtung Brienzwiler wählen und durch weitgehend offenes Gelände bis ins Dorf. Nach Überquerung der Brünigstraße weiter ins Dorfzentrum bis zur Dorfstrasse. Nach rechts Dorfstrasse folgen bis Hotel Bären. Auf der anderen Straßenseite ist der Wanderweg Richtung Hofstetten ausgeschildert. Er führt durch eine Mulde zwischen den Häusern zur Dorfverbindungsstraße Brienzwiler – Hofstetten, der man ca. 450 Meter folgen muss (keine Ausweichmöglichkeit). Beim Reitsportzentrum Bifing zweigt der Wanderweg rechts ab. Ohne Gefälle bis zum Ortsrand von Hofstetten (Jakobsweg). Bei der ersten Kreuzung nach rechts und nach ca. 150 Metern links zwischen den Häusern in den Fußweg nach Schried einbiegen. In Schried bis zur Dorfgasse, dort rechts und gleich wieder links in die Bärglistrasse, die durch den Studenwald zum offenen Gelände der Schwandener Lauenen führt.

Hier haben wir den Malstandort erreicht. Am Waldrand schöne Feuerstelle und eine Station des »Lebensweges« Schwanden. Weiter bis zur Kreuzung mit der Straße Schwanden-Hofstetten, dieser Richtung Schwanden etwa 50 Meter folgen. Nach Überquerung des Lammbachs links in den Wanderweg abbiegen und den Signalisationen des Lebensweges folgen bis zur Autostraße, auf ihr bis Bushalt Dörfli. An der Kreuzung in gleicher Richtung weitergehen und nach ca. 150 Metern links in den Wanderweg Richtung Glyssen/Brienz einbiegen. Nach der Unterquerung der Rothornbahn-Trasse entweder direkt dem Trachtbach entlang zum See gehen oder noch ca. 150 Meter weiter geradeaus ins Dorf.

Variante

Vom Brünigpass in südwestlicher Richtung entlang der Straße (z. T. neu erstellter Wanderweg) bis Brünig Kulm, dann rechts hoch in den Wiesenhang und nun dem alten Jakobsweg über Härweg, Bräch und Tschuggen folgen. Beim Dorfbach oberhalb von Hofstetten trifft er auf die andere Route. Der Weg ist teilweise sehr steil und rutschig.

Rasten und Ruhen

Restaurants und Gasthäuser auf dem Brünigpass, in Brienzwiler und Brienz.

Informationen

Brienz Tourismus, Hauptstrasse 148, 3855 Brienz, Tel. 033 952 80 80, www.brienzersee.ch.

Heinrich Rieter
Samuel Birmann

13 | Rundwanderung Giessbachfälle

»Wo die Natur so groß und so gewaltig an das Innere spricht«

Heinrich Rieter, *Cascade du Giessbach près du Lac de Brienz*, 1800
Samuel Birmann, *Giessbach*, 1820

Weiße Schaumwellen über türkisgrünem Wasser. Stampfend pflügt sich die »Lötschberg« durch den See Richtung Giessbach. Ab und zu kracht ein Düsenjäger über die Köpfe hinweg mit Kurs auf das Trainingsgelände hinter Axalphorn und Tschingelhorn oder im Landeanflug auf den Militärflugplatz Meiringen.

Vom Giessbachfall selbst, seit zweihundert Jahren die Hauptattraktion der Region, ist noch nichts zu sehen oder zu hören. Nur die Spitz-

Annäherung an den Giessbach – übers Wasser, wie die Tradition es fordert.

türmchen des altehrwürdigen Grandhotels Giessbach sind über den Baumkronen ins Blickfeld gerückt. Gischt im See verheißt jedoch, dass wir nicht einer Fata Morgana nachjagen, sondern auf der Spur eines veritablen Wasserfalls sind.

Vom See her hatten sich auch im 18. Jahrhundert die Entdecker des Giessbachs, Maler und Zeichner genähert, hungrig nach pittoresken Landschaften, die sie, Vertreter der sogenannten Schweizer Kleinmeister, gut verkaufen konnten. Ihre Spezialitäten waren nach Skizzen gefertigte Radierungen, Aquarelle oder kleine Landschaften in Öl. Schon längst hatten die europäischen Maler, Dichter, Bildungsbürger und Naturforscher auf der Suche nach dem Erhabenen und Idyllischen den Staubbachfall, von Caspar Wolf 1776 abgebildet, von Goethe 1779 lyrisch besungen, und die Reichenbachfälle, von Gabriel Lory père 1780 gemalt, besucht und bewundert. Die Oberländer-Route der Grand Tour, der von jungen Adligen gepflegten Bildungsreise auf dem Kontinent, führte ins Lauterbrunnental und über die Kleine und Grosse Scheidegg nach Meiringen, vorbei an den Pflichtsichten (heute würde man sagen »unique selling points«) Staubbachfall und Reichenbachfall. Die Giessbachfälle am unzugänglichen und unbewohnten Südufer des Brienzersees lagen jedoch lange Zeit abseits der Hauptroute. Dichte Bewaldung und die in den See vorspringende Ruoft verhinderten den Blick aus der Ferne. Man musste schon an Land gehen, um die Fälle richtig zu sehen. Zwar

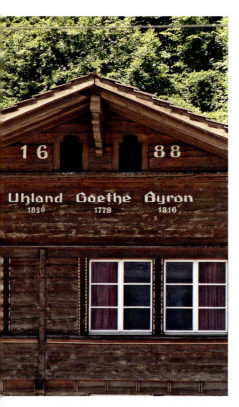

Erinnerung an die Grand Tour durchs Berner Oberland: Inschriften am Hotel Weisses Kreuz, Brienz.

waren sie 1577 vom Berner Topografen Thomas Schöpf beschrieben worden, aber erst 1795 kraxelten die ersten Maler, angeführt von einem Brienzer Fischer, vom Seeufer aus den steilen Wald empor, um sich ein Bild zu machen.

Wie eine Ode von Klopstock

Karl Ludwig Zehender, Jaques-Henri Juillerat und Gabriel Lory père stellten erste kolorierte Radierungen her, aber anscheinend ohne großen Eindruck zu hinterlassen. Vielleicht glaubten sie nicht ganz an den Erfolg des Giessbachs und damit an den Erfolg des Verkaufs ihrer Drucke, oder der Weg war ihnen zu anstrengend – jedenfalls ließen sie ihr Vorhaben, den Giessbach dominanter in Szene zu setzen, fallen. Heinrich Rieter, ein Malerkollege aus Bern, übernahm die anspruchsvolle Aufgabe – mit Erfolg: Sein Bild von 1800 löste einen Giessbach-Boom aus, der während des ganzen 19. Jahrhunderts anhielt und den Giessbach zu einem der am meisten abgebildeten Sujets machte.

Der unterste Fall der Giessbachfälle.

Heinrich Rieter (1751–1818), in Dresden und Amsterdam als Porträtist und Landschaftsmaler ausgebildet, war von 1777 an in Bern künstlerischer Mitarbeiter in Johann Ludwig Aberlis Werkstatt (siehe Route 14), in der eine ganze Reihe von Lehrlingen und Gesellen nach Vorgaben des Meisters Stiche produzierten. Nach Aberlis Tod 1786 übernahm Rieter sie und führ-

te sie weiter – was man auch von seinem Stil und seiner Technik sagen kann. Er verwendete die gleichen weichen, gedämpften Farben, dieselbe Lichtführung und Aberlis Technik der kolorierten Umrissradierung. Seine *Cascade du Giessbach*, 1800 gemalt, enthält alles, was an romantisch-idyllischem Inventar notwendig ist: die weiß leuchtende, perlende Gischt, mächtige Laubbäume, die ihre Wipfel ins Licht strecken, dazwischen schmale dunkle Tannen. Eine Hirtenfamilie mit Schafen und Ziegen lagert auf sonnenbeschienener Wiese, winzigklein inmitten gewaltiger Natur, neben dem wilden Bach. Und im Hintergrund die rauen Felswände in blauem Dunst, darüber die mächtigen Schönwetterwolken und der blaue Sommerhimmel. Diese Darstellung trug bei zum Durchbruch: Die Giessbachfälle wurden berühmt. Denn bereits vier Jahre später hob Johann Gottfried Ebel in seinem Reisehandbuch Schweiz sowohl den Giessbach wie Rieters Darstellung hervor: »Nicht weit von Brienz an der Südseite der Giessbach, der von dem Schwarzen-Horn herkömmt, einen schönen Wasserfall, dessen Darstellung […] von Rieter so unübertrefflich ist.« (Ebel 1804)

Wesentlich euphorischer klingt es ein Jahrzehnt später bei Johann Rudolf Wyss. In seiner *Reise in das Berner Oberland* beschreibt er die Giessbachfälle ausführlich und stellt zur Diskussion, ob nun der Giessbach oder der Reichenbach der schönere sei. Dabei gibt er seinen Lesern den Rat: »Vielleicht wird man auch hier am gerathesten finden, durchaus ohne alle Vergleichung sich dem reinen Genuss dahinzugeben und bei der Heimkehr Rieter's vortreffliches Bild des Giessbachs als Gegenstück des Reichenbaches mit gleichem Wohlgefallen an die Wand zu hängen.« (Wyss 1817)

Links: Samuel Birmann, *Le Giessbach,* ca. 1840, Privatbesitz.
Folgende Doppelseite: Heinrich Rieter, *Cascade du Giessbach près du Lac de Brienz,* Juli 1820, Kunstmuseum Bern.
Es gibt übrigens ein fast identisches Bild von Rieter mit dem Titel *Reichenbachfälle*. Welches bildet nun was ab? Damals war es sehr verbreitet, zwei Bilder zum gleichen Thema als Gegenstücke aufzuhängen. Zwei Fliegen auf einen Schlag?

Ausblicke und Eindrücke an der Schiffstation Giessbach.

Damit sprach Wyss an, was der Motor hinter dem Arbeitseifer der damaligen Schweizer Kleinmeister war: Die Nachfrage nach Abbildungen wuchs konstant. Eine wohlhabende und reisefreudige Bevölkerungsschicht wollte die idyllische Alpenlandschaft nicht nur in natura sehen, sondern die Abbildung zur ständigen Betrachtung – oder vielleicht auch ein bisschen zum Angeben – mit nach Hause nehmen. Und für manche wurde die Abbildung zur einzigen Begegnung mit der Natur der Alpen. Denn nur wenige konnten sich damals eine Reise in die Schweiz leisten, einige waren aber doch in der Lage, sich einen kolorierten Stich ins Wohnzimmer zu hängen.

Wir sind an der Schiffländi Giessbach angekommen. Schulklassen, Reisegruppen, Familien verteilen sich auf Fußweg und Drahtseilbahn. Natürlich steigen wir zu Fuß hinauf zur Giessbachwiese, um möglichst viel mitzubekommen vom Tosen des Wassers. Bald ist die große Wiese erreicht, mit Endstation des Giessbachbähnlis und Grandhotel Giessbach. Wir setzen uns auf ein Mäuerchen am Wegrand und lassen das Schauspiel der stürzenden Wassermassen auf uns einwirken. Nüchtern gesprochen: Der Giessbach überwindet 400 Höhenmeter in 14 unterschiedlich hohen Stufen. Hinter dem größten Fall führt ein Steg hindurch und im untersten Abschnitt gibt es drei Brücken.

Für eine blumige Schilderung überlassen wir wieder Johann Rudolf Wyss das Wort. Er vergleicht die Giessbachfälle mit einer Ode von Klopstock, deren Strophen das Gemüt rühren: »Eine jede derselben ist schön, und keine darf schwach genannt werden; aber die letzten doch dringen zumeist mit dem ganzen Nachdruck, mit der vollendeten Urkraft einer bewegten, gotterfüllten Seele an unser staunendes Gefühl. Mir däucht, der zweite Fall – von unten auf zu zählen – sej der herrlichste von allen. Gleich einem riesenhaften Staubfächer, der hinabwärts mehr und mehr sich aufgethan hat, und zwischen dessen Schaumstrahlen, wie

Vor allem im Frühling nach der Schneeschmelze bieten die enormen Wassermassen ein eindrückliches Schauspiel.

zwischen elfenbeinernen Stäben, der dunkele Fels sich erblicken lässt, schien er mir auseinanderzufahren, und ohne wieder zusammen gefaltet zu werden, doch stets von Neuem auseinanderzufahren. Sein Tosen verschlingt jeden Ausruf der Bewunderung, und in sich selber zurückgehend bescheidet sich der ernste Beschauer zu schweigen, wo die Natur so groß und gewaltig an das Innere spricht.« (Wyss 1817).

Nicht verpassen: Der Weg hinter den Wasserfall mit Blick durch den Wasserschleier.

Verschleierte Welt

Wir machen uns auf den Weg, die große und gewaltige Natur selbst zu entdecken. Die ersten hundert Meter sind wir noch in Gesellschaft. Viele Touristen begnügen sich, von der Hotelterrasse aus die Fälle zu bewundern – keine schlechte Wahl! Andere, vor allem Familien mit Kindern, steigen auf bis zum Steg, der hinter dem längsten Giessbachfall hindurchführt, lassen sich nass spritzen und bestaunen eine durch den Wasservorhang verschleierte Welt.

Doch weiter oben am Giessbach wird es ruhiger – abgesehen vom Wasserrauschen. Wir steigen im Zickzack hinauf durch die Schlucht, der Weg ist schmal und teilweise rutschig, Stege und Leitern sind notwendig, um in die Höhe zu gelangen. See, Hotel und Trubel liegen weit unten, verborgen durch dichten Wald. Es riecht nach Moos und feuchter Erde. Keine anderen Wanderer begegnen uns. Hier lässt sich romantische Landschaftsschwärmerei nachempfinden. Wären da nicht

in regelmäßigen Abständen die Düsenflugzeuge, die vom nahen Militärflugplatz Meiringen aufsteigen.

Wir holen die Kopie des zweiten Bildes dieser Tour aus dem Rucksack: *Giessbach*, eine aquarellierte Federzeichnung von Samuel Birmann (1793–1847). Zwanzig Jahre liegen zwischen Rieter und Birmann, dessen Aquarelle eine fast zeitlose Leichtigkeit und Flüchtigkeit ausstrahlen. Eine romantische Landschaft, aber dargestellt in absoluter Klarheit, nüchtern und schlicht – es ist nichts zu viel und nichts zu wenig. Im Gegensatz zu Rieter verzichtet Birmann, der zu den frühromantischen Realisten gezählt wird, auf übliche romantische Bildelemente wie Hirten mit Herde. Seine fein gezeichnete Landschaft ist nach der Natur empfunden, voller Atmosphäre, aber nicht überladen. Damit beginnt Birmann eine neue Epoche in der Schweizer Landschaftsmalerei. Detailgetreue Wahrnehmung gewinnt an Gewicht, alte Traditionen werden nicht aufgehoben, sondern nur abgeändert. Samuel Birmann wird zu einem der ersten Vertreter der Paysage intime des 19. Jahrhunderts.

Die Beschreibungen und Darstellungen in den ersten fünfzehn Jahren des 19. Jahrhunderts verfehlten ihre Wirkung nicht. Die Brienzer,

Folgende Doppelseite: Samuel Birmann, *Giessbach,* Juli 1820, Kunstmuseum Basel.

bereits auf den Tourismus eingeschworen, schnürten das, was man heute ein »touristisches Paket« nennt und inszenierten erfolgreichen Event-Tourismus. Dazu gehörte die Überfahrt von Brienz auf einem Boot, das vorzugsweise von einer jungen Frau gerudert wurde. »Die schöne Schifferin von Brienz«, die während der Überfahrt sang, war neben den Wasserfällen lange die Hauptattraktion. Wohl mehr als ein junger Mann auf Bildungstour verlor sein Herz im Berner Oberland. Die Reisenden, vorwiegend aus Frankreich, England und Deutschland, haben wohl gebebt vor romantischer Inbrunst: Der See! Die Berge! Der Wasserfall! Das Alpenkind! Der Gesang!

Die schöne Schifferin von Brienz

Die schöne Schifferin von Brienz: *Elisabeth Grossmann de Brientz*, Aquarell, ca. 1815, von Wisard.

Ins Volksgedächtnis eingegraben hat sich die unglückliche Liebesgeschichte der Schifferin Elisabeth Grossmann, »La belle batelière de Brienz«, international berühmt geworden dank Abbildungen von Franz Niklaus König, Emanuel Locher, Ludwig Vogel, Markus Dinkel. Ein Patriziersohn aus Neuenburg, ein junger Gelehrter und Professor am Gymnasium, hatte sich in die schöne Elisabeth verliebt und wollte sie heiraten, doch seine Frau Mama widersetzte sich erfolgreich der nicht standesgemäßen Verbindung. Ihr einziger Sohn und ein einfaches Bauernmädchen aus Brienz! Elisabeth Grossmann heiratete später unglücklich, wie ihr weiterer Lebenslauf zeigt, wurde zuerst

Gastwirtin in Grindelwald und führte später in Unterseen einen kleinen Schnitzerei Laden. In Vergessenheit geriet sie nicht, denn immer wieder tauchten Reisende auf und wollten die »belle batelière« mit der unglücklichen Liebe sehen.

Aber nun zurück zum Giessbach. Zum Erlebnispaket des 19. Jahrhunderts gehörte auch der Empfang auf der Giessbachwiese durch Schulmeister Kehrli, der mit seinen Kindern einen kleinen Chor bildete und die Gäste am doppelten Genuss teilhaben ließ: das mächtige Rauschen der Fälle kontrastiert vom hellen Klingen der Kinderstimmen. Und nicht zuletzt gehörte dazu der Verkauf von Souvenirs, Holzschnitzereien, der vielen Kleinbauern in Brienz schon damals ein wichtiges Zusatzeinkommen verschaffte.

Luxusblick von der Terrasse des Grandhotels Giessbach aus.

Bereits 1818 war mit Unterstützung der Berner Regierung ein Weg vom Ufer zur Aussichtswiese erstellt worden. 1822 wurden die weiter oben gelegenen Fälle ebenfalls zugänglich gemacht, und als 1824 wegen eines Felssturzes im Quellgebiet am Schwarzhorn das Wasser versiegte, finanzierte der Kanton die Reparaturarbeiten. Daniel Wyss, Pfarrer in Brienz und eifriger Tourismusförderer, hatte die Werbetrommel gerührt und mit einem genialen Trick Staatsgelder beschafft. Denn um die gnädigen Herren in Bern spendierfreudig zu stimmen, taufte er die vierzehn Fälle nach vierzehn Schultheißen, beginnend mit Stadtgründer Berchtold von Zähringen, endend mit dem letzten Schultheißen des alten Bern, Niklaus Friedrich von Steiger.

»Giessbach dem Schweizervolk«

In den Dreißigerjahren des 19. Jahrhunderts entstand auf der Wiese gegenüber des Wasserfalls das erste Gästehaus und die Touristen reisten von nun an per Dampfschiff an. Mitte der Fünfzigerjahre war der Giessbach schon so etabliert, dass sich die Errichtung eines größeren Hotels lohnte, ein beeindruckender Bau mit sechzig Betten und ersten Kureinrichtungen. Die bengalische Beleuchtung der Fälle sorgte für zusätzliche Attraktion. 1875 errichtete der damals bekannteste Hotelarchitekt, Horace Edouard Davinet, dann das Grandhotel, »großartig genug, um Herrschaften höheren Ranges würdig zu empfangen«. Hundertfünfzig Zimmer, eine große geschwungene Freitreppe, mit Perserteppichen ausgelegte Salons, Kristallleuchter im riesigen Speisesaal, Billard, Musikzimmer, Bibliothek – den Gästen sollte es an nichts fehlen. Ab 1879 ergänzte die Drahtseilbahn den Großbetrieb. Aber bereits wenige Jahre später brannte der gesamte Hotelpalast ab, es wurde jedoch sofort wieder neu gebaut, zwar nur noch vierstöckig, dafür mit einer »Wasserheilanstalt« – ein Wellnesstempel mit Molken-, Moor-

Zwischen Baumwipfeln wird immer wieder das Hotel sichtbar.

Man finde die Unterschiede: Zwei Aquatinten von Rudolf Dikenmann, ca. 1860 und 1880. Der erste Druck (oben) wurde einfach durch das neu erbaute Grandhotel am rechten Bildrand ergänzt.

Gedenkstein für den Erbauer des Hotels, Horace Edouard Davinet.

und Kohlensäurebädern. Bis zum Ersten Weltkrieg hielt der Boom an, dann kam der Niedergang. Mehrmals wurde das Hotel geschlossen und wieder geöffnet. Während des Zweiten Weltkriegs diente es vorübergehend internierten Soldaten als Unterkunft. Direkt nach dem Krieg gab es Pläne, Häuser und Bahn abzureißen und die Kraft des Giessbachs zur Stromerzeugung zu nutzen. Dies konnte glücklicherweise verhindert werden, aber große und teure Reparaturen standen an, und der Betrieb rentierte auch in den späteren Jahren nicht mehr. 1979 hieß es dann endgültig: Abbruch. Doch erfolgreich wehrten sich interessierte Gruppen dagegen. Dank der Stiftung »Giessbach dem Schweizervolk« von Umweltschützer Franz Weber überlebte das Hotel und erstrahlt heute wieder im alten Glanz der Belle Epoque.

Beim Blick zurück vom Weg entlang der Wasserfälle sieht man immer wieder die Türmchen des Hotels zwischen Tannenwipfeln. Dahinter kräuselt sich der See. Ein Anblick, der nach wie vor begeistert. Oben auf der Schweibe ist es ruhig. Auch hier gab es mal ein Hotel, später ein Kinderheim, aber der Weg war zu beschwerlich, um dorthin zu gelangen. Dieses Hotel erlebte keinen zweiten Frühling. Über offene Wiesen und Waldstücke, die immer noch vom Sturm »Lothar« gezeichnet sind, erreichen wir das stille, abgeschiedene Giessbachtal, durch das der Bach sanft plätschernd fließt, bevor er sich durch die Schlucht in die Tiefe stürzt. Im Süden begrenzen Schwarzhorn, Faulhorn, Schwabhorn und andere große Gipfel das Quellgebiet. Auf der Fahrstraße auf der

Schlafen mit dem Charme der Belle Epoque und mit dem Komfort des 21. Jahrhunderts: Ein kleines und sehr gemütliches Zimmer im Dachgeschoss.

rechten Seite der Schlucht geht es weiter Richtung Bramisegg. Stellenweise ist die Straße ganz schmal zwischen Felswänden und der unzugänglichen tiefen Schlucht. Eigentlich schade, dass sich kaum ein Zeichner und Maler hier herauf verirrte. Die Alp Giessbachen, die Schlucht – auch sie hätten schöne Motive abgegeben.

Beim Restaurant Bramisegg ist eine Pause angesagt. Der Blick von der Terrasse auf den Brienzersee in seinem tiefen Türkis, auf Brienz und auf die Rothornkette ist toll. Vor allem aber ist die Bramisegg ein einladendes, einfaches und sympathisches Bergrestaurant ohne Schnickschnack, das ebenso von Einheimischen besucht wird wie von

Moderne und Tradition im Giessbachtäli.

Touristen. Etwas weniger ruppig als der Aufstieg ist der Abstieg von der Bramiseggkurve aus. Der Wald ist so dicht, dass man nur ab und zu den See zwischen Buchen, Ahornbäumen und Tannen aufblitzen sieht.

Endpunkt ist wieder das Giessbachhotel. Wollen wir den Empfehlungen von Johann Rudolf Wyss folgen? Er schlägt vor, »gelagert im Grünen ein ländliches Mahl einzunehmen, und in der idyllischen Einsamkeit einer ausgezeichneten Natur durch Gesang und Gespräch sich auf eine Art zu ergötzen, wie kein städtisches Prunkfest sie darbieten kann«. (Wyss 1817)

Der Weg hoch über der Giessbachschlucht, ein Geheimtipp.

Wir wählen die Variante Hotelterrasse und lassen uns gekühlte Getränke bringen. Und träumen nicht von Arkadien, wie die Reisenden im 19. Jahrhundert, sondern von der Belle Epoque, als das Giessbachhotel entstand. Jede Zeit hat ihre Träume.

Weiterlesen

Therese Bichsel, *Schöne Schifferein. Auf den Spuren einer außergewöhnlichen Frau,* Bern 1997.

Max Huggler, *Der Brienzersee in der Malerei,* Bern 1980.

Jürg Schweizer, Roger Rieker, *Grandhotel Giessbach,* Bern 2004.

Friedrich August Volmar, *Elisabetha. Die schöne Schifferin vom Brienzersee,* Bern 1964.

Heinrich Rieter (1751–1818)

Geboren am 15. September 1751 in Winterthur. Bei Johann Ulrich Schellenberg in Winterthur erlernte Heinrich Rieter die Kunst des Porträtmalens, später bildete er sich bei Anton Graff in Dresden weiter. Beeinflusst von der französischen Landschaftsmalerei wandte er sich von Porträts ab und der Darstellung von Landschaften zu, unter anderem durch den Einfluss von Salomon Gessner, mit dem er sich angefreundet hatte.

1777 zog Rieter nach Bern und wurde Mitarbeiter von Johann Ludwig Aberli. Rieter gehörte nun dem Kreis der Berner Kleinmeister an und spezialisierte sich ebenfalls auf die handkolorierte Radierung. Während dreißig Jahren unterrichtete er zudem Zeichnen an öffentlichen Schulen.

1786, nach dem Tod Aberlis, führte Rieter dessen Werkstatt weiter. Als Rieter 1818 starb, übernahm sein Sohn Georg die Nachfolge.

Samuel Birmann (1793–1847)

Geboren am 11. August 1793 in Basel als Sohn des Malers, Kunstverlegers und Kunsthändlers Peter Birmann. Bereits als Jugendlicher erhielt Samuel Birmann Zeichenunterricht und übte Landschaftsdarstellungen durch das Kopieren von niederländischen Landschaftsgemälden. Ab etwa 1811 arbeitete er im Unternehmen seines Vaters mit.

Zwischen 1814 und 1817 reiste er wiederholt nach Italien und malte in Rom und auf Sizilien. 1822/23 Aufenthalt in Paris. Nach der Rückkehr Studienreisen ins Berner Oberland, in die Zentralschweiz, ins Wallis, in den Jura und nach Graubünden.

Birmanns Aquarelle zeichnen sich durch fast wissenschaftliche Exaktheit aus. 1826 veröffentlichte Birmann seine Aquatintafolgen *Souvenirs de l'Oberland Bernois* und *Souvenirs de la Vallée de Chamonix*.

Nach 1836 gab er krankheitsbedingt seine Tätigkeit als Künstler auf, 1846 wurde er Mitbegründer der Schweizerischen Nordbahn-Gesellschaft, er befasste sich mit Obstbau und versuchte sein Glück in Bankgeschäften. 1847 nahm Birmann sich das Leben.

Tourinfos 13

Einstufung: 🖊

Gehzeit: 3 h

Höhendifferenz: ↗ 557 m, ↘ 557 m

Beste Jahreszeit: Frühling bis Herbst. Während der Schneeschmelze, nach großen Regenfällen im Quellgebiet und bei nassem Wetter Rutschgefahr. Nach langen Trockenperioden im Sommer können die Wasserfälle etwas weniger spektakulär sein.

Karten: Swisstopo 1:25 000 Blatt 1209 Brienz, Wanderkarte 1:60 000 Jungfrau-Region (Kümmerly+Frey).

An- und Rückreise: Von Luzern oder Bern mit der Bahn nach Brienz, mit dem Schiff von Brienz zur Station Giessbach.

Sehenswertes

A Giessbachbahn, 1879 eröffnet, älteste Standseilbahn Europas, die ohne Unterbrechung in Betrieb ist.
B Grandhotel Giessbach.
C Giessbachfälle.
D Giessbachtäli.

Wanderroute

Von der Schifflände über gut ausgebauten Weg zum Grandhotel Giessbach. Oberhalb des Hotels steiler Zickzackweg am rechten Ufer vorbei an zwei Brücken (die zweite Steg hinter dem Wasserfall) bis zu der Höhe von ca. 900 Metern, schmale Brücke zum linken Giessbachufer und wieder in steilem Zickzack bis zur Schweibenalp. Sich weiterhin am linken Giessbachufer Richtung Süden halten. Wegweiser mit Angabe Uti/Giessbachtäli beachten. Nach kurzem Waldstück senkt sich der Fußweg zum Giessbach. Hier auf die rechte Seite wechseln. Dem Fahrsträßchen über der Schlucht folgen (schöner Blick!) bis zum Restaurant Bramisegg. Direkt hinter dem Restaurant zweigt der Wanderweg ab und traversiert in nordöstlicher Richtung den bewaldeten Hang bis zu einer Spitzkehre, von der der Weg zum Grandhotel Giessbach und zum See führt.

Wie die Ankunft so der Abschied: Übers Wasser.

Rasten und Ruhen
In Brienz gibt es Restaurants und Hotels in allen Preislagen.

Ein Erlebnis der besonderen Art ist der Aufenthalt im Grandhotel Giessbach, perfekt renoviertes Jugendstilhotel mit 70 Zimmern, Parkrestaurant mit grosser Terrasse, Gourmetrestaurant und Hotelbar. Grandhotel Giessbach, 3855 Brienz, Tel. 033 952 25 25, www.giessbach.ch.

Restaurant Bramisegg, 3855 Brienz, Tel. 033 951 17 40. Unsere Empfehlung: Chäsbrätel probieren, der Käse dazu wird in zwei Kilometer Entfernung im Tieffental vom Bruder der Wirtinnen produziert.

Tipp
Für den kurzen Weg von der Schiffstation bis zum Hotel (ca. 90 Höhenmeter) die Standseilbahn benützen – nicht wegen der Höhendifferenz, sondern aus Nostalgiegründen: Die 1879 eingeweihte, gerade mal 345 Meter lange Bahn war die erste Standseilbahn Europas, mit automatischer Ausweiche in der Mitte. Betriebszeit: Ende März bis Mitte Oktober. Fahrten im Anschluss an alle Schiffskurse.

Informationen
Brienz Tourismus, Hauptstrasse 148, 3855 Brienz, Tel. 033 952 80 80, www.brienzersee.ch.

Johann Ludwig Aberli

14 | Oberried–Brienz

Vom Sublimen und vom Schönen

Johann Ludwig Aberli, *Brienz und der Brienzersee*, 1769, und *Brienzersee*, ca. 1770

Bergflanke reiht sich an Bergflanke. Mal steil und dunkel, mal sanft und grün, mal felsig und schroff senken sich Bergflanken zu Ufer und Talboden. Weit entfernt im Hintergrund, mehr erahnbar als wirklich zu sehen, die Gipfel über dem Haslital. So etwa präsentiert sich Johann Ludwig Aberlis *Brienz und der Brienzersee*. Und etwa so präsentiert sich die Brienzerseelandschaft bei der Annäherung übers Wasser. Des-

Heute Freizeitvergnügen, damals das Hauptverkehrsmittel: Per Schiff über den See.

Akkurat und streng: Details am Wegrand.

halb haben wir diese Annäherung für die Spurensuche gewählt. Damals, gegen Ende des 18. Jahrhunderts, als Aberli sein Bild *Brienz und der Brienzersee* entwarf, war die Bootsfahrt über den Brienzersee die beste und zuverlässigste Verkehrsverbindung von Interlaken her. Zwar gab es Fußpfade zwischen den einzelnen rechtsufrigen Dörfern, aber der Weg war beschwerlich, immer wieder gefährdet durch Erdrutsche, Hochwasser und Lawinen. Wahrscheinlich ist Aberli auch per Boot angereist.

Die sanfte Seelandschaft im Sommerlicht, mit den dicht bewachsenen Ufern und organisch gewachsenen Dörfern, täuscht gerne darüber hinweg, welchen Gefahren diese Landschaft, die Straßen und Häuser ausgesetzt sind. Denn über den Dörfern und dem schützenden Waldstreifen sind die Hänge steil und steinig, durchzogen von tiefen Runsen. Im Winter sind es Lawinen, im Frühling und Sommer die Wildbäche, die die Dörfer am Ufer bedrohen. Gegensätze liegen nahe beieinander:

sanft, mild, idyllisch einerseits, hart, wild und rau andererseits.

Das Schreckliche und das Schöne oder, mit den Begriffen der empfindsamen Bildungsbürger der zweiten Hälfte des 18. Jahrhunderts, das Erhabene und das Schöne wurden tief empfunden, und man tauschte sich darüber aus.

Der englische Schriftsteller und Philosoph Edmund Burke hatte in seiner Schrift *A Philosophical Enquiry into the Origin of Our Ideas of the Sublime and Beautiful* 1759 die ästhetische Theorie des »Sublim-Erhabenen« versus das »Schöne« begründet und das Schlagwort vom »delightful horror« geprägt. Seinen philosophischen Ansatz übernahmen die Künstler des späten 18. Jahrhunderts für ihre Landschaftsdarstellungen. Burke hatte ausgeführt, dass das Erhabene, Sublime, dargestellt im Dunkeln, Mächtigen, Schroffen, schrecklich Aussehenden den Menschen erschauern lasse und zu Nervenanspannung führe, während das Schöne, dargestellt durch zarte, reine, glatte, helle Objekte, Vergnügen, Wohlwollen und letztlich Nervenentspannung bewirke. Die Künstler dieser Epoche sahen es nun als ihre Aufgabe, den Menschen einerseits das Schaudern angesichts des Erhabenen zu verschaffen, andererseits aber diese Span-

Schwarze Königskerze.

Folgende Doppelseite oben: Johann Ludwig Aberli, *Brienz und der Brienzersee,* 1769, Kunstmuseum Basel.

Unten: Johann Ludwig Aberli, *Brienzersee,* ca. 1770, Feder und Aquarell, Albertina, Wien.

nung durch das Schöne wieder zu lockern. Um dieses Ziel zu erreichen, waren ziemlich viele Mittel recht: Berge wurden geplättet oder zugespitzt, Felsen gestreckt, Täler geweitet oder verengt, Häuser gedreht und alles mit Figuren und Flora ausgeschmückt. Wer also glaubt, auf den so exakt wirkenden alten Stichen oder Aquarellen Landschaft eins zu eins zu finden, wird seine Wunder erleben. Wie Aberli diese Polarität gelöst hat, kann in dem kleinen Bild von Brienz und dem Brienzersee gezeigt werden. Doch davon später, vor Ort.

Ein Bild des Friedens

Denn vorerst geht es vom Schiff aus zum Landungssteg in Oberried und weiter durch das mittäglich verschlafene Dorf mit seinen Gässli und Strässli hinauf zum Wanderweg, der gemächlich ansteigend Richtung Nordwesten über den Bergsturzkegel des Hirscherenbaches führt. Dieser ist immer noch, wie schon Reiseschriftsteller zu Beginn des 19. Jahrhunderts berichteten, »mit vielen Fruchtbäumen und vortreffli-

Multifunktion im kleinen Dorf: Bahnhof, Post, Dorfladen, Treffpunkt.

Holzskulptur am »Lebensweg« von Oberried.

Ein harmloser Graben, der sich bei Unwetter blitzschnell mit reißenden Wassermassen und Geröll füllt.

chen Wiesen bewachsen«. Eine überdachte Feuerstelle mit Brunnen, Holzskulpturen und Infokarte über den »Erlebnisrundgang« verleitet zu einer eigentlich noch nicht notwendigen Pause.

Die Autostraße und die Bahnlinie blitzen immer wieder zwischen den Bäumen auf, sind aber weit genug entfernt, um nicht störend zu wirken. Ein Wildbach nach dem anderen wird überquert, Wildbäche, die man aus den Nachrichten kennt, wenn es wieder einmal heißt: Straße/Bahnlinie zwischen Oberried und Ebligen wegen Erdrutsch/Lawine gesperrt. Über diese Gräben erreicht man mühelos die neue Hängebrücke über den Unterweidligraben oberhalb von Ebligen. Die Schlucht, die bei niedrigem Wasserstand und schönem Wetter harmlos wirkt, füllt sich bei Gewittern blitzschnell mit Wasser und Geröll und bietet im Winter Lawinen freien Durchgang. Deshalb wird die Brücke jeweils Anfang Dezember abmontiert und erst Anfang Mai wieder installiert.

Blick aufs andere Ufer: Giessbach, Axalp, Tschingel und Axalphorn (links oben).

Das Schauerliche und das Schöne präsentieren sich hier nebeneinander: die tiefe Schlucht, der sattgrüne See, spiegelglatt, und am anderen Ufer im Sonnenschein das Grandhotel Giessbach. Von hier, direkt über Ebligen, wagen wir einen ersten Bildvergleich. Man sieht die abflachende Uferzone mit dem Dorf Brienz, überragt von der Rothornkette und dem markanten Dürrgrind, weiter entfernt der wie eine Abschussrampe in den Aareboden ragende Ballenberg, darüber Brünig, Hasliberg und die Gebirgskette des Oberhasli. Noch sind wir zu weit entfernt, zu hoch oben, doch bereits können wir feststellen, dass vieles nicht übereinstimmt. Der Fels, auf dem die Kirche steht, ist im Bild von Aberli zu hoch, zu wuchtig, der Winkel zum Dorf stimmt nicht mit der Wirklichkeit überein. Auch den Hintergrund, mit Ausnahme des Ballenbergs, hat der Maler anders gesehen, sanfter, lieblicher.

Gemütlich geht es weiter, in angenehmer Distanz zu Straße und Bahn, bis zur Seematten, wo eine ebenfalls neue Fußgängerbrücke den

Mülibach quert. Auch von hier kann man einen Vergleich anstellen, und wieder stimmen einige Elemente – der Ballenberg, der Fall des Oltschibachs, das Fluhband, das sich von der Oltschiburg her Richtung Unterbach senkt, die markante Geländestufe hoch über Meiringen.

Der Wanderweg geht über in die Oberdorfstrasse, gesäumt von Gärten und reich verzierten Holzhäusern. Ein kurzer Aufstieg zur Kirche, ein Blick über Dorf und See, dann geht es hinunter zur Hauptstrasse und dieser entlang ein Stück seeabwärts, bis zum Ende des Friedhofs, und dann so nah zum Ufer wie möglich. Seit 1769 hat sich das Erscheinungsbild gravierend verändert. Mitte des 19. Jahrhunderts war die Fahrstraße zwischen Burgstollen und Ufer ausgebaut und der See im Zuge der Trockenlegung des Aarebodens einen Meter tiefer gelegt worden. Häuser wurden am Ufer gebaut und dort, wo der Mülibach in den See mündet, auf einer Landzunge direkt am Wasser eine weithin sichtbare große Halle errichtet. Dies ist nun der richtige Ort für die Gegenüberstellung von Gemälde und tatsächlich vorgefundener Kulturlandschaft.

Hängebrücke über den Unterweidligraben.

Die Unterschiede sind nun sehr klar auszumachen. Der Felsen ist viel zu hoch, das Pfarrhaus zu weit entfernt. Die Kirche wurde gedreht, denn vom See her sieht man Kirche und Turm nie in diesem Winkel. Die Schneegipfel des Oberhasli sind zu weit in die Ferne gerückt, wie überhaupt die gesamte Berglinie hinter der Kirche nicht stimmt. Elemente des Rothorns, des Dürrgrinds, von Wilerhorn und Brünig scheinen zwar angedeutet, aber sie sind gedreht und gesenkt, entsprechen eher beliebigen Bergformen als der Topografie. Der Uferstreifen, auf

Fußgängerbrücke über den Mülibach.

dem das Dorf platziert wurde, ist viel zu schmal, der Hang dahinter zu steil. Wie von einem Scheinwerfer angestrahlt leuchten der Felsen und die Quaimauer bis zum Pfarrhaus, der Wald direkt dahinter aber liegt im Dämmerlicht. Licht und Schatten sind nach den Gesetzen der Komposition, nicht nach der Natur verteilt. Aber es spielt keine Rolle, denn das Bild soll nicht einfach einen Landschaftsabschnitt wiedergeben, sondern poetisch verklärt ein Gefühl vermitteln. Ein perfektes Beispiel für die Umsetzung des Erhabenen und Schönen in der Kunst nach der Theorie von William Burke.

Aberli, im Urteil seiner Zeitgenossen ein stiller, sanfter Mensch, neigte eher zum Schönen, aber da das Erhabene, der Vorläufer des Romantischen in den Landschafts- und vor allem Alpendarstellungen erwünscht war, mischte er beides: Der Burgstollen, auf dem die Kirche steht, wurde ein bisschen höher, wilder dargestellt, um den Betrach-

Kirche von Brienz, Westansicht.

tern einen wohligen Schauer vor dieser schroffen Bergwelt einzujagen. Dafür wurden die sehr wohl erhabenen hohen Berge und die Felswände im Hintergrund runder, lieblicher dargestellt. Diese Technik charakterisierte die Kunsthistorikern Marie-Luise Schaller in ihrem Buch *Annäherung an die Natur*: »Im Nachhinein hat der Künstler den Charakter des Kraftvollen, Furchtbaren, Schreckeinflößenden abgeschwächt, hat es in eine beruhigte, eine ›schöne‹ Landschaft eingebettet. So hat er in der weiteren Bearbeitung der Brienzersee-Ansicht die Schroffheit der Felsen gebändigt, indem er die aggressiv gegen den Himmel ragenden Zackenformen durch die Silhouette einer sanft sich wölbenden Hügelkuppe hinterfangen hat.« (Schaller 1990)

Brienz und der Brienzersee ist ein Bild des Friedens: das weite, offene Tal ohne Einengung durch zu steile Berge, solid gebaute Steinhäuser, Rauch aus Kaminen, auf dem See Boote, am Ufer Menschen, die winken und Zeit zu haben scheinen. Eine Idylle, die sich in ähnlicher Form in hundertfacher Ausführung mit Dutzenden von Varianten auf Stichen des 19. Jahrhunderts wiederfindet. Vorbild für die Darstellungen vom Brienzersee war in der Regel das Bild von Aberli, aber mal ist der Fels höher, mal niedriger, mal zieht sich eine breite Promenade vor dem Kirchfels hin, der Kirchturm steht mal links, mal rechts vom Kirchenschiff. Wie weit sich eine solche Abbildung verselbständigen kann, zeigt wunderbar ein Stahlstich aus dem Jahre 1835, auf dem eindeutig die Kirche von Brienz mit Pfarrhaus und Mühle zu sehen ist. Die Bildlegende jedoch lautet: »William Tell's Chapel, Lake of Geneva«.

Die kontinuierlichen Bearbeitungen von Ansichten waren ein zeittypisches Phänomen. Johann Ludwig Aberli, Vater der Kleinmeister, begründete und vervollkommnete, ja professionalisierte die Serienproduktion von beliebten Landschaftsansichten, die weg gingen wie warme Semmeln. Die Technik der kolorierten Stiche oder Radierungen, Vervielfältigungen in der »Aberlischen Manier« versorgten in der Folge Heerscharen von Schweiz-Besuchern mit den begehrten Erinnerungsbildchen und hielten während Jahrzehnten eine ganze Industrie am Leben. Mehr als fünfzig Jahre nach dem Tod von Aberli warnte Gottfried Keller: »Unsere Schweizer Maler müssen sich zusammennehmen, wenn sie nicht zur Klasse der Gastwirte, Oberländer Holzschneider, Bergführer und all jener Spekulanten herabsinken wollen, welche von nichts anderem träumen als von den Börsen der durchreisenden Teesieder.« Die fabrikmäßige Ansichtenproduktion, unter Mitwirkung etlicher Gehilfen, hatte auch Aberli zum wohlhabenden Mann gemacht.

Und immer wieder das gleiche Sujet, mit unterschiedlichen Zuordnungen und Ergänzungen:

Nach George Cattermole, London, *William Tell's Chapel, Lake of Geneva,* 1835, Stahlstich, Privatbesitz.

Albert, Berlin, *Village de Brientz,* vor 1850, Chromolithografie, Privatbesitz.

WILLIAM TELL'S CHAPEL,
LAKE OF GENEVA.

From an Original Drawing by G. Cattermole
Engraved by A. H. Payne

London, Simpkin & Marshall, Stationers Court, & T. W. Stevens, 10, Derby Street, Kings Cross.

Brientz

Die Seepromenade, neu errichtet nach der Zerstörung durch den Sturm »Vivian« im Jahr 1990. Eine der Attraktionen: bespielbare Stahlskulpturen.

Erinnerung in Form von Ansichten

Die Schweiz und ihre Darstellung kamen in der zweiten Hälfte des 18. Jahrhunderts in Mode. Gefragt waren schöne Landschaften aus dem Mittelland und neu die leichte Schauder erregenden Alpenansichten, für die vorher wenig Interesse und kein Markt bestanden hatten. Denn noch 1755 hatte Samuel Johnson in seinem *Dictionary of the English Language* die Gebirge als »krankhafte Auswüchse und unnatürliche Geschwülste« definiert. Dann allmählich begannen Künstler, die Ber-

ge so darzustellen, dass es beim Publikum nicht Abscheu, sondern Neugierde weckte. Denn allen Vorurteilen gegenüber den mehrheitlich noch als öde Wüsten gesehenen Gebirgen zum Trotz wuchs das Interesse an der Natur und an den Alpen. Albrecht von Hallers Gedicht *Die Alpen* von 1732 und Jean-Jacques Rousseaus Naturschwärmerei, 1761 durch das Buch *Julie ou la Nouvelle Héloïse* (im gleichen Jahr auch auf Deutsch erschienen) in die Welt hinausgetragen, veränderten die Sicht auf die Alpenwelt.

Blick von der erhöht stehenden Kirche in östlicher Richtung über das Dorf Brienz. Links im Bild die Schule für Holzbildhauerei.

Die Schule für Holzbildhauerei, die die Schnitzlertradition von Brienz weiterführt.

Vorbilder aus der italienischen und holländischen Landschaftsmalerei, die naturwissenschaftliche Aufarbeitung der Landschaft im Zuge der Aufklärung und die Sehnsucht nach Friede, Natur, Idylle nach einer Zeit voller Kriege brachten Reisende in die heile Welt der Schweiz und die Darsteller dieser arkadischen Landschaft im Herzen Europas zueinander. Eine erste große Reisewelle überflutete die Schweiz nach dem Ende des Siebenjährigen Krieges (1756–1763), der in fast ganz Europa gewütet hatte – aber nicht in der Schweiz. Anwälte, Ärzte, reiche Kaufleute, die Söhne und Töchter des europäischen Adels, Dichter und Schwärmer reisten ins Berner Oberland, ließen sich über den Thuner- und Brienzersee rudern auf ihrer Grand Tour – und wünschten, Erinnerungen in Form von Ansichten mit nach Hause zu nehmen. Wenn möglich paarweise aufeinander abgestimmte Drucke oder Aquarelle, die man im Salon rechts und links der Pendule aufhängen konnte.

Tal, See, Dorf, Kirche und in der Ferne Berge – damit war ein Startzeichen gesetzt für das, was sich im späten 18. Jahrhundert und vor allem in der ersten Hälfte des 19. Jahrhunderts zur Alpenmalerei entwickeln sollte. Als Johann Ludwig Aberli im Jahre 1769 sein kleines Ölbild vom Brienzersee, in dem alle diese Elemente ideal kombiniert sind, malte, war die Landschaftsmalerei in der Schweiz noch jung und die Alpen noch weit entfernt. Aberli selbst wagte zwar ein paar erste Schritte in die Welt der schauerlichen Alpen, er zeichnete den Grindelwaldgletscher und den Staubbach, aber seine Welt waren eher das Mittelland und der sanftere Jura. Johann Ludwig Aberli gebührt jedoch die Ehre, die Landschaftsdarstellung im Alpenvorland für die kommenden Jahrzehnte geprägt und dank seiner »Bilderfabrik« das Thema Grafik und Tourismuswerbung gesetzt zu haben.

Im gut erhaltenen alten Dorfkern: Oberdorfstrasse, Geigenbauschule und Brunngasse.

Weiterlesen

Charlotte König-von Dach, *Johann Ludwig Aberli 1723–1786*, Bern 1987.

Marie-Luise Schaller, *Annäherung an die Natur. Schweizer Kleinmeister in Bern 1750–1800*, Bern 1990.

Johann Ludwig Aberli (1723–1786)

Geboren 1723 in Winterthur, gestorben 1786 in Bern. Nach Lehrjahren in Winterthur reiste Aberli mit achtzehn Jahren nach Bern, damals ein zukunftsträchtiges Pflaster für angehende Künstler. Er verdiente seinen Lebensunterhalt vorerst als Dekorationsmaler, bildete sich in der Zeichenschule von Johann Grimm weiter und übernahm sie nach dessen Tod 1747. Zuerst spezialisierte er sich auf das Malen von Porträts.

Erst nach einer Paris-Reise und durch den Kontakt mit dem Landschaftsmaler Christian Georg Schütz und dem Dichter und Maler Salomon Gessner wandte sich Aberli 1765/66 der Landschaftsmalerei zu, mit der er bald großen Erfolg hatte. Er malte nach der Natur erkennbare Landschaften, ergänzte sie aber, dem Geschmack der Zeit folgend, mit Figuren und Landschaftselementen, die beim Publikum am besten ankamen. Er perfektionierte die Verbreitung der Landschaftsmalerei, indem er von einem jeweiligen Sujet Umrissradierungen oder Stiche nach Aquarell- oder Ölvorlage druckte und diese dann individuell kolorierte.

So entstanden die kolorierten Umrissradierungen nach »Aberlischer Manier«, für die er von der Stadt Bern ein Schutzprivileg, entsprechend einem Patent, erhielt und die den Anfang der industriellen Produktion von Stichen von Schweizer Landschaften im 19. Jahrhundert bildeten.

Aberli wurde damit im 18. Jahrhundert zum Vorläufer der sogenannten Kleinmeister, Grafiker im Dienst der Tourismuswerbung, die mit ihren praktisch ins Reisegepäck passenden kleinen Stichen und Aquarellen den Bedarf an Erinnerung an die Alpen abdeckten. Aberli starb 1786 als wohlhabender Bürger in Bern.

Tourinfos 14

Einstufung: ✎
Gehzeit: 2 h
Höhendifferenz: ↗ 150 m, ↘ 175 m
Beste Jahreszeit: Mai bis Ende Oktober.
Karten: Swisstopo 1:25 000, Blatt 1209 Brienz.
Anreise: Mit Bahn oder Schiff von Interlaken nach Oberried.
Rückreise: Bahn oder Schiff ab Brienz zurück nach Interlaken oder Weiterreise nach Meiringen/Luzern.

Sehenswertes
A Reformierte Kirche mit romanischem Turm.
B Alter Dorfkern mit Brunngasse, Oberdorfstrasse und Am Bort.
C Schweizer Holzbildhauerei Museum, 3855 Brienz, Tel. 033 952 13 17, www.museum-holzbildhauerei.ch.
D Geigenbauschule Brienz, 3855 Brienz, Tel. 033 951 18 61, www.geigenbauschule.ch; Ausstellungen, Führungen auf Anfrage.
E Verkehrsfreie Seepromenade, 1990 nach der Zerstörung durch Sturm »Vivian« neu aufgebaut.

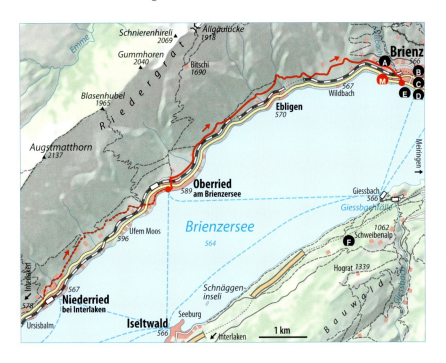

Die Kirche auf dem Burgstollen, zwar schon ein Stück über Seeniveau, aber doch nicht so hoch wie auf den alten Abbildungen.

Wanderroute
Von der Schiffstation Oberried durchs Dorf bis zur Hauptstrasse hochsteigen (Wanderwegweiser), dieser rund 50 Meter seeaufwärts folgen, sie überqueren und nach links abbiegen, unter der Bahnlinie durch und an der Kirche vorbei zur Panoramastrasse. Dann den Wanderweg Richtung Ebligen/Brienz einschlagen, der sich im ersten Teilstück mit dem Erlebnisrundgang Oberried (braune Wegweiser) deckt. Zu Beginn Hartbelag. Der Weg quert den sanft abfallenden Schuttkegel des Hirscherenbachs. Im anschließenden Waldstück Feuerstelle mit Brunnen. Nach ca. 3 Kilometern den Weg »Brienz via Hängebrücke« wählen. Von der Hängebrücke aus sehr schöner Blick über den See. Etwa 500 Meter nach der Hängebrücke beim Wegweiser dem Waldlehrpfad Dorni Richtung Brienz West folgen. Auf der neu erstellten Fußgänger- und Velobrücke den Milibach überqueren und durch die Dorfgassen zur Kirche spazieren. Dann zur Hauptstrasse hinuntersteigen, dieser ein kurzes Stück seeabwärts folgen und einen Blick auf Kirche und Burgstollen werfen. Auf der Straße zurück bis zum Löwenplatz und via Seepromenade zu Schifflände/Bahnhof.

Variante
In Niederried starten, zusätzliche Wanderzeit: 50 Min.

Rasten und Ruhen
Restaurants in Oberried und Brienz.

Informationen
Brienz Tourismus, Hauptstrasse 148, 3855 Brienz, Tel. 033 952 80 80, www.brienzersee.ch. (Weitere Hinweise siehe Route 12.)

Anhang

Abbildungsverzeichnis und Bildnachweis

Kapitel 1

Caspar Wolf, *Der Geltenschuss im Lauenental mit Schneebrücke,* 1778, Öl auf Leinwand, 82 × 54 cm, Museum Oskar Reinhart am Stadtgarten, Winterthur.

Caspar Wolf, *Der Geltenschuss im Lauenental,* ca. 1777, Öl und Bleistift auf Karton, 39 × 24 cm, Aargauer Kunsthaus Aarau.

Porträt von **Caspar Wolf:** *Selbstbildnis mit aufgekremptem Hut,* Caspar Wolf Kabinett, Muri AG. Foto: P. Beuchat, Kurator.

Kapitel 2

Auguste Baud-Bovy, *Béatitude (Le Lac de Thoune depuis Krattigen),* 1896, Ölfarbe auf Leinwand, 113 × 199 cm. Winterthur, Kunstmuseum Winterthur, Ankauf mit Bundessubvention, 1900.

Porträt von **Auguste Baud-Bovy:** Valentina Anker, *Auguste Baud-Bovy 1848–1899,* Editions Benteli Berne 1991 (Foto aus Familienarchiv).

Kapitel 3

Paul Klee, *Der Niesen,* 1915, Aquarell und Bleistift auf Papier auf Karton, 17,7 × 26 cm, Kunstmuseum Bern, Hermann und Margrit Rupf-Stiftung, © by Pro Litteris, Zurich.

Jean Frédéric Schnyder, *Niesen IV,* 1990, Öl auf Leinwand, 21 × 30 cm, Aargauer Kunsthaus Aarau.

Ferdinand Hodler, *Der Thunersee mit Niesen,* 1910, Öl auf Leinwand, 105,5 × 83 cm, Kunstsammlung Thomas Schmidheiny.

Cuno Amiet, *Niesen mit Spiegelung im See,* 1926, Öl auf Leinwand, 73,5 × 59 cm, Privatbesitz.

Leo Keck, *Niesen, 2362 m, 7750 ft, Schweiz, Suisse, Switzerland,* 1957, 101 × 64 cm, Schweizerische Nationalbibliothek, Bern.

Porträt von **Paul Klee:** Paul Klee München, 1911. Fotograf: Alexander Eliasberg. Zentrum Paul Klee, Bern, Schenkung Familie Klee.
Porträt von **Cuno Amiet:** Nachlass Cuno Amiet.
Porträt von **Jean Frédéric Schnyder:** © SIK-ISEA, Zürich.

Kapitel 4

Samuel Buri, *Berner Oberland,* 1982, Acryl auf Baumwolle, 130 × 195, Privatbesitz.

Porträt von **Samuel Buri:** Konrad Richter.

Kapitel 5

Ferdinand Hodler, *Die Jungfrau von der Isenfluh aus,* 1902, Öl auf Leinwand, 75 × 56 cm, Kunstmuseum Basel. Geschenk der Max Geldner-Stiftung 1982, Foto: Kunstmuseum Basel, Martin P. Bühler.

Ferdinand Hodler, *Das Jungfraumassiv von Mürren aus,* 1911, Öl auf Leinwand, 88 × 65,5 cm, Museum Oskar Reinhart am Stadtgarten, Winterthur.

Porträt von **Ferdinand Hodler:** Gertrud Dübi-Müller: Ferdinand Hodler malt im Garten seines Ateliers, Genf, 1915 © Fotostiftung Schweiz.

Kapitel 6

Franz Niklaus König, *Der Staubbach im Lauterbrunnental,* 1804, Öl auf Leinwand, 136,2 × 108 cm, Kunstmuseum Bern. Bernische Kunstgesellschaft, Bern, Geschenk der Erben von Frau Sulzberger-König, Frauenfeld.

Alexandre Calame, *Der Staubbachfall im Lauterbrunnental,* 1837, Öl auf Leinwand, 169,8 × 129 cm, Schweizerisches Alpines Museum, Bern.

Otto Frölicher, *Schmadribach,* um 1881, Öl auf Leinwand, 111,5 × 92 cm, Kunstmuseum Solothurn. Depositum des Kunstvereins Solothurn, 1905.

Joseph Anton Koch, *Der Schmadribachfall,* 1821/22. Öl auf Leinwand, 131,8 × 110 cm. Neue Pinakothek, München. Eine Erstfassung von 1793/94, Aquarell über Bleistift und Feder auf Papier, 49,6 × 41,3 cm, befindet sich in der Öffentlichen Kunstsammlung Basel, Kupferstichkabinett.

Porträt von **Franz Niklaus König:** Selbstbildnis, 1815/17, Kunstmuseum Bern.

Kapitel 7

Maximilien de Meuron, *Le grand Eiger vu de la Wengern Alp,* 1822/23, Öl auf Holz, 51 × 40 cm, Musée d'art et d'histoire, Département des arts plastiques, Neuchâtel. Inventarnummer AP 101, Don du compte Guillaume de Pourtalès en 1881, Foto MAHN, Stefano Iori.

Kapitel 8

Alexandre Calame, *Das Wetterhorn,* 1840, Öl auf Leinwand, 128 × 97 cm, Sammlung Credit Suisse.

François Diday, *Glacier du Rosenlaui,* 1841, Öl auf Leinwand, 244 × 305 cm, Musée cantonal des Beaux-Arts Lausanne. Foto: J.-C. Ducret, Musée cantonal des Beaux-Arts, Lausanne.

François Diday, *Le Wetterhorn,* 1847, Öl auf Leinwand, 108 × 144,5 cm, © Musée d'art et d'histoire, Ville de Genève.

Porträt von **Alexandre Calame:** *Malerische Reisen durch die Schöne alte Schweiz, 1750–1850,* Ex Libris Verlag Zürich, 1982.

Kapitel 9

Plinio Colombi, Plakat *Meiringen-Reichenbach-Aareschlucht,* 1914, Lithografie, 101 × 70 cm, Schweizerische Nationalbibliothek Bern, Graphische Sammlung.

Porträt von **Plinio Colombi:** Werner E. Aeberhardt, *Plinio Colombi. Ein Schweizer Gebirgs- und Landschaftsmaler,* Kommissionsverlag Buchhandlung Petri & Co. AG, Solothurn 1948

Kapitel 10

Gabriel Lory fils, *Blick auf das Grimselhospiz,* 1822, kolorierte Aquatinta aus dem Werk *Voyage pittoresque de l'Oberland bernois* von Lory Vater und Sohn, 18,9 × 28 cm, Schweizerische Nationalbibliothek, Bern.

Rudolf Dikenmann, *Grimsel,* ca. 1860, Aquatinta blau, koloriert, 6 × 9,5 cm, Privatbesitz.

Porträt von **Gabriel Lory fils:** *Malerische Reisen durch die Schöne alte Schweiz, 1750–1850,* Ex Libris Verlag Zürich, 1982.

Kapitel 11

Barthélemy Menn *Le Wetterhorn, vue prise depuis le Hasliberg,* 1845, Öl auf Leinwand, 122,5 × 100 cm, Privatbesitz, © SIK-ISEA Zürich.

Barthélemy Menn, *Le Wetterhorn, vue prise depuis le Hasliberg,* Studie, 1845, Öl auf Karton, 66 × 52 cm, © Musée d'art et d'histoire, Ville de Genève.

Porträt von **Barthélemy Menn:** Selbstbildnis mit Strohhut, um 1872, Musée d'art et d'Histoire, Genf. Bildarchiv Foto Marburg.

Kapitel 12

Johann Peter Flück, *Brienzersee,* 1952, Öl auf Leinwand, 100 × 70 cm, Privatbesitz.

Martin Peter Flück, *Brienzersee Landschaft 2000,* 2000, Öl auf Leinwand, 100 × 140 cm, im Besitz des Künstlers.

Porträt von **Johann Peter Flück:** Archiv Flück, Schwanden.
Porträt von **Martin Peter Flück:** Konrad Richter.

Kapitel 13

Samuel Birmann, *Le Giessbach,* Aquatinta, ca. 1840, 15,8 × 12,2 cm, Privatbesitz.

Heinrich Rieter, *Cascade du Giessbach près du Lac de Brienz,* o. J. kolorierter Umrissstich, Depositum der Gottfried Keller-Stiftung/Kunstmuseum Bern.

Samuel Birmann, *Giessbach,* Juli 1820, Aquarell, 34,7 × 25 cm, Kunstmuseum Basel, Kupferstichkabinett Foto: Kunstmuseum Basel, Martin P. Bühler (Inv. Bi.30.51).

Wisard, *Elisabeth Grossmann de Brientz,* Aquarell, ca. 1815, 22,3 × 16,7 cm, Privatbesitz.

Rudolf D. Dikenmann, *Hôtel et Cascade du Giessbach,* Aquatinta, ca. 1860/1870, 7,5 × 11,2 cm, Privatbesitz.

Rudolf D. Dikenmann, *Hôtel Giessbach,* Aquatinta, ca. 1876, 13,4 × 19,3 cm, Privatbesitz.

Porträts von **Samuel Birmann** und **Heinrich Rieter:** *Malerische Reisen durch die Schöne alte Schweiz, 1750–1850,* Ex Libris Verlag Zürich, 1982.

Kapitel 14

Johann Ludwig Aberli, *Brienz und der Brienzersee,* 1769, Öl auf Lindenholz, 25,6 × 36,8 cm, Kunstmuseum Basel. Depositum der Prof. J. J. Bachofen-Burckhardt-Stiftung 1921, (Inv. Nr. 1272), Foto: Kunstmuseum Basel, Martin P. Bühler.

Johann Ludwig Aberli, *Brientzersee,* ca. 1770, Feder und Aquarell, 22 × 36,2 cm, Albertina, Wien (Inv. Nr. 4424).

George Cattermole, London, *William Tell's Chapel, Lake of Geneva,* 1835, Stahlstich, 10,5 × 15,5 cm, Privatbesitz.

Albert, Berlin, *Village de Brientz,* vor 1850, Chromolitografie, 10 × 13,7 cm, Privatbesitz.

Porträt von **Johann Ludwig Aberli:** *Malerische Reisen durch die Schöne alte Schweiz, 1750–1850,* Ex Libris Verlag Zürich, 1982.

Die Museen

Viele der im Buch vorgestellten Kunstwerke stammen aus den unten aufgeführten Museen. In den Sammlungen lassen sich noch viele weitere Kostbarkeiten schweizerischer Landschaftsmalerei entdecken. Es ist eine lohnende Erfahrung, die Wanderung in der Natur durch einen Besuch im Museum zu ergänzen!

Aargauer Kunsthaus

Aargauerplatz
5000 Aarau
Tel. 062 835 23 30
www.aargauerkunsthaus.ch

Öffnungszeiten
Dienstag bis Sonntag 10–17 Uhr
Donnerstag 10–20 Uhr
Montag geschlossen

Kunstmuseum Basel

St. Alban-Graben 16
4010 Basel
Tel. 061 206 62 62
www.kunstmuseumbasel.ch

Öffnungszeiten
Dienstag bis Sonntag 10–18 Uhr
Montag geschlossen

Kunstmuseum Bern

Hodlerstrasse 8
3011 Bern
Tel. 031 328 09 44
www.kunstmuseumbern.ch

Öffnungszeiten
Dienstag 10–21 Uhr
Mittwoch bis Sonntag 10–17 Uhr
Montag geschlossen

Schweizerisches Alpines Museum

Helvetiaplatz 4
3005 Bern
Tel. 031 350 04 40
www.alpinesmuseum.ch

Öffnungszeiten
Montag 14–17.30 Uhr
Dienstag bis Sonntag 10–17.30 Uhr

Musée d'art et d'histoire, Genève

Rue Charles-Galland 2
1206 Genf
Tel. 022 418 26 00
www.ville-ge.ch/mah

Öffnungszeiten
Dienstag bis Sonntag 10–18 Uhr
Montag geschlossen

Musée cantonal des Beaux-Arts, Lausanne

Place de la Riponne 6
1014 Lausanne
Tel. 021 316 34 45
www.beaux-arts.vd.ch

Öffnungszeiten
Dienstag bis Donnerstag 11–18 Uhr
Freitag bis Sonntag 11–17 Uhr
Montag geschlossen

Musée d'art et d'histoire, Neuchâtel

Esplanade Léopold-Robert 1
2000 Neuchâtel
Tel. 032 717 79 20
www.mahn.ch

Öffnungszeiten
Dienstag bis Sonntag 11–18 Uhr
Montag geschlossen

Kunstmuseum Solothurn

Werkhofstrasse 30
4500 Solothurn
Tel. 032 624 40 00
www.kunstmuseum-so.ch

Öffnungszeiten
Dienstag bis Freitag 11–17 Uhr
Samstag und Sonntag 10–17 Uhr
Montag geschlossen

Museum Oskar Reinhart am Stadtgarten

Stadthausstrasse 6
8400 Winterthur
Tel. 052 267 51 72
www.museumoskarreinhart.ch

Öffnungszeiten
Dienstag 10–20 Uhr
Mittwoch bis Sonntag 10–17 Uhr
Montag geschlossen

Kunstmuseum Winterthur

Museumstrasse 52
8400 Winterthur
Tel. 052 267 51 62
www.kmw.ch
(Neueröffnung 30.10.2010)

Kleines Kunstglossar

AQUATINTA: Technik des Tiefdruckverfahrens. Auf Druckplatten wird feiner Kolophonium- oder Teerstaub eingeschmolzen und dann durch Ätzungen unterschiedlich aufgeraut. Wird die Farbe danach aufgetragen, ergibt sich je nach Rauheit ein unterschiedlicher Farbton.

ART INFORMEL: Moderne Stilrichtung ab 1945. Typisch: jeder Verzicht auf beschreibende Bildmotive oder geregelte Kompositionen.

ARTISTES INDÉPENDENTS: Künstler, die in Paris von den offiziellen Kunstausstellungen, den Salons, ausgeschlossen wurden, bildeten 1884 die Gruppe der unabhängigen Künstler, die in Räumlichkeiten, welche die Stadt Paris zur Verfügung stellte, eigene Ausstellungen organisierten.

BARBIZON: Dorf nahe Paris, in dem in der Mitte des 19. Jahrhunderts eine Künstlerkolonie entstand, die sich von der heroisch-romantischen Ateliermalerei mit ihren komponierten Landschaften lossagte. Diese Künstler malten in der freien Natur, sie suchten nach neuen Ausdrucksformen und stellten die Landschaftsausschnitte so dar, wie sie sie persönlich empfanden und wie sie den Charakter der Landschaft interpretierten.

BERNER SCHULE: Begriff aus der Kunstgeschichte, der einmal für die Berner Kleinmeister Ende des 18. und in der ersten Hälfte des 19. Jahrhunderts verwendet wird. Andererseits wird mit Berner Schule ein lockeren Zusammenschluss von jungen Künstlern rund um

Ferdinand Hodler bezeichnet, die bis zu dessen Tod als Elite einer neuen nationalen Schweizer Kunst angesehen wurden, danach aber ziemlich schnell an Bedeutung verloren oder sich in anderen Bereichen (Plakatkunst) einen Namen machten. Zu diesen Vertretern der Berner Schule gehörten etwa Plinio Colombi und Emil Cardinaux.

BLAUER REITER: 1911 in Berlin gegründete Vereinigung vorwiegend deutscher und russischer Künstler mit eigenem künstlerischen Programm, das die Grundlage bildete für die abstrakte (ungegenständliche) Malerei. Mitglieder des Blauen Reiters waren etwa Paul Klee, Franz Marc und Wassily Kandinsky.

BRÜCKE: Lose Vereinigung von expressionistischen Künstlern in Dresden zwischen 1905 und 1913. Typisch: Inspiration von der Schnitzkunst traditioneller Völker, Grafik (Holzschnitt) als wichtiges Mittel künstlerischer Arbeit.

DIAPHANORAMA: Guckkasten mit aquarellierten Transparentbildern von Landschaften, die von hinten beleuchtet wurden.

EXPRESSIONISMUS: Kunstrichtung des frühern 20. Jahrhunderts. Starke Eindrücke werden durch Farben losgelöst von ihrem naturgegebenen Umfeld oder realen Vorlagen wiedergegeben. Abgebildetes wird in Farben aufgelöst. Es werden häufig ungemischte Farben verwendet, die Formen sind holzschnittartig, Motive werden auf das Wesentlichste reduziert.

GENFER SCHULE: Der Kreis der Maler und Schüler um Alexandre Calame und François Diday, die um die Mitte des 19. Jahrhunderts in Genf eine neue Tradition der pathetisch-romantischen Landschaftsmalerei begründeten und die erste Akademie ausschließlich für das Landschaftsfach einrichteten.

GRAND TOUR: Bildungsreisen des Adels, im 19. Jahrhundert auch des wohlhabenden Bürgertums, durch Deutschland, die Schweiz und

Italien auf mehr oder weniger festgelegten Routen. Die Grand Tour im Berner Oberland begann in Thun; zu besuchende Orte waren das Lauterbrunnental mit dem Staubbach, Grindelwald, Rosenlauital, Meiringen, Grimsel, Brienzersee und Thunersee.

IMPRESSIONISMUS: Kunstströmung zwischen 1850 und 1900, ausgehend von Frankreich. Hauptmerkmale: das Spiel von Licht und Schatten und wie dadurch die Farben verändert werden, die Wiedergabe flüchtiger Eindrücke (Impressionen) und Empfindungen.

KLASSISCHE MODERNE: Bezeichnet die Vielfalt heute noch als bahnbrechend angesehener, avantgardistischer Stilrichtungen in den bildenden Künsten von ca. 1890 bis in die Mitte des 20. Jahrhunderts.

KLEINMEISTER: Maler, Kupferstecher und Lithografen, die vielfach reproduzierbare Ansichten (Radierung, Stich, kolorierter Stich, Aquatinta, kleines Ölgemälde) von Schweizer Landschaften und Städten schufen. Bekannt waren die Kleinmeister der Berner Schule, so Gabriel Lory Vater und Sohn, Johann Ludwig Aberli, Samuel Birmann, Heinrich Rieter.

PAYSAGE INTIME: Der Begriff bedeutet »vertraute Landschaft«. Damit werden einfache, unspektakuläre und subjektiv empfundene Landschaftsdarstellungen bezeichnet. Die Paysage intime wurde um die Mitte des 19. Jahrhunderts von Künstlern, die sich im Dorf Barbizon nahe Paris trafen, begründet und ist ein Vorläufer des Impressionismus.

PLEIN-AIR-MALEREI ODER PLEINAIRISMUS: Freilichtmalerei direkt vor dem Motiv im Gegensatz zur reinen Ateliermalerei.

PONT-AVEN: Bezeichnung für eine Gruppe von Künstlern um den französischen Maler Paul Gauguin, die am Ende des 19. Jahrhunderts in dem im Süden der Bretagne gelegenen Dorf Pont-Aven malte. Kennzeichen ihrer Werke: der Gebrauch reiner, leuchtender Farben.

Pop-Art: Abkürzung für »popular art«. Kunstrichtung, die um 1950 in den USA und in Großbritannien entstand. Typisch: Alltägliche Bildmotive aus Werbung, Konsum und Großstadtleben werden isoliert und in starken Farben und mit klaren Konturen, zum Teil in Serie wiedergegeben.

Postimpressionismus: Malstile zwischen ca. 1880 und 1905 in der Folge des Impressionismus. Dem Postimpressionismus werden Paul Cézanne, Paul Gauguin, Vincent van Gogh und George Seurat zugeordnet. Im Postimpressionismus werden Möglichkeiten der Darstellungen grundsätzlich infrage gestellt. Farbe und Linie erhält immer stärkeres Gewicht gegenüber dem realen Aussehen des Dargestellten.

Radierung: Grafisches Tiefdruckverfahren. Bei der Kaltnadelradierung wird das Bild mit einer Radiernadel auf die Druckplatte eingeprägt, bei der Ätzradierung wird die Zeichnung eingeätzt. Die Vertiefungen werden mit Farbe aufgefüllt und das Papier wird hineingepresst.

Stich: Grafisches Tiefdruckverfahren. Aus einer Metallplatte (meistens Kupfer) wird mit einem Instrument (Stichel) die Linien eines Bildes »gespachtelt«.

Vedute: Das Wort stammt vom italienischen »veduta«, Ansicht. Mit Veduten bezeichnet man kleinformatige, kolorierte und topografisch getreue Panoramadarstellungen von Landschaften und Städten.

Wiener Secession: Vereinigung von bildenden Künstlern, 1897 in Wien entstanden im Gegensatz zum konservativen Künstlerhaus und als Protest gegen die traditionelle Kunst. Secession bedeutet »Abspaltung«, mit ihr wird auch die Wiener Variante des Jugendstils bezeichnet. 1898 wurde ein separates Ausstellungsgebäude errichtet, die Secession, in der Hodler ausstellte.

Quellen und verwendete Literatur

Aargauer Kunsthaus, *Jahrbuch 4. Jahresbericht 2006*, Aarau 2007.

Werner E. Aeberhardt, *Plinio Colombi. Ein Schweizer Gebirgs- und Landschaftsmaler*, Solothurn 1948.

Daniel Anker, *Jungfrau. Zauberberg der Männer*, AS Verlag, Zürich 1996.

Valentina Anker, *Calame dessins. Catalogue raisonné*, Benteli Verlag, Bern 2000.

Valentina Anker, *Auguste Baud-Bovy, das Dorf Aeschi und das Berner Oberland*. Aeschi 1999.

Valentina Anker, *Auguste Baud-Bovy*, Benteli Verlag, Bern 1991.

Valentina Anker, *Alexandre Calame. Vie et œuvre. Catalogue raisonné des peintures*, Office du Livre, Fribourg 1987.

Thomas Bachmann, *Jungfrau–Aletsch–Bietschhorn. 35 Wanderungen im und ums UNESCO-Weltnaturerbe*, Rotpunktverlag, Zürich 2006.

Karl Baedeker, *Die Schweiz nebst den angrenzenden Theilen von Oberitalien, Savoyen und Tirol. Handbuch für Reisende*, Verlag Karl Bädeker, Leipzig 1891.

Eliska Bartek, *Berge versetzen*, Photo Edition, Berlin 2010.

Markus Baumgartner (Hrsg.), *From Liotard to Le Corbusier. 200 Years of Swiss Painting, 1730–1930*, Swiss Inst. For Art Research, Zürich 1988.

Tobias Bezzola u. a. (Hrsg.), *Ferdinand Hodler. Landschaften*, Scheidegger & Spiess, Zürich 2003.

Therese Bichsel, *Schöne Schifferin. Auf den Spuren eine aussergewöhnlichen Frau*, Zytglogge Verlag, Bern 1997.

Susanne Bieri (Hrsg.), *»Als regnete es hier nie …«. Plakate/Affiches*, Graphische Sammlung Schweizerische Landesbibliothek, Verlag Schwabe & Co., Basel 2003.

Steffan Biffiger, Heidy Gasser, Niklaus Schüpbach, *Martin Peter Flück. Klang der Bäume – Landschaften und Blumen*, Benteli Verlag, Bern 2005.

Christoph Bignens, *Swiss style. Die grosse Zeit der Gebrauchsgrafik in der Schweiz 1914–1964*, Chronos Verlag, Zürich 2000.

Erika Billeter, *Schweizer Malerei. Hundert Meisterwerke aus Schweizer Museen vom 15. bis zum 20. Jahrhundert*, Silva Verlag, Zürich 1991.

Peter Brunner, Hans Gertsch, *Das Lauterbrunnental*, Verlag Schlaefli & Maurer, Interlaken 2006.

Jura Brüschweiler u. a., *Ferdinand Hodler – Fotoalbum*, Benteli Verlag, Zürich/Bern 1998.

Jura Brüschweiler, *Ferdinand Hodler*, Benteli Verlag, Bern 1983.

Jura Brüschweiler, *Barthélemy Menn. 1815–1893*, Fretz & Wasmuth Verlag, Zürich 1960.

Ernst Buri, *Brienz*, Berner Heimatbücher Nr. 75, Paul Haupt Verlag, Bern 1959.

Heinz Bütler, *Ferdinand Hodler*, Benteli Verlag, Bern 2004.

Cook's Tourist's Handbook for Switzerland, London 1908.

Alberto de Andrés, *Alpine Views. Alexandre Calame and the Swiss Landscape*, Sterling and Francine Clark Art Institute, Williamstown MS2006.

Alberto de Andrés (Hrsg.), *Les Couleurs de la Mélancholie/Die Farben der Melancholie*, Seedamm Kulturzentrum/Musée d'art et d'histoire Neuchâtel, Pfäffikon/Neuchâtel 2003.

Alberto de Andrés, Hans Christoph von Tavel, *Windwende/Le vent tourne. Menschen und Landschaften in der Schweizer Malerei um 1800*, Seedamm Kulturzentrum, Pfäffikon 2002.

Alberto de Andrés, *Westwind/Vent d'ouest. Zur Entdeckung des Lichts in der Schweizer Landschaftsmalerei des 19. Jahrhunderts*, Seedamm Kulturzentrum, Pfäffikon 2000.

Director's Choice. »Trinket, o Augen …«. Schweizer Landschaft von 1800 bis 1900, Ausstellungsführer, Kunstmuseum Bern, Bern 2009.

Johann Gottfried Ebel, *Anleitung, auf die nützlichste und genussvollste Art die Schweiz zu bereisen*, 2. Aufl., Zürich 1804.

Eidgenössische Postverwaltung, *Grimselpass. Poststrasse Meiringen–Grimsel–Gletsch*, Kümmerly & Frey, Bern (o. J.).

Matthias Fischer (Hrsg.), *Der Niesen. Ein Berg im Spiegel der Kunst*, Kunstmuseum Thun/Benteli Verlag, Bern 1998.

Peter Fischer, Christoph Lichtin (Hrsg.), *Schweizer Meister/Swiss Masters. Publikation zum 75-Jahr-Jubiläum der Bernhard Eglin-Stiftung*. Kunstmuseum Luzern/Benteli Verlag, Luzern 2008.

Johann Peter Flück, »Aus meiner Jugendzeit« in: *Katalog zur Gedächtnisausstellung Johann Peter Flück*, Kunstsammlung der Stadt Thun, Thun 1964.

Hilmar Frank, *Joseph Anton Koch. Der Schmadribachfall. Natur und Freiheit*, Fischer Taschenbuch Verlag, Frankfurt am Main 1995.

Liselotte Fromer-Im Obersteg, *Die Entwicklung der schweizerischen Landschaftsmalerei im 18. und frühen 19. Jahrhundert*, Verlag Birkhäuser, Basel 1945.

Johann Caspar Füssli, *Geschichte und Abbildung der besten Mahler in der Schweitz*, Zürich 1755.

Sergius Golowin u. a., *Berner Oberland*, Bucher, München/Luzern 1987.

Will Grohmann, *Der Maler Paul Klee*, DuMont Buchverlag, Köln 1977.

Ulrich Christian Haldi, *Reise in die Alpen*, Büchler-Verlag, Wabern 1969.

Alfred A. Häsler, *Martin Peter Flück. Spiegelungen der Schöpfung*, Fischer-Verlag, Münsingen/Bern 1992.

David Hess, »Kunstgespräch in der Alphütte«, in: *Alpenrosen, ein Schweizer Almanach*, Leipzig 1822.

Hermann Hesse, »Zur Amiet-Ausstellung«, in: Ausstellungskatalog Kunsthalle Bern, Bern 1919.

Roswitha Hohl-Schild, *Otto Frölicher und Landschaftsmaler seiner Zeit,* Ausstellungskatalog, Solothurn 1990.

Hanspeter Holzhauser, Heinz. J. Zumbühl, *Alpengletscher in der Kleinen Eiszeit.* Schweizer Alpenclub, Bern 1988.

Max Huggler, *Der Brienzersee in der Malerei*, K. J. Wyss Erben AG, Bern 1980.

In den Alpen. Ausstellungskatalog, Kunsthaus Zürich, Zürich 2006.

Françoise Jaunin, *Schweizer Alpen. 500 Jahre Malerei,* Mondo-Verlag, Vevey 2004.

Katharina Katz, *Samuel Buri. Monographie*, Benteli Verlag, Bern 1995.

Christine Kehrli-Moser, *Rosenlaui. 240 Jahre Tourismus- und Hotelträume an der grossen Oberlandtour*, Eigenverlag, Rosenlaui 2009.

Paul Klee, *Tagebücher,* DuMont Verlag, Köln 1979.

Christian Klemm (Hrsg.), *Von Anker bis Zünd. Die Kunst im jungen Bundesstaat 1848–1900,* Scheidegger & Spiess, Zürich 1998.

Franz Niklaus König, *Reise in die Alpen*, Bern 1814.

Charlotte König-von Dach, *Johann Ludwig Aberli. 1723–1786*, Galerie Jürg Stuker, Bern 1987.

Peter F. Kopp u. a., *Malerische Reisen durch die schöne alte Schweiz 1750–1850*, Ex Libris Verlag, Zürich 1982.

Markus Krebser, *Interlaken. Eine Reise in die Vergangenheit*, Verlag Krebser, Thun 1990.

Stephan Kunz u. a., *Caspar Wolf. Ein Panorama der Schweizer Alpen*, Aargauer Kunsthaus, Aarau 2001.

Stephan Kunz (Hrsg.), *Die Schwerkraft der Berge. 1774–1997*, Kunsthaus Aarau/Kunsthalle Krems, Stroemfeld Verlag, Basel 1997.

Carl Albert Loosli, *Hodlers Welt. Werke Band 7*, Rotpunktverlag, Zürich 2008.

C. A. Loosli, *Ferdinand Hodler. Leben Werk und Nachlass*, Rudolf Suter & Cie., Bern 1921–1924.

Bruno Margadant, *Das Schweizer Plakat 1900–1983*, Birkhäuser Verlag, Basel 1983.

Hans Maurer (Hrsg.), *Die »Berner Schule«. Eine Privatsammlung*, Benteli Verlag, Bern 2008.

Paul Mendelssohn Bartholdy, *Felix Mendelssohn Bartholdy. Reisebriefe*, Leipzig 1862.

Adolf Michel u. a., *Die Aareschlucht*, Eigenverlag, Meiringen 1996.

Hans Michel, *Buch der Talschaft Lauterbrunnen. 1240–1949*, Verlag P. Ruch-Daulte, Wengen 1970.

Hans Michel, *Lauterbrunnen – Wengen – Mürren*, Berner Heimatbücher Nr. 65, Paul Haupt Verlag Bern 1956.

Hans-Ulrich Mielsch, *Die Alpengalerie. Ein Roman um Caspar Wolf, den Pionier der Alpenmalerei,* Arche Verlag, Zürich/Hamburg 2005.

Ernst Nägeli, *Hasliberg,* Berner Heimatbücher Nr. 128, Paul Haupt Verlag, Bern 1982.

Kunsthaus Langenthal (Hrsg.), *Franz Niklaus König 1765–1832,* Ausstellungskatalog, Langenthal 1993.

Hans Perren, *Ferdinand Hodler und das Berner Oberland,* Verlag Krebser, Thun 1999.

Bruno Petroni, *Der Niesen und seine Bahn. Eine Hommage an die Erbauer der Niesenbahn,* Verlag Schlaefli & Maurer, Interlaken 2010.

Willi Raeber, *Caspar Wolf 1735–1783. Sein Leben und sein Werk. Ein Beitrag zur Geschichte der Schweizer Malerei des 18. Jahrhunderts,* Œuvre-Kataloge Schweizer Künstler 7, Sauerländer, Aarau 1979.

Max Ras, Willy Wagner, *Schweizer Maler: 100 Werke aus dem 16.–20. Jahrhundert,* Ex Libris Verlag, Zürich 1977.

Claude Reichler, *Entdeckung einer Landschaft. Reisende, Schriftsteller, Künstler und ihre Alpen,* Rotpunktverlag, Zürich 2005.

Marta und Dan Rubinstein, *Gstaad im schönen Saanenland/Gstaad in beautiful Saanenland,* Benteli Verlag, Bern 1989.

Adolf Schaer-Ris, *Sigriswil,* Berner Heimatbücher Nr. 63, Paul Haupt Verlag, Bern 1955.

Adolf Schaer-Ris, *Das Berner Oberland,* Urs Graf Verlag, Bern/Olten 1952.

Marie-Luise Schaller, *Annäherung an die Natur. Schweizer Kleinmeister in Bern 1750–1800,* Stämpfli, Bern 1990.

Caesar Schmidt, *Schmidt's Reisebuch. Das Berner Oberland,* Zürich 1887.

Alfred Schreiber-Favre, *François Diday (1802–1877). Fondateur de l'école suisse de paysage. Contribution à l'histoire de l'art du XIXe siècle,* Ed. Alexandre Julien, Genève 1942.

Madeleine Schuppli, *Johann Peter Flück,* Katalog zur Gedenkausstellung 2002, Kunstmuseum Thun, Thun 2002.

Dieter Schwarz (Hrsg.), *Kunstmuseum Winterthur. Katalog der Gemälde und Skulpturen,* Richter Verlag, Düsseldorf 2005.

Jürg Schweizer, Roger Rieker, *Grandhotel Giessbach,* Schweizerische Kunstführer GSK Nr. 751, Bern 2004.

Schweizerisches Institut für Kunstwissenschaft (Hrsg.), *Das Kunstschaffen in der Schweiz. 1848–2006,* Benteli Verlag, Bern/Zürich 2006.

Hans Spreng, *Interlaken,* Berner Heimatbücher Nr. 64, Paul Haupt Verlag, Bern 1956.

Hans Spreng, *Der Brienzersee,* Berner Heimatbücher Nr. 30, Paul Haupt Verlag, Bern 1946.

Walter Stadler, *Äschi.* Berner Heimatbücher Nr. 86, Paul Haupt Verlag, Bern 1962.

Heinz Stähli (Hrsg.), *L'art pour l'aar. Kunst für die Grimsellandschaft,* Meiringen 1995.

Albert Streich, *Brienzer Sagen. Tschuri. Gedichte,* A. Francke Verlag, Bern 1978.

Beat Stutzer (Hrsg.), *Der romantische Blick. Das Bild der Alpen im 18. und 19. Jahrhundert,* Bündner Kunstmuseum Chur, Chur 2001.

Friedrich August Volmar, *Elisabetha. Die schöne Schifferin vom Brienzersee,* Gute Schriften, Bern 1964.

Hermann Wahlen, *Johann Peter Flück. Leben und Werk*, Burgdorf 1973.

Peter Wegmann, *Von Caspar Friedrich bis Ferdinand Hodler. Meisterwerke aus dem Museum Stiftung Oskar Reinhart Winterthur*, Insel Verlag, Frankfurt am Main/Leipzig 1993.

Beat Wismer, Stephan Kunz, Corinne Sotzek (Hrsg.), *Aargauer Kunsthaus Aarau*, Reihe Museen der Schweiz, Schweizerisches Institut für Kunstwissenschaft, Zürich 2003.

Beat Wismer, Stephan Kunz (Hrsg.), *Berge, Blicke, Belvedere. Kunst in der Schweiz von der Aufklärung bis zur Moderne aus dem Aargauer Kunsthaus Aarau*, Katalog, Verlag Gerd Hatje, Ostfildern-Ruit 1997.

Beat Wismer (Hrsg.), *In Nebel aufgelöste Wasser des Stroms. Hommage à Caspar Wolf*, Aargauer Kunsthaus Aarau, Aarau 1991.

Karl Wobmann, *Touristikplakate der Schweiz. 1880–1940,* AT Verlag, Aarau 1981.

Caspar Wolf, *Ein Panorama der Schweizer Alpen.* Aargauer Kunsthaus, Aarau 2001.

Theo Wyler, *Als die Echos noch gepachtet wurden. Aus den Anfängen des Tourismus in der Schweiz,* NZZ Verlag, Zürich 2000.

Johann Rudolf Wyss, *Reise in das Berner Oberland*, Zweite Abtheilung, Bern 1817.

Weitere Quellen

Sikart, Lexikon und Datenbank zur Kunst in der Schweiz und im Fürstentum Liechtenstein: www.sikart.ch.

Historisches Lexikon der Schweiz: www.hls-dhs-dss.ch.

G26, Plattform für Kunst, Kultur und Gesellschaft: www.g26.ch.

Bundesinventar der historischen Verkehrswege der Schweiz, Bern: http://ivs-gis.admin.ch/.

Website zum Projekt Grimsel: www.lartpourlaar.ch.

Websites der auf den Wanderungen besuchten Gemeinden und von deren Tourismusorganisationen.

Prospekte zu den Themenwegen »Kraftorte«, »Wasserfälle« und »Alpwirtschaft« im Hinteren Lauterbrunnental

UNESCO-Welterbe Jungfrau-Aletsch-Bietschhorn: www.jungfraualetsch.ch.

Personenregister

A

Aberli, Johann Ludwig 264, 291, 293, 310, 315–317, 320, 322, 324, 326, 331, 333

Amiet, Cuno 11, 12, 57, 60, 63, 71, 75, 84, 213, 279, 284

Andrés, Alberto de 163, 166, 176, 188, 253, 256

Anker, Valentina 47, 49

B

Baedeker, Karl 129, 181, 183

Bartek, Eliska 113

Baud-Bovy, Auguste 11, 15, 37, 41–43, 45, 47, 49, 50–53

Baudelaire, Charles 191

Bierstadt, Albert 183

Birmann, Samuel 141, 183, 289, 293, 299, 311

Bonstetten, Karl Viktor von 17, 18, 23, 31

Brüschweiler, Jura 119, 244, 252, 253

Buri, Samuel 12, 60, 89, 93, 94, 96, 97, 100, 101

Burke, Edmund 324, 317

Byron, George Gordon Lord 181

C

Calame, Alexandre 9, 11, 60, 122, 145, 162, 175–177, 180, 183–185, 188–191, 195, 196, 244, 245, 247, 256, 264

Cardinaux, Emil 206, 212, 215

Cattermole, George 326

Cézanne, Paul 148

Colombi, Plinio 201, 206, 208, 211–213, 215

Corot, Jean-Baptiste Camille 53, 245, 265

Courbet, Gustave 53, 245

D

Davinet, Horace Eduard 304

Delauney, Robert 68

Diday, François 11, 122, 145, 162, 175–177, 180, 183–185, 188–191, 195, 196, 244, 245, 265

Dikenmann, Rudolf 223, 304

Dill, Johann Rudolf 183

Dinkel, Markus 302

Doyle, Arthur Conan Sir 181, 214

E

Ebel, Johann Gottfried 92, 293

F

Flück, Johann Peter 12, 263, 265, 266, 269, 274, 275, 278, 279, 284

Flück, Martin Peter 263, 265, 266, 269, 273, 274, 279, 282, 285

Friedli, Bendicht 60

Frölicher, Otto 9, 11, 127, 138, 139, 141, 145, 148, 153

G

Gauguin, Paul 71
Giacometti, Giovanni 75, 84, 94, 213
Goethe, Johann Wolfgang 132, 152, 181, 290
Gogh, Vincent van 71
Grossmann, Elisabeth 302

H

Haller, Albrecht von 20, 25, 26, 33, 181, 329
Häsler, Alfred A. 266, 279, 282
Hess, David 161
Hesse, Hermann 75
Hiltbrunner, Hermann 57
Hodler, Ferdinand 11, 12, 14, 15, 42, 43, 45, 50, 60, 71, 75, 79, 94, 105, 109, 111–114, 118, 119, 122, 123, 183, 206–208, 259, 265
Holmes, Sherlock 214
Huggler, Max 42, 266

I

Ingres, Jean-Auguste-Dominique 258

J

Jaunin, Françoise 94, 226
Juillerat, Jacques-Henri 291

K

Kandinsky, Wassily 68
Katz, Katharina 100
Kehrli, Andreas 190
Kehrli, Christine 191
Keller, Gottfried 326
Klee, Paul 11, 12, 57, 60, 63, 66–69, 75, 82, 83
Klopstock, Friedrich Gottlieb 291, 297
Koch, Joseph Anton 134, 145, 148, 183, 223
König, Franz Niklaus 11, 64, 127, 129, 132, 135–138, 152, 264, 302
Kunz, Stephan 8, 9, 177

L

Locher, Emanuel 302
Loosli, Carl Albert 108, 109, 111, 206, 208
Lory fils, Gabriel 11, 170, 183, 219, 222, 223, 226, 237, 264
Lory père, Gabriel 226, 290, 291
Lugardon, Albert 258, 259

M

Macke, August 60, 69, 82
Marc, Franz 68, 282
Matter, Max 93
Maurer, Hans 113
Meiners, Christoph 92
Mendelssohn Bartholdy, Felix 159, 160
Menn, Barthélemy 11, 42, 43, 53, 122, 188, 241, 244, 245, 247, 252, 253, 258, 259
Mettraux, Pierre 231
Meuron, Maximilien de 11, 157, 158, 161–163, 166, 167, 169, 170, 183, 237, 265
Moilliet, Louis 69, 82
Monbaron, Nathalie 163
Monet, Claude 148
Müller, Paul 112
Munzinger-Hirt, August 148

P

Preller, Friedrich 183

R

Renoir, Pierre-Auguste 148
Rieter, Heinrich 264, 289, 291, 293, 299, 310
Roth, Dieter 93
Rousseau, Jean-Jacques 329
Rousseau, Théodore 245

S

Schaer-Ris, Adolf 92
Schaller, Marie-Luise 325
Schirmer, Johann Wilhelm 183

Schlemmer, Oskar 69

Schmidt, Caesar 181, 183, 194

Schnyder, Jean-Frédéric 12, 57, 60, 63, 75, 78, 79, 85

Schöpf, Thomas 61, 291

Segantini, Giovanni 10, 94

Spreng, Hans 92

Steffan, Johann Gottfried 153, 183

Streich, Adolf 273

Stumpf, Johannes 227

Surbek, Victor 206

T

Tavel, Hans Christoph von 136

Töpffer, Rodolphe 163, 176, 190

Töpffer, Wolfgang Adam 244

Trachsel, Albert 206

Twain, Mark 181

V

Vogel, Ludwig 302

W

Wagner, Abraham 19, 20, 33

Weber, Franz 306

Wick, Cécile 60

Wocher, Marquard 137, 152

Wolf, Caspar 8, 11, 17, 19–24, 26, 27, 30, 33, 60, 132, 152, 163, 170, 177, 181, 183, 264, 290

Wyss, Daniel 303

Wyss, Johann Rudolf 18, 129, 144, 158, 201, 202, 220, 223, 293, 296, 297, 309

Wyttenbach, Jakob Samuel 20, 33, 134, 158

Z

Zähringen, Berchtold von 303

Zehender, Karl Ludwig 291

Zschokke, Heinrich 181

Danke!

Bei der Realisierung dieses Buchprojektes haben wir von vielen Seiten Unterstützung erhalten.

Folgende Museen haben uns im Vorfeld mit Tipps, Bildvorschlägen und Museumskatalogen bei der Auswahl geholfen: Schweizerisches Alpines Museum, Bern, Kunstmuseum Bern, Musée d'art et d'histoire, Genève, Musée d'art et d'histoire, Neuchâtel, Kunstmuseum Solothurn, Kunstmuseum Thun, Kunstmuseum Winterthur und Museum Oskar Reinhart am Stadtgarten, Winterthur.

Durch die Übernahme von Übernachtungskosten oder Bahnspesen haben uns folgende Tourismusorganisationen, Bahnunternehmen und Firmen unterstützt: Thunersee Tourismus, Wengen Mürren Lauterbrunnental Tourismus AG, Jungfraubahnen und SBB, Kraftwerke Oberhasli, Innertkirchen.

Speziell bedanken wir uns bei Elsbeth Pieren vom Restaurant Bramisegg, die uns immer wieder ihr Häuschen bei Brienz zur Verfügung stellte.

Froh waren wir über unterschiedlichste Tipps und Informationen, die wir von Andreas von Känel, Aeschi, Willi Kummer, Krattigen, Peter Brunner, Wengen, Hans Winiger, Spiez, Andreas Staeger, Brienz, und Karl Wobmann, Zürich, erhalten haben.

Den beiden Künstlern Samuel Buri und Martin Peter Flück danken wir, dass sie sich Zeit für uns und unser Projekt genommen haben.

Ein großes Dankeschön geht an Thomas Bachmann, der das Projekt von Anfang an begleitet und betreut hat, sowie an das Rotpunktteam für die gute Zusammenarbeit. Ganz speziell bedanken wir uns bei Patrizia Grab für ihren engagierten Einsatz; es machte Spaß, mit ihr zusammen die Bilder auszuwählen und das Buch entstehen zu sehen!

Ein weiteres Dankeschön geht an die junge Kunstwissenschaftlerin Marianne Wagner, die das Manuskript mit Fachkompetenz und kritischem Blick gelesen hat, und an Stephan Kunz (Aargauer Kunsthaus, Aarau), der das Geleitwort verfasste. Sehr geschätzt haben wir auch die kritischen Anmerkungen des erfahrenen Touristikers Heinz Schwab.

Und last but not least danken wir unserer Tochter Franziska, die das Erstellen des Registers und, wenn es zeitlich eng wurde, auch den Haushalt übernommen hat.

Ruth Michel Richter und Konrad Richter

Andreas Bellasi (Hrsg.)
Höhen, Täler, Zauberberge
Literarische Wanderungen in Graubünden

Mit Fotos von Erich Gruber

416 Seiten, Klappenbroschur,
2., aktualisierte Auflage 2010
ISBN 978-3-85869-422-5
Fr. 44. / €28,–

Dominique Strebel
Michael T. Ganz (Hrsg.)
Dies Land ist maßlos und ist sanft
Literarische Wanderungen im Wallis

Mit Fotos von Thomas Andenmatten

400 Seiten, Klappenbroschur, 2006
ISBN 978-3-85869-316-7, Fr. 42. / €26,–

Graubünden als traditionelles Transit- und Passland hat früh schon Literaten und Künstler angezogen, unter anderen Friedrich Nietzsche, Conrad Ferdinand Meyer und Thomas Mann. Auf ihrer Italienreise haben viele die Bündner Ost-West- und Nord-Süd-Pässe traversiert.

»*Besonders angenehm ist, daß weder die durchschrittene Landschaft verklärt noch den Schilderungen der Meister vorschnell Glauben geschenkt wird.*«
Frankfurter Allgemeine Zeitung FAZ

Die Literatur des Wallis ist so maßlos und sanft wie das Land selbst. Darum lohnt es sich, auf literarischen Spuren durch das Land der Naturschönheiten und der verschandelten Dörfer zu wandern. Überraschende soziale und wirtschaftliche Einblicke in den Kanton der Querschädel, erlauben vor allem die Autoren, die das Wallis selbst hervorgebracht hat: Maurice Chappaz, Corinna Bille und Pierre Imhasly.

»*Die literarischen Wanderungen aus dem Rotpunktverlag sind kultverdächtig.*«
Schweizer Illustrierte

Ramón Chao, Ignacio Ramonet
Paris – Stadt der Rebellen
Ein Kulturführer

Aus dem Französischen von Barbara Heber-Schärer. Mit Fotos von Silvia Luckner, zahlreichen historischen Abbildungen und Stadtplänen

420 Seiten, Klappenbroschur, 2010
ISBN 978-3-85869-418-8, Fr. 49. /€ 32,50

Köbi Gantenbein, Marco Guetg, Ralph Feiner (Hrsg.)
Himmelsleiter und Felsentherme
Architekturwandern in Graubünden

Mit Farbfotos, Bauplänen, Routenskizzen und Serviceteil

472 Seiten, Klappenbroschur, 2. Aufl. 2010, ISBN 978-3-85869-396-9, Fr. 49. /€ 32,50

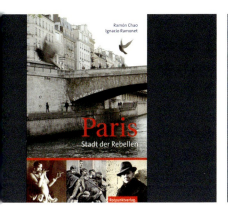

Barrikaden, Bohème und Libertinage: Paris ist die Stadt der Revolten. Revolutionäre Persönlichkeiten ließen sich vom Genie der Stadt anregen. Sie debattierten in den Cafés und trafen Künstler, die stets für Unruhe sorgten. Lesebuch und Stadtführer in einem, nimmt dieses Buch uns mit durch die Arrondissements, dorthin wo Rebellinnen und Revolutionäre diskutierten und agitierten, wo sie schrieben und malten, wo sie lebten und starben.

»Dieser Paris-Verführer macht Lust auf Entdeckungen des politischen und kulturellen Gewebes der Stadt.« DEUTSCHLANDRADIO

Wandern einmal anders: Nicht in die luftigen Bergeshöhen geht die Reise, sondern mitten hinein in die Zivilisation, in die Dörfer, Alpenstädte und entlang der großen Routen. Das Buch präsentiert in Porträts, Bildern und Plänen 65 Perlen zeitgenössischen Bauens in Graubünden.

»Nur wenige haben gelernt, Architektur bewusst anzuschauen. Dieser erstaunliche Reiseführer aber regt uns an, fremd gebliebene Gegenstände unserer Daseinswelt zu betrachten und aufzusuchen.« DIE ZEIT

Rotpunktverlag.